普通高等学校“新文科”建设规划教材

当代思想政治教育方法论

主　　编：邹绍清

副 主 编：白显良　崔建西　陈　沉　吴　霞

编写人员：（以姓氏笔画为序）

马泽放　王增文　卢毛毛　白显良　杨　敏
吴　霞　邹绍清　张　权　张葵漫　陈　沉
陈宗霞　金更兴　胡益侨　秦则海　崔建西
彭　均　穆佳滢

西南大学出版社
国家一级出版社　全国百佳图书出版单位

图书在版编目(CIP)数据

当代思想政治教育方法论 / 邹绍清主编. -- 重庆：西南大学出版社, 2024.1
ISBN 978-7-5697-2148-5

Ⅰ. ①当… Ⅱ. ①邹… Ⅲ. ①思想政治教育 - 方法论 - 中国 Ⅳ. ①D64

中国国家版本馆CIP数据核字(2024)第000451号

当代思想政治教育方法论

DANGDAI SIXIANG ZHENGZHI JIAOYU FANGFALUN

邹绍清 主编

责任编辑 | 曹园妹
责任校对 | 杜珍辉
装帧设计 | 米可设计
排　　版 | 江礼群
出版发行 | 西南大学出版社(原西南师范大学出版社)
印　　刷 | 重庆新生代彩印技术有限公司
成品尺寸 | 170 mm × 240 mm
印　　张 | 18
字　　数 | 266千字
版　　次 | 2024年1月　第1版
印　　次 | 2025年4月　第2次印刷
书　　号 | ISBN 978-7-5697-2148-5

定　　价 | 58.00元

目录

第一章 当代思想政治教育方法论的基本概述

第二章 当代思想政治教育方法论的理论基础与知识借鉴

第三章 当代思想政治教育方法的历史发展

第四章 思想政治教育的过程方法 I

第一章

当代思想政治教育方法论的基本概述

当代思想政治教育方法论是关于思想政治教育方法的理论学说。作为一种理论学说，其有明确的研究对象、特殊的地位和功能、价值和特征，以及根据不同的标准建构的不同的方法论体系。

一、思想政治教育方法论的内涵与研究对象

思想政治教育方法论是指导人们从事思想政治教育实践,解决思想政治教育运行过程中的问题与矛盾,达成思想政治教育目标与任务的理论武器。认识和理解思想政治教育方法论的基本概念,明确思想政治教育方法论的研究对象,是科学掌握思想政治教育方法论的前提和基础。

(一)思想政治教育方法论的内涵

思想政治教育方法论作为本书的核心概念,需要准确把握。要在把握方法、方法论、思想政治教育方法、思想政治教育方法论等一系列相近、相关概念的基础上,加以科学的阐释。

1.方法与方法论的内涵

在《辞源》中,对方法的释义为"办事之条理也"①。在《方法大词典》中,方法指的是"人们认识世界和改造世界所应用的行为方式、程序及手段的总和。'方法'一词来源于希腊文,意思是沿着正确的道路或方法运动。在主观认识客观的活动中,是指获得、收集、整理关于对象的经验材料以及对所获得的信息进行加工的方法。在改造世界的实践活动中,是指对某一对象进行现实的物质变革的方式。在科学研究中,是指借助于思维取得新信息、新成果的方式和手段"②。《现代汉语词典》则将方法解释为"关于解决思想、说话、行动等问题的门路、程序等"③。在《哲学小辞典》中,"方法是人们认识、改造世界所应用的方式和手段"④。可见,对于方法一词的解释存在辞源、语义、哲学等多

① 辞源(第二册)[M].北京:商务印书馆,1915:1145.

② 刘蔚华,陈远.方法大辞典[M].济南:山东人民出版社,1991:9.

③ 中国社会科学院语言研究所词典编辑室.现代汉语词典[M].7版.北京:商务印书馆,2016:366.

④ 刘延勃,张弓长,马乾乐,等.哲学小辞典[M].长春:吉林人民出版社,1983:79.

个角度，本书立足于哲学层面来认识和界定方法，将方法定义为人们为了认识世界和改造世界，达到某种目的所采取的活动方式、程序和手段的总和。

对于"方法"一词的理解，需要注意多个方面的内容：

第一，方法是依据一定标准所采取的手段和方式。《墨子·天志中》一文中有"'中吾矩者，谓之方。不中吾矩者，谓之不方。是以方与不方，皆可得而知之。'此其故何？则方法明也"①。在汉语的发展演进中，方法的原意为量度矩形的工具、方式、标准，其中"法"具有工具、方式、标准的意思，后来用"方法"来表达"法"的含义。由此可见，方法一词有标准的核心内涵，即强调主体依据某种标准去开展实践行为，从而解决某一类的具体问题。

第二，方法是思维程式与实践程式的辩证统一。思维程式就是在认识世界的过程中遵循的思维方式、路径，不同主体基于不同的社会实践环境，所形成的思维程式必然存在差异；实践程式则是操作的具体程序、采用的具体手段和工具。在具体的社会实践中，思维程式以其核心地位与抽象形式，对实践程式起引领作用；实践程式则是思维程式的具体应用，但实践程式也可以改造思维程式。

第三，方法是主体与客体相互联系的中介。毛泽东指出："我们不但要提出任务，而且要解决完成任务的方法问题。我们的任务是过河，但是没有桥或没有船就不能过。不解决桥或船的问题，过河就是一句空话。不解决方法问题，任务也只是瞎说一顿。"②可见，在人们认识和改造世界的过程中，方法是将实践主体与实践对象联结起来的中介，只有借助于一定的方式、手段、工具等，主体才能够有效地完成对客观对象的变革。

第四，方法具有层次性。人类在认识、改造世界的实践过程中所形成的方法多种多样，按照适用范围的不同，总体可以分为三个层次：一是适用于一切学科的普遍方法。这一层次的方法具有最高的概括特性，是对人类社会实践最一般层次的抽象，如哲学方法等。二是适用于某些领域学科的一般方法。这类方法以事物的形式、结构、关系及演化规律为对象，在认识上具有一

① 墨子[M].上海：上海古籍出版社，1989：54.

② 毛泽东选集（第一卷）[M].2版.北京：人民出版社，1991：139.

定的普遍性，如系统方法、数学方法、逻辑方法等。三是适用于某一门或某些门学科的特殊方法。这一层次的方法专门适用于具体的学科门类，是基于具体学科门类特殊性所形成的具有较高针对性的特殊方法，如考古学中的发掘方法、医学中的临床观察方法等。

所谓方法论，是指关于认识世界和改造世界的方法的理论或学说。换言之，方法论就是主体将认识、研究的目光聚焦于方法本身，从而对方法的理论依据、内在结构、本质特征、功能作用以及该如何选择运用等问题展开探讨、分析所形成的理论或学说体系。方法论问题的核心要素是方法，而方法本身所具有的层次性，决定了对方法问题进行研究所形成的理论也必然具有内在的层次：其中哲学方法论是认识、改造世界最一般的方法论，具有普遍意义；各门学科的方法理论带有一定的普遍意义；具体学科、领域的方法理论则适用于有针对性的具体范围，构成具体科学方法论。三个层次的方法论相互联系、辩证统一，“哲学方法论对一般科学方法论、具体科学方法论有着指导意义”①。

总体而言，方法与方法论之间存在着紧密的内在联系。一方面，方法论以方法为研究对象，探讨方法的形成、变化和发展的规律，方法的性质和作用、特点和功能，以及各种方法之间的联系等问题。任何学科的方法论都是在对具体方法的探究中总结规律性认识而形成发展的，方法也在这一过程中，事实地成为方法论的建构基础。另一方面，方法的发展以方法论为价值旨归。方法自身的变化、发展必然要遵循由简单到复杂、由一般到特殊、由具体到抽象的演进规律。在这一过程中，大量散存于日常生活层面的具体方法，经由认识主体的思维抽象，逐步摆脱自发形态并朝着理论的自觉形态迈进，最终实现由方法向方法论的发展。因此，方法始终以方法论为发展的价值指向。

2.思想政治教育方法的内涵

所谓思想政治教育方法，是指思想政治教育主体为了实现思想政治教育

---

① 郑永廷.思想政治教育方法论[M].3版.北京：高等教育出版社，2022:3.

目标,在思想政治教育实践活动过程中采取的一切思路、手段和程序的总和。对思想政治教育方法的内涵,需要从以下几个方面来加以把握。

第一,它是为实现思想政治教育具体目标所采用的思路、手段、程序的集合体。从广义而言,思想政治教育本身就可以理解为一种手段,即为了实现向社会成员施加有目的、有计划、有组织的影响,为促进个人发展与社会进步而采取的重要社会实践手段。从狭义而言,根据思想政治教育的具体内容与任务,思想政治教育主体需要通过具体思路、手段、程序的承载,才能够最终达成思想政治教育具体目标,一旦缺少相应的思路、手段、程序等,则无法达成具体目标。可见,思想政治教育方法正是一定思路、手段和程序的集合。

第二,它是联结思想政治教育主体与客体的中介性要素。马克思指出:"一切差异都在中间阶段融合,一切对立都经过中间环节而互相转移。"[①]马克思在此所强调的,正是实践的主体与客体必须经过中间环节来实现相互转化,完成主体客体化与客体主体化的辩证统一。基于此,教育者要完成对教育对象主观世界的影响和改造,就必然要经过这样的"中间环节",即通过作为一项改造人的主观世界的重要社会实践的思想政治教育,完成教育者与教育对象的双向互动。教育者将教育目标、内容、任务与教育对象联结起来,实现教育对象对思想政治教育目标、内容与任务的认识、理解、内化,以及教育者对教育对象相关信息的观察、把握和分析的辩证统一。而在此过程中,思想政治教育方法正是担任着这样的中介角色。

第三,它的产生、发展、运用受到思想政治教育目标、任务、条件的制约。思想政治教育方法不能凭空产生,其形成、发展与运用,与思想政治教育实践开展的具体时空环境紧密相关,受目标、任务、条件的制约。

3.思想政治教育方法论的内涵

所谓思想政治教育方法论,是关于思想政治教育方法的理论学说。它以马克思主义世界观和方法论为指导,运用科学的方法理论(含一般科学方法论、具体科学方法论)揭示思想政治教育的基本矛盾及规律,开展思想政治教

---

① 中共中央马克思恩格斯列宁斯大林著作编译局.马克思恩格斯选集(第三卷)[M].3版.北京:人民出版社,2012:909.

育活动和研究的诸种方法的知识形态和理论体系。简言之,它是关于思想政治教育方法的理论学说,内在地涵盖了诸种方法的体系和形态。对思想政治教育方法论的内涵,需要从以下几个方面来加以把握。

第一,思想政治教育方法论以辩证唯物主义为理论基础。在人类认识发展史上,马克思主义克服了以往认识理论的局限性,将唯物主义与辩证法统一起来,创立了以唯物辩证法为核心的哲学理论。唯物辩证法成为指导人们正确认识世界的科学方法,奠定了科学方法论的根基。思想政治教育方法论作为马克思主义一级学科的重要组成部分,其理应以辩证唯物主义为理论基础。

第二,思想政治教育方法论是一种系统的知识。知识是事物本质及规律的反映,包括经验知识和系统知识,而二者共同构成的知识系统则是知识的高级形态,"方法论是由知识系统转化而来的,当知识系统转化为改造和控制主客观世界及其关系的创造性的方法时,它就发挥出了巨大的创造新的精神产品和物质产品的巨大潜能"①。所以,思想政治教育方法论本身作为一种知识系统,能帮助人们运用科学的方法论知识认识和改造教育对象;作为一种知识形态,在解决方法的"是什么""怎么做"问题之上,能进一步探析方法的"为什么"问题,即研究方法本身的内在规律。

第三,思想政治教育方法论是一种理论体系。思想政治教育方法论并非将零散的方法简单集合,而是以马克思主义世界观和方法论为根本指导,综合运用哲学方法、一般科学方法和具体的思想政治教育方法,揭示思想政治教育规律和人的思想形成、发展规律,这些理论和知识按照一定的逻辑顺序、理论维度构成了完整的理论体系,从而使思想政治教育方法论拥有完整的理论内核和系统的理论架构,呈现出立体、科学的理论体系形态。

第四,思想政治教育方法论的形态丰富多样。思想政治教育方法论的形态是思想政治教育方法论在理论发展和实践运用中所呈现出的具体形式及其态势,包括理论形态和实践形态。思想政治教育方法论的发展遵循由低级形态向高级形态演进的客观规律,以马克思主义理论和思想政治教育学科知

① 邹绍清.当代思想政治教育方法论发展研究[M].北京:人民出版社,2013:26.

识为指导，以实践中的具体方法的发展为起点，不断摸索、认识、提炼、总结方法理论和实践操作，逐渐积累起丰富的方法理论形态与实践形态，并不断充实、完善思想政治教育方法及其体系。

（二）思想政治教育方法论的研究对象

每一门科学都会基于自身所探究的具体矛盾，具有独特的研究对象。思想政治教育方法论是关于思想政治教育方法的科学，其所要探讨和解决的是思想政治教育目标、任务完成的效果与方法之间的矛盾，从而将自己的研究对象指向思想政治教育方法形成和发展的规律，其内在联系的规律，其具体运行的规律及其未来发展的趋向。

第一，思想政治教育方法形成和发展的规律。思想政治教育方法不会凭空而来，其产生与发展的过程，必然是思想政治教育方法与人类社会物质实践紧密联系的，适应、匹配一定社会、阶级和人的现实发展需要的过程。就思想政治教育方法的形成来看，人类社会自进入阶级社会后，就产生了将统治阶级的思想观念向被统治阶级传递的现实需求。在满足这一需求的实践过程中，教育主体逐渐认识到选择、运用合理手段对提升需求满足实效的重要性，于是其不断提升认识思想政治教育方法问题的自觉性，从而形成了各种思想政治教育方法。就思想政治教育方法的发展来看，思想政治教育是生发于物质现实之上的社会实践活动，我们不可能切断其与时代环境的联系，应时刻保持其与时代环境的同频共振，不断观察、认识、适应新的时代条件，回应时代课题，确保其能够始终与时代的脚步一致，从而解决其发展问题。同时，无论是思想政治教育方法的产生还是发展，都不是杂乱无章的，而是基于内部矛盾运动规律有序运行的。对于此类规律的认识、掌握水平，也就代表着思想政治教育方法的发展水平。所以，思想政治教育方法论作为一门科学，必然要首先探究其研究对象，即思想政治教育方法“从何而来”“如何发展”的重要问题，揭示其形成发展的内在规律。

第二，思想政治教育方法内在联系的规律。在开展思想政治教育实践活动的过程中，方法作为一种联结思想政治教育主体与客体的中介，不可能孤立存在，不可能以"一种方法解决一个问题"的机械形式"运转"。思想政治教育方法之间的联系是复杂且立体的，表现为空间上的横向联系与时间上的纵向联系的相互交叉。就空间上的横向联系而言，思想政治教育是一个包含目标制定、具体实施与评估反馈等主要环节在内的完整过程，"这些环节前后相连，紧密相扣，构成了思想政治教育的系统过程"①。不同的环节针对不同的矛盾，需要运用不同的方法。这些方法在这一完整教育过程内形成了有机且系统的联系，共同构成思想政治教育的方法体系。就时间上的纵向联系而言，不同时代环境下的思想政治教育方法必然深刻反映相关的时代主题。随着时间的推移，不断变化的条件、任务、对象等推动着思想政治教育方法的发展，整体呈现出一种纵向的发展趋向。可见，思想政治教育方法具有深刻的内在联系，探究、把握反映这种内在联系的规律，是思想政治教育方法论研究的重要内容。

第三，思想政治教育方法具体运行的规律。思想政治教育方法的形成、发展和运用都是具体的，即是说思想政治教育方法一定是在具体的条件下运行，为此需要探究思想政治教育方法具体运行的规律，以实现对方法问题的更好把握。一方面，要探究思想政治教育方法形成、发展和运用的基础，"一是要研究教育方法所依据的理论基础，认识教育方法运用规律的角度和程度；二是要研究教育方法运用的现实基础，认识教育方法与所要解决的实际问题结合的方式和程度"②。另一方面，要探究思想政治教育方法的使用范围和条件，形成对思想政治教育方法实效发挥与合理时空范围、现实条件之间关系的正确认识。所以，思想政治教育方法具体运行规律，也是思想政治教育方法论的重要研究对象。

第四，思想政治教育方法未来发展的趋向。事物的发展是与变化的时代环境辩证统一的，是在适应新环境、吸收新要素的过程中不断回应时代新课题的动态过程。因此，思想政治教育方法的未来发展，也必然要始终保持与

① 郑永廷．思想政治教育方法论［M］.3版．北京：高等教育出版社，2022：5.

② 郑永廷．思想政治教育方法论［M］.3版．北京：高等教育出版社，2022：6.

时代的“共振”，在不断融入时代的过程中，回答一系列新问题，应对一系列新挑战。同时，这也是思想政治教育方法实现自身发展的过程。思想政治教育方法论所承担的一项重要使命，就是要通过对时代环境与方法发展的聚焦，认识和把握思想政治教育方法的未来发展趋向，从而确保思想政治教育这一项重要的塑造人、引领人的社会实践，能够始终走在时代前列。

二、思想政治教育方法论的地位与功能

思想政治教育方法论的地位与功能，分别是思想政治教育方法论基于自身的本质属性，在思想政治教育学科理论体系中，以及思想政治教育实践活动中所处的特殊位置和发挥出的积极功效。把握思想政治教育方法论的地位与功能，有助于深化对当代思想政治教育方法论的科学认识。

（一）思想政治教育方法论的地位

在思想政治教育学科的理论建构与实践发展进程中，思想政治教育方法论逐渐确立了其重要地位，成为支撑思想政治教育学科，保证思想政治教育实践成效与创新的关键所在。

1.支撑思想政治教育学科的基础理论

基础理论指一门学科的基本概念、范畴、判断与推理。作为一门学问、一个学科赖以存在和发展的重要基础，基础理论源自学科专业实践，是在学科发展的基本层面，对学科基本内容的理论呈现。在很大意义上，基础理论的发展水平决定了相应学科的发展水平，例如在物理学中，量子力学理论的提出，意味着物理学的基础理论实现了由经典力学向量子力学的跨越，从而带动了物理学科的飞速发展。具体到思想政治教育学科，经过长期的学科实践而形成的包括方法论、史、原理、管理等方面的基础理论，共同支撑起当代思想政治教育的理论体系。其中，方法论作为专门聚焦于思想政治教育方法生成、发展、演进的理论，其本身便构成了思想政治教育科学化发展的重要理论维度，是思想政治教育学科在方法理论层面不断应对新问题、新挑战，适应新

的时代和环境变化的关键所在。因此,方法论作为思想政治教育学科构成的重要基础理论,是学科理论体系的重要支撑。

2.保证思想政治教育实效的重要基础

思想政治教育是"社会或社会群体用一定的思想观念、政治观点、道德规范,对其成员施加有目的、有计划、有组织的影响,并促使其自主地接受这种影响,从而形成符合一定社会一定阶级所需要的思想品德的社会实践活动"①。由此可知,思想政治教育主体在依据思想政治教育的目的、任务,开展相关教育实践的过程中,必须基于教育对象的特点,采取一种或多种方法,教育主体对思想政治教育方法认识、运用的自主、自觉程度,在很大程度上决定了整个思想政治教育实践的科学性、合理性,而思想政治教育方法论本质上是对思想政治教育方法实践的科学化总结。所以,思想政治教育方法论,从理论层面决定了思想政治教育方法的运用,而方法运用的水平又直接决定着思想政治教育实效的获取。进而可知,思想政治教育方法论与思想政治教育实际成效获取之间,存在着极为紧密的关联,是保证思想政治教育实效的重要基础。

3.推进思想政治教育创新的核心要件

思想政治教育方法论的内容有两个源头:一是哲学方法论、一般系统科学、社会科学、自然科学方法和具体科学的理论应用与借鉴;二是通过对思想政治教育实践活动中的鲜活经验加以提炼,使之上升为一种方法的理论(理论来自实践,并接受实践的检验)。理论与实践之间的辩证关系,决定了思想政治教育实践发展需要立足于相应的理论基础之上,理论自觉的程度决定了思想政治教育实践自觉的水平。习近平总书记指出,"要根据时代变化和实践发展,不断深化认识,不断总结经验,不断进行理论创新,坚持理论指导和实践探索辩证统一,实现理论创新和实践创新良性互动"②。在全新的时代环

① 陈万柏,张耀灿.思想政治教育学原理[M].3版.北京:高等教育出版社,2015:4.

② 中共中央文献研究室.习近平关于社会主义文化建设论述摘编[M].北京:中央文献出版社,2017:65.

境与时代主题之下，思想政治教育实践创新是其融入新时代的必由之路，而思想政治教育的实践创新必然要依托于思想政治教育的理论创新。思想政治教育方法论的发展，是思想政治教育理论体系得以创新的关键所在，更是思想政治教育方法创新的逻辑起点，是推进思想政治教育创新的“核心要件”。

（二）思想政治教育方法论的功能

思想政治教育方法论的功能，是指思想政治教育方法论在现实教育、研究实践中所能够发挥的重要积极作用。根据系统论的观点，思想政治教育方法论对推动思想政治教育发展具有重要的理论和实践功能。

1.引领思想政治教育的方向

要实现思想政治教育的既定目标、任务，完成对人的思想有目的、有计划的改造，促进人的自由发展与社会全面进步，需要借助于一定的方法，只有确保了方法的科学合理性，思想政治教育具体实践的有效性才能够得到保证。所以，在很大程度上，思想政治教育方法的科学选择、合理运用，预示着良好思想政治教育实效的获取，在科学方法与目标实现的正向关系中，思想政治教育方法对思想政治教育实践所具有的方向引领作用得到鲜明呈现。当然，思想政治教育方法对其教育实践的方向引领功能之所以能够产生，根本原因是方法本身就是认识规律的深刻反映，思想政治教育方法深刻反映了思想政治教育的内在规律：一方面，从思想政治教育的实践属性来看，人们对思想政治教育的认识越深入，对其内在规律的揭示就越深刻，最终目标都是要落脚到教育实践层面，这种源于实践又归于实践的鲜明属性，决定了思想政治教育对科学方法的依赖，而能够进入思想政治教育的实践视野的方法，其本身便蕴含着深刻的规律属性，从而引领着思想政治教育的发展。另一方面，从思想政治教育的要素构成来看，思想政治教育的目标、主体、客体、介体、环体等要素的运行存在内在规律，表现为教育主体对其他各要素的全面、准确把握，而这种把握活动的重要呈现，正是教育主体能够正确认识、运用合理方法，确保思想政治教育要素在完整的教育过程中充分运动、联系起来，因而思想政治教育方法也内在地体现出教育实践的发展方向。由此可见，对思想政治教育方法的理论认识、探讨和研究，能够深刻反映出教育实践的发展，从而承担起重要的方向引领功能。

2.解析目标任务达成的中介

中介环节在人们社会实践中的重要性毋庸置疑，它是支撑社会实践过程完整性的不可或缺的重要部分，而中介环节在实践过程中的具体体现，正是人们用于认识和改造世界的各种方法。因此，方法成为实践主体实现对客体认识、改造目标任务的中介。由此可见，思想政治教育作为一项重要的社会实践活动，教育主体要有效完成既定的目标、任务，就不能脱离思想政治教育方法。如果失去了思想政治教育方法这一中介，思想政治教育目标和任务就不能完成，思想政治教育目标和任务就成了一句空话。而思想政治教育方法论，作为关于思想政治教育方法的理论，一定程度上就是对思想政治教育方法这一中介的系统化解析，以便于引导人们在思想政治教育活动中更好地认识和运用思想政治教育方法这一中介，从而有效地达成目标、任务。

3.学科理论的呈现方式

学科是一种学术分类，指一定科学领域或一门科学的分支。不同学科的确立必然是基于学科本身所探究的根本矛盾，如思想政治教育学科正是基于一定阶级、社会的思想道德要求，与社会成员实际思想道德水平之间的矛盾所生成和发展的；与此同时，不同学科立足于不同的根本矛盾，在持续探究的过程中，逐渐形成了认识、分析和解决这一矛盾的理论认知，并由此形成自身的学科理论体系。而在学科理论体系形成、发展的过程之中，方法论始终是学科理论的重要呈现方式，学科理论具有极强的理论性、原则性，需要助推方法论实现理论、原则向现实操作层面的转化，同时也要将学科实践中所积累起来的操作层面的经验知识进行理论转化，从而把以分散、具象性状态存在的大量学科方法进行理论整合，持续丰富学科理论体系。具体到思想政治教育学科，在长期的教育实践和科学研究实践中，思想政治教育学科形成了对所探究的根本矛盾的系统理论认识，建构起自身的知识理论体系。而在学科理论体系逐步建构起来后，紧接着便是通过思想政治教育学科理论指导实践的过程，将思想政治教育学科的理论视野继续向实践问题聚焦，以理论为指导的原则、方法、手段等根据现实的改造人的思想的需求而发展。思想政治教育方法作为学科理论的承载体，进入思想政治教育实践领域，并在实践中不断与新问题、新挑战、新环境交互作用，学科理论体系又进一步得以丰富。所以，思想政治教育方法论作为学科方法的理论体系，其内在地成为思想政治教育学科的理论内核，成为学科理论发展的主要呈现方式。

三、思想政治教育方法论的特征

思想政治教育方法论作为学科理论的重要组成部分，具有一般方法论的特征，也同时蕴含思想政治教育的属性，是一般方法论与思想政治教育的有机统一，其内在地具有科学性与价值性、层次性与整体性、实用性与规范性、继承性与创新性辩证统一的特征。

（一）科学性与价值性的统一

思想政治教育方法论的科学性，从根本上源自马克思主义理论的科学性。作为深刻反映自然界、人类社会和思维一般发展规律的科学，马克思主义在批判人类文明成果的基础上，实现了对人类文明成果的辩证吸收，同时马克思主义深深扎根于工人阶级争取自身解放的斗争实践，完成了对资本主义社会的彻底批判，揭示了资本主义自身所无法克服的根本矛盾，即资本主义生产资料私有制与社会化大生产之间的矛盾，从而找到了变革旧社会所需要依靠的物质力量，确立了共产主义这一人类社会的发展方向。由此，马克思主义在引导无产阶级争取自身解放、批判资本主义的过程中，形成了对无产阶级队伍的组织、教育理论，即无产阶级的思想政治教育理论。因此，以马克思主义为理论基础的思想政治教育方法论，是基于无产阶级革命实践而形成的科学理论体系，代表了最先进阶级的利益诉求，契合了人类社会的发展方向，具有无可辩驳的科学性。与此同时，以马克思主义为理论基础的思想政治教育，坚定地站在无产阶级的阶级立场之上，代表着无产阶级和广大人民群众的根本利益，内在蕴含着鲜明的价值指向和党性立场。所以，以马克思主义为理论内核的科学性和以无产阶级立场、人民立场为旨归的价值性的辩证统一,是思想政治教育方法论的显著特征。

(二)层次性与整体性的统一

思想政治教育方法论并非扁平、单一的理论体系,而是由不同种类、不同层次的思想政治教育方法有机结合、系统构成的方法理论体系,因而思想政治教育方法论内在蕴含层次性与整体性辩证统一的显著特征。就思想政治教育方法论的层次性而言,主要有三个层面的体现:一是从马克思主义哲学方法转化而来的思想指导方法,如实事求是的方法、群众路线的方法、矛盾分析的方法等,是最高层次的方法。二是思想政治教育的一般方法。这一层面的方法对思想政治教育实践具有最为一般的指导意义,适用于思想政治教育的各个环节、阶段,具有最为广泛的适用性,此类方法包括系统方法、统计方法、原则方法等,居于中间层次。三是思想政治教育的具体方法。在思想政治教育的实践运行中,会形成指导思想政治教育各个具体阶段、环节、步骤的,各具特色的具体方法,这些方法基于具体思想政治教育环境、环节的特殊性,拥有相对固定的运行时空范围。如思想政治教育的启动阶段,需要运用信息收集、分析等方法;思想政治教育的实施阶段,需要运用决策、调节等方法;思想政治教育的反馈阶段,需要运用评价方法等。这类方法居于最低层次。就思想政治教育方法论的整体性而言,其内在蕴含的方法体系并非相互割裂的,不同的方法层面之间,同一方法层面不同方法之间,都以思想政治教育实践为基础,拥有紧密且复杂的辩证联系,共同构成思想政治教育方法论的整体运行体系。所以,层次性与整体性的统一,是思想政治教育方法论的重要特征。

(三)实用性与规范性的统一

理解思想政治教育方法论本身所具有的实用性与规范性统一的特征,需要回到思想政治教育实践之中,明确思想政治教育方法的形成和发展过程。其一,思想政治教育方法不是凭空而来的,按照唯物主义的观点来看,思想政治教育实践是产生思想政治教育方法的根源。但是，思想政治教育方法并非从一开始就以高度理论化、系统化、专业化的状态存在，而是在具体实践中以零散化、经验化、生活化的形态出现，且突出表现为一种实用指向，即教育主体在实践中认为某一做法有用且好用，便以教育方法的形式频繁运用。所以，思想政治教育方法论在探究自身的方法理论体系之时，必然要聚焦于大量零散存在于教育实践过程中的实用性方法，这也是方法论能够有用的基础支撑。其二，思想政治教育方法不可能永远以零散化、经验化、生活化的状态存在，思想政治教育实践的发展，必然会产生对思想政治教育方法科学化、理论化、专业化的需求，从而形成对具体实践普遍适用的规范化方法，思想政治教育方法本身也由此完成从实用化向规范化的转变，逐渐上升为方法理论，而思想政治教育方法论所承担的重要使命，正是通过理论研究，推动思想政治教育方法顺利完成这一形态转换。其三，思想政治教育方法论的实用性与规范性是紧密联系、辩证统一的，大量零散化、经验化、生活化的实用性方法形态的存在，为思想政治教育方法的理论化、系统化、专业化提炼奠定了坚实基础，而规范性的思想政治教育方法的应用，也为实用性方法的发展指明了方向。所以，实用性与规范性的统一，是思想政治教育方法论的重要特征。

（四）继承性与创新性的统一

任何理论都不是无源之水、无本之木，都是在继承人类历史的优秀文明成果的基础上不断推陈出新。同样，思想政治教育方法论作为针对思想政治教育方法本身的理论审视，其必然要深深地扎根于人类文明的一切优秀成果之中。其一，思想政治教育方法论要深深扎根于马克思主义，立足马克思主义的立场、观点和方法，始终明确自身的阶级归属与方向使命；其二，思想政治教育方法论要深深扎根于中华大地，立足于中华文明5000多年的丰厚积淀，不断强化自身与中华优秀传统文化的有机融合；其三，思想政治教育方法论要借鉴世界上其他文明的优秀成果，在与世界文明的交融互鉴中实现自身进步。同时，强调思想政治教育方法论对人类文明的继承性，并非要求固守传统和教条主义，继承的目的是创新，思想政治教育方法论对人类文明的继承,其根本目的是完成传统与现实的嫁接,在承继人类文明的精髓的基础上,不断结合当前时代背景下思想政治教育的目标、任务的新要求、新挑战,推动思想政治教育实践的创新性发展。所以,继承与创新是辩证统一的,思想政治教育方法论内在地具有继承性与创新性相统一的重要特征。

四、思想政治教育方法论的构成与体系

思想政治教育方法论包含诸多思想政治教育的科学方法,这些方法有自身的层次结构,并基于相互之间的紧密关联,形成了思想政治教育方法论的内在体系。

(一)思想政治教育方法论的构成

思想政治教育方法论的理论视野,聚焦的是关于思想政治教育的一般科学方法,但方法并非简单化、平面化的问题,而是有着内在的层次结构。就一般意义而言,方法的层次结构包括三个层面:一是在最一般层面对社会实践起普遍指导作用的哲学方法,二是在各门具体学科中能够发挥共同指导作用的通用方法,三是在各门具体学科内发挥专门作用的专有方法。而基于方法问题本身所具有的层次结构属性,以及思想政治教育的具体实践需求,思想政治教育方法也必然存在自身的层次结构。主要可以分为以下若干层次。

1.思想政治教育的思想指导方法

思想政治教育的思想指导方法,是指马克思主义的哲学方法对思想政治教育方法论的指导,包括马克思主义的世界观和方法论的指导,这一层次的方法属于哲学层面的方法,如实事求是的方法、群众路线的方法等,是思想政治教育方法论的最高层次方法,发挥普遍性的指导意义,具有统领的作用。

2.思想政治教育的原则方法

原则是本质规律的直接体现,思想政治教育的原则方法则是思想政治教育规律的呈现,因此思想政治教育的原则方法作为规律的直接体现,必然对思想政治教育实践具有一般的指导意义。由此可知,在思想政治教育的方法结构中,原则方法居于中间地位。如思想政治教育方法体系中的疏与导相结

合、理论与实践相结合等原则方法，对思想政治教育实践各部分、各时段都具有指导意义。

3.思想政治教育的具体方法

虽然思想政治教育实践从根本上是要解决社会主流思想道德要求与社会成员实际思想道德水平之间的矛盾，但具体到思想政治教育各个环节、阶段，则必然要基于具体的时空环境，形成具有特殊性的目标、任务，有针对性地处理好本环节内的特殊矛盾，而在解决各个特殊矛盾的过程中，势必会形成各种应对此特殊矛盾的具体方法。由此，思想政治教育的具体方法应运而生。作为“在思想政治教育的各个环节上起主干作用，在思想政治教育方法论体系中具有主导地位”[①]的方法存在，思想政治教育的具体方法受原则方法的指导。这一层次的方法主要包括：思想政治教育的过程方法、思想政治教育的矛盾方法、思想政治教育的心理教育方法、思想政治教育的信息方法、思想政治教育的网络教育方法、思想政治教育的大数据方法、思想政治教育的隐性方法、思想政治教育的综合方法等。

4.思想政治教育的操作方式

在每个阶段、环节、时段的思想政治教育具体实践中，对具体方法的运用，便是思想政治教育的操作方式，这一层次的方法“是具体方法在不同范围、不同条件下的特殊方式，它使具体方法更加程序化、规范化，更具有应用性”[②]。具体而言，具体方法对思想政治教育的具体实践环节、阶段具有指导地位，但是深入到具体的思想政治教育环节中，又必须根据不同环节、阶段的具体特征，制定思想政治教育具体方法的具体操作形式，使之能够在微观实践环境中有效运行。

总之，思想政治教育方法所具有的层次结构，是不同层次的方法基于自身的特征、运行条件等形成的，不同层级的方法之间并非割裂、分离的，而是在思想政治教育的实践框架内，紧密联系、辩证统一，共同构成思想政治教育方法论系统。

---

① 郑永廷.思想政治教育方法论[M].3版.北京：高等教育出版社，2022.24.

② 郑永廷.思想政治教育方法论[M].3版.北京：高等教育出版社，2022.24.

(二)思想政治教育方法理论的体系

随着思想政治教育学科的发展,思想政治教育方法论的体系发展日臻成熟。有以王玄武教授、郑永廷教授为代表的认识论和过程论理论体系,有以祖嘉合教授为代表的模块构建方法体系,有以董娅教授为代表的层次方法体系,等等,这些为思想政治教育方法论的发展奠定了坚实的基础,推动了思想政治教育方法论的快速发展。本书将尝试以复杂系统论为指导,探索在复杂系统论视野下来建构思想政治教育方法理论体系的办法,以满足新时代思想政治教育实践的需要。思想政治教育方法理论体系主要包括以下几个方面。

第一,思想政治教育方法论的基本理论及其相关理论阐释。这个部分主要是在对思想政治教育方法论的核心概念阐释的基础上,分析思想政治教育方法论的特征、地位、功能;阐明思想政治教育方法论的理论依据、相关学科理论的借鉴;概括思想政治教育方法理论的国内外发展状况,系统总结中国共产党思想政治教育方法理论的发展及其未来趋势。

第二,思想政治教育方法理论体系的构成分析。一方面,基于已有思想政治教育方法论成果,按照过程论设计了思想政治教育实践活动的过程方法体系。另一方面,按照复杂系统论,积极回应新时代思想政治教育复杂问题,设计了思想政治教育矛盾方法、心理教育方法、信息方法、网络教育方法、大数据方法、隐性方法、综合方法以及明确了方法的运用艺术。

第三,推动复杂系统论视野下思想政治教育方法体系的初步建构。这种方法体系的建构既能涵盖思想政治教育实践活动的过程方法,又能纳入针对新时代思想政治教育矛盾变化而专门设计的思想政治教育的矛盾方法;既能顺应信息社会的网络思想政治教育发展,又能打开“大数据+思想政治教育”的大门,融合创新运用思想政治教育信息方法和大数据方法;还能覆盖满足特殊需要的网络教育方法、心理健康教育、隐性思想政治教育等等,综合发挥系统思维的功效;促进对思想政治教育方法体系的立体式交叉研究,努力揭示思想政治教育方法体系的理论内在逻辑和规律,推动思想政治教育方法理论的发展。

第二章

当代思想政治教育方法论的理论基础与知识借鉴

当代思想政治教育方法论是伴随着中国共产党思想政治教育工作实践的发展而不断发展的，始终遵循着马克思主义理论的根本指导，以思想政治教育学科为支撑，以其他相关学科知识为理论借鉴。

一、马克思主义理论的根本指导

任何一门系统完备的科学都离不开翔实的理论指导。马克思主义作为无产阶级的世界观和方法论,是中国共产党的根本指导思想,是人们正确认识思想政治教育现象、探索思想政治教育规律以及开展思想政治教育活动的科学依据和实践指南。因而,坚持以马克思主义理论为根本指导是新时代顺利开展思想政治教育活动的必然遵循,也是当代思想政治教育方法论的内在规定;也只有坚持马克思主义理论的根本指导,才能确保思想政治教育方法在推动思想政治教育目标实现的过程中发挥积极作用。

(一)关于人的本质理论

马克思、恩格斯在实践中认识到康德、黑格尔、费尔巴哈等哲学家关于人的本质问题探讨的弊端,并在此基础上指出:“全部人类历史的第一个前提无疑是有生命的个人的存在。”[①]这就是说,不管世界如何发展变化,承认人本身的客观存在及发展是人类认识世界和改造世界的前提性条件。而思想政治教育就是一项关于人的工作。具体来说,是做人的思想的工作。因此,马克思、恩格斯关于“人的本质”理论,为当代思想政治教育方法论奠定了坚实的理论基础。

第一,人是自然系统的一部分,具备生物的一般性特征,但人具有主观能动性。正如社会生活中不存在脱离人的纯粹自然一样,人自然也不是简单的、纯粹的动物式存在。二者之间的区别在于人具有自觉的主观能动性。马克思、恩格斯曾深刻地指出:“可以根据意识、宗教或随便别的什么来区别人

---

① 中共中央马克思恩格斯列宁斯大林著作编译局.马克思恩格斯文集(第一卷)[M].北京:人民出版社,2009:519.

和动物。一当人开始生产自己的生活资料,即迈出由他们的肉体组织所决定的这一步的时候,人本身就开始把自己和动物区别开来。”①同时,马克思还将人的社会劳动与蜘蛛、蜜蜂等动物的活动相比,通过这种类似比较,马克思恰如其分地指出:“自由的有意识的活动恰恰就是人的类特性。”②思想政治教育作为一定社会集团或阶级有意识、有目的地给受教育者传授符合其要求的教育信息的实践活动,既要充分调动教育者在方法选取、创新等方面的主观能动性,也要注重在教育过程中,充分尊重受教育者的主观能动性,激励受教育者在自我教育中强化教育效果。

第二,人的本质在其现实性上是一切社会关系的总和。马克思指出:“人的本质不是单个人所固有的抽象物,在其现实性上,它是一切社会关系的总和。”③马克思之所以把人的本质归结为一切社会关系的总和,是为了说明费尔巴哈简单地、抽象地把人理解为生物学意义上的个人,而不是具有一般意义、现实的人。当然,这里“现实的人”不仅要与具有自我意识的人相区别,更要同历史上处于不同社会关系中的不同的人相区别。因而,对“现实的人”本质的考察,就不能仅仅归结为动态的劳动活动,也要揭示在特殊社会关系背景下“现实的人”的本质所在,即一切社会关系的总和。人是处于现实社会中的人,没有现实社会就没有人,更没有人的生产生活实践,也就无法真正地实现人的发展。而离开了人,社会则无从谈起,社会有机体则不复存在。总而言之,考察人的本质就要把人置于现实的社会关系中,在社会关系的分析与思考中把握人的本质的根本问题。而思想政治教育作为社会实践活动,是服务于社会和个人发展的重要手段。因而,在思想政治教育方法的采取、创新过程中,只有与受教育者的学习环境、认知水平等相结合,充分服务于受教育者的成长成才需要,才能凸显思想政治教育方法的可操作性和有效性。

---

① 中共中央马克思恩格斯列宁斯大林著作编译局.马克思恩格斯文集(第一卷)[M].北京:人民出版社,2009:519.

② 中共中央马克思恩格斯列宁斯大林著作编译局.马克思恩格斯文集(第一卷)[M].北京:人民出版社,2009:162.

③ 中共中央马克思恩格斯列宁斯大林著作编译局.马克思恩格斯选集(第一卷)[M].3版.北京:人民出版社,2012:139.

思想政治教育作为一定社会阶级为维护阶级利益、传播阶级观点而通过教育者有目的、有组织、有计划地向受教育者传递符合阶级要求的思想观念、道德观点等的实践活动，是人通过人并且为了人而对人的思想做工作的活动过程。从这个意义上来说，坚持马克思主义的人的本质理论，是当代思想政治教育方法论的内在要求。在多样而复杂的社会关系中，思想政治教育要体现人的本质，就要以人的本质为教育的价值目标，适时适机地选择适当的思想政治教育方法开展思想政治教育活动，以引导人们在接受思想政治教育的过程中逐步实现对人的本质的追求。

（二）关于社会存在与社会意识辩证关系原理

思想政治教育既要根据现有社会发展实际和受教育者思想道德发展水平开展活动，又要集中针对人的思想开展实践。换言之，思想政治教育是教育者根据客观的社会存在对人的思想意识实施引导的教育活动。而当代思想政治教育方法论是从思想政治教育方法中抽象凝练出的科学理论，是从实践到理论的抽象升华。马克思和恩格斯关于社会存在决定社会意识的辩证关系原理，不仅为指导教育者正确认识和应用思想政治教育方法开展具体的思想政治教育活动提供了重要遵循，更为夯实思想政治教育方法论的哲学基础贡献了理论智慧。

第一，社会存在与社会意识的关系问题是一个根本性问题。马克思以实践的唯物主义为哲学基础，指出："思想、观念、意识的生产最初是直接与人们的物质活动，与人们的物质交往，与现实生活的语言交织在一起的。人们的想象、思维、精神交往在这里还是人们物质行动的直接产物。"[①]人们为了生活就要生产，要生产就要有社会交往，而要交往就需要语言和意识作为手段或工具。可见，语言和意识，只是由于需要，由于和他人交往的迫切需要才产生的。所以，意识同人们的社会生活密不可分。马克思在《〈政治经济学批判〉序言》中进一步指出："物质生活的生产方式制约着整个社会生活、政治生活和精神生活的过程。不是人们的意识决定人们的存在，相反，是人们的社会

① 中共中央马克思恩格斯列宁斯大林著作编译局.马克思恩格斯文集（第一卷）[M].北京：人民出版社，2009：524.

存在决定人们的意识。”[①]在这里，马克思明确提出了社会存在决定社会意识的科学命题。这个命题的提出，为教育者正确认识思想政治教育内容，采取科学、正确的思想政治教育方法提供了前提和基础。这意味着思想政治教育方法的开发、运用都必须立足于社会既有的物质生活条件和客观环境，而不能偏离教育教学实际的发展，与受教育者的接受能力、接受水平等相脱离。

第二，社会意识随着生活条件的变化而不断发展。社会意识不是永恒不变的，而是具体的历史的，随着社会存在的变化发展而变化发展。正如马克思所说：“发展着自己的物质生产和物质交往的人们，在改变自己的这个现实的同时也改变着自己的思维和思维的产物。”[②]随着生产力的发展，出现了真正意义上的分工，从而使意识获得了相对独立的外观。“人们按照自己的物质生产率建立相应的社会关系，正是这些人又按照自己的社会关系创造了相应的原理、观念和范畴。”[③]而思想政治教育作为一种主流意识形态的教育和引导活动，同样也不是一成不变的，要保证思想政治教育能够达到预期效果，就要善于在实践活动开展过程中沿用好办法、改进老办法、探索新办法，使思想政治教育方法始终能够与社会存在的发展实际相契合，不断满足实现教育目标的需要。

第三，社会意识具有鲜明的阶级性。在阶级社会中，“统治阶级的思想在每一时代都是占统治地位的思想。这就是说，一个阶级是社会上占统治地位的物质力量，同时也是社会上占统治地位的精神力量。支配着物质生产资料的阶级，同时也支配着精神生产资料，因此，那些没有精神生产资料的人的思想，一般的是隶属于这个阶级的。占统治地位的思想不过是占统治地位的物质关系在观念上的表现，不过是以思想的形式表现出来的占统治地位的物质

① 中共中央马克思恩格斯列宁斯大林著作编译局.马克思恩格斯文集（第二卷）[M].北京：人民出版社，2009:591.

② 中共中央马克思恩格斯列宁斯大林著作编译局.马克思恩格斯文集（第一卷）[M].北京：人民出版社，2009:525.

③ 中共中央马克思恩格斯列宁斯大林著作编译局.马克思恩格斯文集（第一卷）[M].北京：人民出版社，2009:603.

关系"[①]。在阶级社会中，每个人都身处于阶级生活中，这就不可避免地打上了所处社会阶级的烙印。但剥削阶级为了保证其统治的合理性和合法性，总是同被剥削阶级的思想体系不一样，企图掩盖统治思想的阶级本质，并把其所建立的思想体系与阶级本身分割开来，使其独立化，以达到巩固其阶级统治的目的。因而，思想政治教育要认识到其维护无产阶级利益、巩固马克思主义在意识形态领域指导地位的活动追求。这就意味着，教育者要通过采取正确的教育方法激励受教育者在实践中始终坚持无产阶级的根本立场，为实现无产阶级最终解放自己的目标而奋斗。

（三）关于正确处理人民内部矛盾的理论

矛盾是事物发展的内在动力，人们的实践活动总是在解决矛盾的过程中不断前进。思想政治教育就是要解决个人实际的思想道德与社会要求的思想道德之间的矛盾，不断促使个人的思想道德与社会要求的思想道德相一致。新时代以来，伴随着我国社会主要矛盾的转变，思想政治教育的环境、背景、条件、载体、技术等各方面也随之发生了深刻变化，这既给当代思想政治教育提供了创新发展的便利条件，也提出了严峻的发展挑战。因而，当代思想政治教育要采取正确、科学的思想政治教育方法，就要以科学理论为指引，不断增强思想政治教育的方法开发、应用的科学性、时代性、实效性。

第一，关于正确处理人民内部矛盾的理论能够为正确认识思想政治教育的现状，引导教育者选择适时适机的方法提供理论指导和思维启迪。思想政治教育就是要做好人民的思想工作，积极化解人民之间的内部矛盾，并在矛盾的化解过程中把人民的力量集中在一起，引导人民为中国特色社会主义建设事业贡献力量。而要解决人民内部的思想道德、价值观等问题，不能用强制的方法，而要充分发挥思想政治教育的专业优势。所谓思想政治教育的专业优势，即通过动之以情、晓之以理的方法引导人民正确认识矛盾、有效缓解矛盾、科学化解矛盾。正如毛泽东所说，"凡属于思想性质的问题，凡属于人

① 中共中央马克思恩格斯列宁斯大林著作编译局.马克思恩格斯文集（第一卷）[M].北京：人民出版社，2009：550-551.

民内部的争论问题，只能用民主的方法去解决，只能用讨论的方法、批评的方法、说服教育的方法去解决，而不能用强制的、压服的方法去解决”[①]。同时，毛泽东根据马克思主义的主张，强调共产党人在从事人民工作的时候，要采用民主的说服教育方法。他指出：“我们历来就主张，在人民民主专政下面，解决敌我之间的和人民内部的这两类不同性质的矛盾，采用专政和民主这样两种不同的方法。”[②]这种说服教育在一定程度上就是思想政治教育，只有通过与人民群众进行亲切沟通，做深入细致的思想政治教育，而不是采取强制的命令措施，才能真正获得人民群众的认可、支持与参与。

第二，关于正确解决人民内部矛盾的方法理论，即要采用民主的方法，为教育者开发和应用思想政治教育方法提供科学依据。任何国家都会有思想政治教育活动存在，这不仅是统治阶级维护政治统治的现实必要，也是解决人民内部矛盾、维护社会良好秩序的发展要求。毛泽东指出：“对待人民内部的思想问题，对待精神世界的问题，用简单的方法去处理，不但不会收效，而且非常有害。不让发表错误意见，结果错误意见还是存在着……只有采取讨论的方法，批评的方法，说理的方法，才能真正发展正确的意见，克服错误的意见，才能真正解决问题。”[③]思想政治教育内容要得到受教育者认可和接纳，就必须要对受教育者的思想施以行之有效的教育。这就要求教育者要以民主平等的态度对待受教育者，积极吸纳受教育者的意见，充分考虑其兴趣和个人喜好，从而采用最受受教育者青睐的方法，才能将知识信息有效传递给受教育者，并促进其转化为受教育者自身的道德规范和行为准则。

（四）关于社会意识的灌输论

理论、思想、道德、法律等社会意识本质上是外在于受教育者的内容，必须通过一定的手段使受教育者接收到这些信息才能实现内在转化。那么受教育者如何才能接收、内化并外显社会意识呢？列宁在《怎么办》里提出了著

① 中共中央文献研究室.毛泽东文集（第七卷）[M].北京：人民出版社，1999：209.

② 中共中央文献研究室.毛泽东文集（第七卷）[M].北京：人民出版社，1999：211-212.

③ 中共中央文献研究室.毛泽东文集（第七卷）[M].北京：人民出版社，1999：232.

名的“灌输论”。他明确指出:“我们说,工人本来也不可能有社会民主主义的意识。这种意识只能从外面灌输进去,各国的历史都证明:工人阶级单靠自己本身的力量,只能形成工联主义的意识,即确信必须结成工会,必须同厂主斗争,必须向政府争取颁布对工人是必要的某些法律,如此等等。”[①]列宁阐述了对工人阶级进行社会意识灌输的必要性和重要性,他指出:“阶级政治意识只能从外面灌输给工人,即只能从经济斗争外面,从工人同厂主的关系范围外面灌输给工人。只有从一切阶级和阶层同国家和政府的关系方面,只有从一切阶级的相互关系方面,才能汲取到这种知识。”[②]列宁还结合社会党人的实际工作,认为工作人员要以先进的无产阶级思想理论引导工人阶级,要“特别注意加强和巩固劳动者的同志纪律并从各方面提高他们的主动性和责任心。这是彻底战胜资本主义、战胜生产资料私有制的统治所造成的习惯的最主要的方法,甚至是唯一的办法。要达到这一目的,就需要坚持不懈地耐心地重新教育群众”[③]。当下,灌输理论仍然是指导当代思想政治教育活动开展的重要理论依据。在新的历史方位下,思想政治教育仍然要坚持灌输理论的指导,不断改进灌输方法,主动用马克思主义理论和马克思主义中国化最新理论成果武装受教育者的头脑,使理论能够掌握受教育者,促使其在接受“灌输”的过程中将理论内化于心,成为个人日常行为的根本遵循。

二、思想政治教育学科理论的关键支撑

思想政治教育方法论教学主要依托于马克思主义理论一级学科下的思想政治教育二级学科,学科理论为教育者选择和运用思想政治教育方法,进而开展思想政治教育活动提供了关键支撑。所以,从这个意义上说,思想政

① 中共中央马克思恩格斯列宁斯大林著作编译局.列宁选集(第一卷)[M].3版.北京:人民出版社,1995:317.

② 中共中央马克思恩格斯列宁斯大林著作编译局.列宁选集(第一卷)[M].3版.北京:人民出版社,1995:363.

③ 中共中央马克思恩格斯列宁斯大林著作编译局.列宁选集(第三卷)[M].3版.北京:人民出版社,1995:747.

治教育相关理论的建设发展为思想政治教育方法论发展提供了强大的学科支撑和理论支撑。

(一)思想政治教育的过程论

思想政治教育过程论是思想政治教育的理论依据。马克思主义认为世界是各种过程的集合体,思想政治教育过程是指教育者根据一定阶级和社会对受教育者的思想政治要求,以及受教育者自身的思想政治素质,对受教育者施加有目的、有计划、有组织的思想政治教育影响,以促使其产生内在的思想矛盾运动,形成符合社会要求的思想政治素质的过程。任何实践活动,都要以过程的形式呈现出来。正确理解思想政治教育的过程论,遵循思想政治教育过程规律是科学选择和运用思想政治教育方法,提高思想政治教育实效性的内在诉求。

第一,要明确思想政治教育过程是一种客观的活动过程,其全程是由各种活动相互作用、相互连接而形成的整体。目前学界对思想政治教育过程的划分不尽一致,有学者将其划分为三个具体过程:教育准备、教育实施和教育反馈,或者是确定教育目标、制定教育计划,实施教育活动,促成效果转化以及信息反馈。还有学者将其划分为四个具体过程,分别是确定教育目标和制定教育计划、选择教育机制、指导实践、总结检查。这些划分的标准不一,但总体都比较符合思想政治教育实际。思想政治教育是一项长期复杂的系统工程,必须通过不同的、相对独立的思想政治教育具体过程来开展。这就要求教育者在教育教学过程中要做好每个阶段的方法运用规划,针对不同的教学进度采用不同的教学方法,从而实现对受教育者的整体把握,不断激励受教育者积极探索、主动学习,在连续的、反复的、长期的教育过程中提高综合素质。

第二,要正确处理思想政治教育过程中的具体矛盾。思想政治教育矛盾是推动思想政治教育过程发展的重要动力。要化解思想政治教育过程中的各种矛盾,就必须采取正确、科学的方法。学界认为一定社会所要求的思想道德与受教育者实际的思想道德之间的矛盾是思想政治教育的根本矛盾,而教育者与社会要求之间的矛盾、受教育者与教育者之间的矛盾、受教育者的思想道德与社会要求之间的矛盾、社会环境与思想政治教育要求之间的矛盾、思想政治教育元素之间的矛盾等是思想政治教育过程的具体矛盾。这些矛盾是制约思想政治教育发展、影响思想政治教育效果的重要因素。思想政治教育方法的功效正是在解决思想政治教育过程的具体矛盾中得以体现的。这就要求教育者要注重针对不同的具体矛盾，选取和运用教育方法，从而推进思想政治教育实效在矛盾解决中得到加强。

第三，要认识到思想政治教育是一个长期的过程。思想政治教育的效果不会立竿见影，而是在长期的外部影响与内部转化的过程中，逐步实现量变到质变的飞跃。受教育者的思想道德实况是动态发展的，因而可能出现反复、下滑等各种情况，且受教育者的认知水平、价值取向等都不尽相同，这也使得思想政治教育过程的复杂性和长期性更加凸显。同时，这个长期性也是由受教育者的认知发展规律所决定的。受教育者与教育信息的统一分为三个具体过程：接收教育信息、内化教育内容、外化教育内容。在每一过程中受教育者都逐步向符合社会要求的思想道德素质靠近。但是这个过程并不是短期内就可以完成的，要靠长期的教育熏陶和实践才能完成。因此，教育者在采取思想政治教育方法时要注重对受教育者的连续性鼓励和阶段性的深化教育，以确保思想政治教育达成最终预期。

（二）思想政治教育的原则论

原则是人们在观察问题、分析问题和解决问题的过程中所遵循的准则。思想政治教育原则是教育者依据思想政治教育的内在要求和现实中开展思想政治教育的客观规律，在充分总结实践经验基础上所确立的活动准则。马克思指出："原则不是研究的出发点，而是它的最终结果。"[①]进言之，思想政治教育的原则不是先验存在的，也不是教育者随意而为的，而是在长期思想政治教育实践中凝练抽象出来的理论概括。主要包括方向性原则、渗透原则、求实原则、主体原则、激励原则、民主原则、层次原则等，各原则之间构成一个

① 中共中央马克思恩格斯列宁斯大林著作编译局.马克思恩格斯文集（第九卷）[M].北京：人民出版社，2009:38.

相互作用、相互联系的思想政治教育原则体系。而思想政治教育方法论作为思想政治教育的重要分支，不仅要把思想政治教育原则作为开发和应用思想政治教育方法时的必然遵循，也要将其当作当代思想政治教育方法理论发展的理论依据。

（三）思想政治教育的主客体论

关于思想政治教育主客体的确定，学界目前存在不同的看法，有"双主体说""单一主体说""主体间性说"等等。马克思重视人在社会生活中的积极作用，把现实的"人"视为主体——能够从事自主性的实践劳动，具有阶级性、主观能动性、自主创造性等。而客体则是指主体的实践和认识活动的对象，具有对象性、受动性、可塑性等。思想政治教育者和受教育者都是"现实的人"，因而从马克思主义哲学的角度而言都是主体。而思想政治教育活动的主客体，具有明确的指向性，不同于马克思主义哲学意义上的"主客体"。教育者与受教育者作为思想政治教育的主要组成部分，二者缺一不可，两者之间的关系共同构成了思想政治教育最基本的主客体关系。不论什么时候，对思想政治教育的探讨都不能离开教育者与受教育者而进行。思想政治教育方法论既形成于主客体的互动实践，又指导并推动着其实践的发展。因而，探讨思想政治教育方法论就不能避开二者而孤立地进行。

思想政治教育者，即教育主体，是根据社会发展的要求和受教育者的思想道德素养，对受教育者施加有目的、有计划、有组织的教育影响的个体或群体，是思想政治教育活动的发起者、组织者、实施者，在整个思想政治教育活动中始终居于主导地位。思想政治教育受教育者，即教育客体，是指在思想政治教育活动中，被教育者施加教育影响的对象，他们在思想政治教育过程中一般处于受动的地位，具有较强的受控性、可塑性等。在思想政治教育方法论的丰富和发展过程中，要深刻认识到受教育者在教育活动中的积极作用，注重激发受教育者的自主能动性，鼓励其将教育与自我教育相结合，把激励受教育者通过自身学习以提高思想道德素养的方法作为重要的教育方法理论进行研究，并在具体教学过程中加以实践。

三、相关学科理论的知识借鉴

从知识发展的角度而言,任何知识体系的建构、发展都不是孤立的,而是与其他学科知识相互借鉴、相互交叉融合,并不断发展的。思想政治教育作为一门综合运用多学科理论知识开展教育活动的应用型科学,在进行思想政治教育方法论的总结和凝练时,也必然要注重其他学科理论知识对思想政治教育方法论的借鉴价值。

(一)系统理论的知识借鉴

一般系统论的创始人贝塔朗菲认为,系统是由相互联系、作用的若干要素组成的表现为新功能的有机整体,而不仅仅是一些事物的简单集合,其本质是由一组相互联结的要素组成的,能够实现某个目标的整体。对所有系统而言,都具有整体性、关联性、等级结构性、动态平衡性、时序性等基本特征。这些内容既是系统所具有的基本思想观点,也是系统方法的基本原则,表现了系统论不仅是反映客观规律的科学理论,且具有科学方法的含义。系统论的任务,不仅在于认识系统的特点和规律,更在于利用这些特点和规律去控制、管理、改造或创造系统,使其合乎人的目的需要。也就是说,研究系统理论的目的是调整系统结构,协调各要素之间的关系,使系统实现优化目标。在现代科学的整体化和高度综合化发展的趋势下,人类面临许多规模巨大、关系复杂、参数众多的复杂问题,系统分析方法为解决现代复杂问题提供了有效的思维方式,促进着各门学科的发展。

借鉴系统论,思想政治教育方法论可看作一个系统性的整体,方法论、原则方法、具体方法等都是思想政治教育方法的重要组成部分。具体从以下三点来把握:一是按照系统论中整体与部分的关系厘清思想政治教育方法论、原则方法、具体方法所处层次与要求。思想政治教育方法论是专门研究思想政治教育方法的学说或科学,能够指导人们正确认识社会思想政治品德状况、指导和实现思想政治教育的预期目标。思想政治教育原则方法也可以称作思想政治教育的一般方法。它在思想政治教育的全过程中起指导作用,规定了其他层面方法的方向、准则和要求，在思想政治教育方法论的体系中，起着导向和规范的作用，带有宏观纲领性的指导意义。思想政治教育具体方法是直接作用于教育对象的具有操作性的方法。二是根据系统论中要素优化的要求将各自独立的方法相互融合创新，如思想政治教育显性方法与隐性方法的有机互补，将现代思想政治教育信息技术方法融合到思想政治教育全过程中，形成“互联网+”方法体系等。三是思想政治教育是由教育者、教育对象、教育内容、教育环境、教育方法等要素构成的系统，必然要将思想政治教育方法置于思想政治教育这一系统中加以研究，在深入把握思想政治教育方法与其他思想政治教育要素的关系基础上优化思想政治教育方法，使其能更好地发挥作用，从而推动思想政治教育目标的实现。

(二)教学理论的知识借鉴

教学理论是关于教师如何更好地进行教学的理论，它是历代教育工作者教育实践的经验总结与概括升华，科学地反映了教育者“教”和受教育者“学”之间的内在规律，不仅为思想政治教育活动的开展提供了科学依据，更是思想政治教育方法论的重要理论来源。其中以发展性教学论和结构主义教学论为主要代表。一是以赞科夫为代表的发展性教学论。该理论认为教学最为核心的任务，就是要通过教学引导受教育者突破自我，以实现自身各个方面的发展。赞科夫从维果茨基的“最近发展区”理论出发，以促进受教育者的发展为核心，概述了发展性教学论的教学方法和教学原则，概括出以高难度、高速度进行教学的原则以及理论主导原则、理解学习原则、促进发展的教学原则。在教学方法上，赞科夫认为要通过使学生过积极而丰富的精神生活、强化受教育者的内部诱因、注意随机应变、扩展知识的广度和深度、积极发展受教育者的言语、善用启发提问等方式，以促使受教育者保持积极心态，加强自我教育，不断提高综合素养。发展性教学论不仅对思想政治教育活动的顺利开展有极强的启发意义，更能丰富当代思想政治教育方法论的内容体系。这就要求教育者在开展思想政治教育过程中必须关注受教育者的发展、重视受教育者的内在需求以及突出发挥受教育者学习的自主能动性。二是以美国心理学家、教育家布鲁纳为代表的结构主义教学理论。布鲁纳在结构主义的影响下，将心理学和教学结合起来，提出了结构主义教学论。他认为学习是一种过程而非结果，在该过程中，要注重引导受教育者主动获取和发现知识，帮助其建立起关于学科的基本认知结构、态度和方法，而在教学过程中要遵循动机原则、结构原则、程序原则和反馈强化原则等四项基本原则。就思想政治教育而言，教育者要充分认识到受教育者不是一味地被动接收思想政治教育信息的客体，而是具有自主能动性的、能够自觉选择和筛选教育信息，并进一步建构自身知识体系的主体。因此，在教学中要注重通过适当的方法运用引导受教育者自主探究、自主发现、自主学习，从而达到自我建构的教育效果。

（三）行为科学管理理论的知识借鉴

行为科学管理理论是20世纪初期在美国发展起来的学说。在前期，该理论的主要代表人是罗特利斯伯格和梅奥，他们提出了“人际关系学说”和“社会人”理论。行为科学管理理论发展的后期则以马斯洛的“自我实现”理论和赫茨伯格的激励理论为代表。行为管理科学理论是基于古典管理理论发展起来的现代管理科学。行为科学管理理论主要是研究人的行为特点和规律，探究人的本性、需求、行为和动机之间的内在关联。尤其是在企业生产中，探究如何调动和协调人际关系，以更好地激发员工在企业劳动中的积极性、主动性和创造性。总的来说，行为科学管理理论主张任何人的任何行为都是有目的的实践，而不是盲目的。但人的目的是由其内在动机决定的，动机又是由个人需要引起的。因而，行为科学管理理论认为在企业管理中必须正确处理员工的需求、动机、目标与行为活动之间的关系，以促使企业员工的个人目标和企业的整体目标形成内在统一。而要实现这样的统一，就要通过激励、引导等方法不断激发员工的内在动力，不断满足员工的实际需求。在此基础上，才能充分调动其主动性和积极性，不断提高劳动生产率。行为科学管理理论非常重视人在企业生产中的重要性，注重发挥人的积极性，从而不断突出人在社会生活中的作用。这对开展思想政治教育活动，开发和应用思想政治教育方法有重要的借鉴价值。这要求教育者在开展思想政治教育过程中要抓住受教育者的客观需要,满足受教育者的知识获取、人身尊重、平等民主等各种需求,激发受教育者主动学习的内在动力,从而确保思想政治教育目标真正达成。同时,行为科学管理理论在个人行为的测量方面的主张也值得思想政治教育者加以借鉴。如在抽样理论、问卷调查、实情考察、量表制定等方面所做出的积极探索,也为教育者更好地开展思想政治教育活动提供了丰富的方法选择。

第三章

当代思想政治教育方法的历史发展

认识当代思想政治教育方法的历史发展，需要将马克思主义基本原理与当代思想政治教育的实际联系起来。另外，只有科学把握我国古代思想政治教育方法、批判和借鉴国外思想政治教育方法，才能不断地推动当代思想政治教育方法的创新性发展和创造性转化，不断丰富思想政治教育方法的理论体系。为此，需要从历史的角度，考察古今中外思想政治教育方法历史发展的主要脉络和具体实施。

一、我国古代思想政治教育方法的历史发展

我国古代社会主要经历了原始社会、奴隶社会和封建社会,原始社会的思想道德教育主要通过日常交往、集体生产劳动和原始宗教活动进行,采用语言口耳相传和实际行为模仿等教育方式;奴隶社会的思想政治教育主要是奴隶主利用宗教迷信欺骗、麻痹奴隶和平民,用讲“德政”、建“礼治”的手段来缓和阶级矛盾;封建社会的思想政治教育主要采用诸子百家提出的各种伦理道德教育的理论和方法。其中,以儒家为代表的伦理道德教育方法是我国传统文化的一部分,需要创造性地加以吸收和创新性地加以发展。

(一)我国古代思想政治教育的主要方法

我国古代思想政治教育的方法,经历了几千年的历史发展,其中儒家伦理道德教育方法在我国封建社会一直居于主导地位,其目的是使人们自觉用统治阶级的政治原则和道德要求检查自己,约束自己,以维护统治阶级的政治思想统治。

1.社会教化方法

社会教化方法,是指通过上施下效、民众学习模仿等,实现观念行为、风俗习惯养成的过程,它是一种有组织、有目的的教育活动。我国古代社会教化方法主要有以下几个方面。其一,教育灌输。教育灌输是指教育者采用各种方式将教育内容灌注输送给教育对象,以实现思想观念的注入,包括内容灌输和启发灌输。内容灌输是指对特定教育内容的灌输,通过将儒家道德规范设计成多个道德条目,或把儒学的经典著作编写成通俗易懂的读物等,要求人们遵循、铭记,并在民间推广。启发灌输是指通过教育者的点拨使内容

可以更有效地灌输,孔子提出启发要遵循“不愤不启,不悱不发”的原则[①],要在学生“实在弄不明白”“想说却不能明确说出来”的时候再去开导和启发。其二,化民成俗。化民成俗是指教化百姓,使形成良好的风尚。我国古代化民成俗的方法多种多样,包括制定特定礼俗,通过生活实践,形成礼俗要求,在民众中推广普及并形成民俗文化;制定乡规民约、家法族规,使其成为老百姓必须遵守的行为规范;发现、树立道德典范,通过加官晋爵、竖立牌坊、修建祠堂等方式,表彰孝子贤孙、贞女义妇,以及让财救患、施善乡里的人和事;设置专事教化的官吏,其重要职责是发现本地区的好人好事并奏报朝廷,在道德典范门庭悬挂荣誉匾额以示表彰。其三,身教示范。身教示范是指教育者要以身作则,率先垂范,要求教育者先正己然后才去正人。身教重于言教,是中国古代思想道德教育的重要原则,也是一种教育方法。孔子曰:“其身正,不令而行;其身不正,虽令不从。”[②]儒家要求统治者为道德表率,树立圣人理想人格,具有全德、全智、全功的特征,只有这样才能教化万民,开启民智;官吏为民表率,要身正为范,劝导乡里,推行教化,助成风化;教师要为人师表,以身作则,率先垂范,做学生的道德楷模,以负责的精神、谦恭的态度和博学多知来教育、感化学生。其四,礼乐结合。礼乐结合是指通过学礼、学乐,把社会对人的道德规范内化于人的情感、意志之中,从而成为人们的自觉行动。孔子认为,道德修养“兴于《诗》,立于礼,成于乐”[③]。“兴于《诗》”是激发人的修养志趣,“立于礼”是约束人的行为仪表,“成于乐”是在习礼习乐的过程中陶冶仁爱之心。在礼乐结合的具体形式上,借助评话、弹词、鼓词等说唱通俗文艺形式,传播道德规范给广大无法接受正统教育的百姓,填补了正规学校教育所留下的巨大空白,成为社会教化的重要途径。其五,环境陶冶。环境陶冶是指教育者创造良好的教育环境或运用环境中的有益因素,对受教育者发挥潜移默化的作用。我国古代道德教育重视环境对人的品格形成的作用。孔子认为,择友、择处有助于创造一个有益于道德修养形成的环境。荀子认

---

① 王超.论语[M].北京:北京联合出版公司,2015:53.

② 王超.论语[M].北京:北京联合出版公司,2015.105.

③ 孙立权,姜海平.论语注译[M].最新修订版.长春:吉林文史出版社,2011:96.

为,不同环境铸就不同品格的人,“蓬生麻中,不扶而直;白沙在涅,与之俱黑”[①]。墨子认为,人们生活在一定的环境中,不可避免地要受到环境的熏陶,“染于苍则苍,染于黄则黄”[②]。外部环境对人的影响是在不知不觉中潜移默化地形成的,必须把环境的影响纳入教化的重要内容中。我国古代社会教化方法,是一种“上施下效”的教育活动,主要通过“上化”和“下习”两种途径进行。

2.自我修身方法

儒家十分强调修身,认为“古之欲明明德于天下者,先治其国;欲治其国者,先齐其家;欲齐其家者,先修其身”[③]。修身的目的是齐家、治国、平天下,修身是自我修养、自律自教的方法。其一,学思结合。学思结合是指主张学习、继承前人道德,并通过思考转化为品质。“学而不思则罔,思而不学则殆”[④],学与思相辅相成,互为补充。孟子指出,“行之而不著焉,习矣而不察焉,终身由之而不知其道者,众也”[⑤],意思是不善于思考的人实在是太多了。孔子提出了“九思”的君子之道,其中“视思明”“听思聪”“疑思问”,指在观察、倾听、遇到疑问时,要善于思考并提出问题,要求学生用“近思”“切问”等方法,联系切身的实际进行思考和修养。学思结合要求既要学习,又要养成独立思考的能力。其二,自省内求。自省内求是指向内追求主体性道德。自省也称为反省、内省,是指通过自我意识来省察自己言行的过程,“见贤思齐焉,见不贤而内自省也”[⑥]。内求是指向人体本身挖潜力,“圣人内求,世人外求,内求者乐得其性,外求者乐得其欲”[⑦]。孟子提出了“反求诸己”的自我修养方法,“行有不得者皆反求诸己,其身正而天下归之”[⑧],凡是自己所做的得不到应有的效果,都要反过来从自身寻求原因。“见不贤而内自省”“反求诸己”都

① 荀况.荀子[M].郭美星,译注.南昌:二十一世纪出版社,2015:2.

② 墨子及其弟子.墨子[M].吕昂,译注.南昌:二十一世纪出版社集团,2015:7.

③ 姜国钧.礼记选讲[M].长沙:湖南大学出版社,2018:14.

④ 王超.论语[M].北京:北京联合出版公司,2015:15.

⑤ 杨伯峻,杨逢彬.孟子[M].长沙:岳麓书社,2021:201.

⑥ 王超.论语[M].北京:北京联合出版公司,2015:31.

⑦ 王安石.王安石散文全集[M].北京:今日中国出版社,1996:283.

⑧ 杨伯峻,杨逢彬.孟子[M].长沙:岳麓书社,2021:108.

是一种自律修养的自我教育方法。其三，积善成德。积善成德是指通过学习和实践优良品德，实现扬善除恶，进入高尚的道德境地。学习和实践的过程就是道德修养的过程，是德性涵养和磨炼意志品质的过程。荀子认为，人的品德依赖于后天的培养和教育，“积土成山，风雨兴焉；积水成渊，蛟龙生焉；积善成德，而神明自得，圣心备焉”[①]，人性本是恶的，但通过后天的教育、学习，可以转恶为善。这个转化过程是逐步完成的，是自觉学习优良品德并不断积善的结果，“锲而舍之，朽木不折；锲而不舍，金石可镂”[②]，优良品德的形成需要坚持不懈，不断积累。其四，身体力行。身体力行是指在道德实践中要按照道德准则和规范行事，躬行笃行，不断提高道德修养水平。孔子强调把“躬行”放在首位，认为“君子欲讷于言，而敏于行”[③]。朱熹特别重视力行，要求学生把道德认识付诸实践，强调即使圣人也要践行，知善必须体现于力行，行是知的完成。明代思想家王守仁提出“知行合一”说，认为知与行是一个过程。明末清初以王夫之为代表的思想家主张“行先知后”，强调行在道德修养中的重要性。知与行不可分离，相互为用，共同促进一个人道德人格的完善。其五，慎独。慎独是指一个人在独处时也要谨慎地注意自己的内心和行为，自觉按一定的政治、道德准则思考和行动，而不做任何坏事。“道也者，不可须臾离也，可离非道也。是故君子戒慎乎其所不睹，恐惧乎其所不闻。莫见乎隐，莫显乎微。故君子慎其独也。”[④]人们在实行道德自律的过程中，即使在“不睹”“不闻”之处，在暗地里或小事上，都不能有违背道德的行为。慎独是个人在独处的情况下仍然自觉按道德规范约束自己，它不仅是一种道德修养的方法，更是一种崇高的道德境界和道德水平。我国古代人们自我修养的方法，主要以主体的内心活动，如自我省察为特征，我们进行当代思想政治教育可以吸收这些方法中科学合理的部分，注重激发教育对象自我修养的意识和欲望，促进思想政治教育的接受和转化。

---

① 荀况．荀子［M］．郭美星，译注．南昌：二十一世纪出版社，2015：3.

② 荀况．荀子［M］．郭美星，译注．南昌：二十一世纪出版社，2015：3.

③ 王超．论语［M］．北京：北京联合出版公司，2015：33.

④ 曾参，子思．大学·中庸［M］．严亚珍，译．北京：北京联合出版公司，2015：66.

(二)我国古代思想政治教育方法的特点

我国古代思想政治教育方法由古代社会的政治、经济制度所决定,并深受传统文化的影响,具有自身的特点。新时代,继承和发展我国古代思想政治教育方法,必须去其糟粕,取其精华。

1.伦理方法的传承性

伦理方法的传承性是指渗透在中国封建社会各种政治制度、礼仪规范、社会习俗中的伦理方法,在为封建政治制度服务的过程中得到继承和发扬。其一,儒家提出了贯彻伦理思想的一整套方法,主要有实施"德政""道之以德"的教民方法、讲信修睦及修身为本的教化方法,等等。其二,儒家把政治教化与道德教化结合起来,提出君臣父子的等级制度和忠君孝亲的政治道德要求,修身齐家治国平天下的政治伦理主张,以及处理人际关系的"和合""中庸"原则等。其三,"三纲""五常""四维""五伦""三从""四德"等道德规范和伦理方法,是对孔孟伦理思想和方法的阐释与发展。儒家提出的伦理方法形成了一套伦理方法体系,具有专制性和等级性,其中关于传统美德的伦理方法是值得继承和发扬的。

2.教育方式的内在性

教育方式的内在性是指儒家对民众的教化方法和对个人的修养方法主要强调个人的内心活动。一方面,在治国教民方面,强调以德教民,让民众归服,而不应用刑法强行施加,使民众消极逃遁。孔子说"夫民教之以德,齐之以礼,则民有格心。教之以政,齐之以刑,则民有遁心"[①],以德教民的方法是征服人心的内化方法。另一方面,在个人修养方面,提出了"内圣外王"的重要方法,内修圣人之道,外施王者之政,也就是说内以圣人的道德为体,外以王者的仁政为用。这些方法最突出的特点是强调个人自觉地实行内在控制。儒家强调对民众和个人的内在控制,是为维护封建社会的正常秩序服务的,其提倡的"修身齐家治国平天下"的教化和修养方法,对处理好国家、社会、公民之间的关系是有借鉴意义的。

---

① 梁鸿.礼记[M].长春:时代文艺出版社,2003:249.

3.方法使用的强制性

方法使用的强制性是指历史上多数统治者将儒家伦理和伦理方法视为治国教民的良方，强制推行。在中国封建社会，政治上和伦理上的等级制一致，政治控制和伦理教化相通。为了推行儒家伦理及其方法，统治阶级制定了一系列制度、规则和措施。一方面，国君对群臣的绝对统领，父亲对儿子的严厉管教，丈夫对妻子的严格控制，这些都有纲常规范，不可逾越，否则就是不忠或不孝或犯上作乱，轻则惩罚，重则诛灭九族。另一方面，开设学校、兴办教育必须以儒家伦理教化为内容，控制家族、制定家规必须以儒家伦理为准绳，实施乡规民约、承继礼俗和民俗必须以儒家伦理方法为遵照。在我国古代社会，政治上的专制和伦理文化的推行，只能使用儒家伦理方法，这就呈现出了一定的局限性，因此，我们在吸收和继承我国传统思想道德教育方法时，要坚持古为今用、推陈出新，进行正确取舍。

二、国外思想政治教育方法的发展

研究国外思想政治教育方法，对于我们认识西方国家的思想教育、政治教育、道德教育，借鉴有益成果，创新我国思想政治教育方法具有重要意义。

（一）国外思想政治教育方法的历史发展

国外思想政治教育方法经历了长时期的发展，具有明显的西方文化的传统特点，其大致经历了三个相对明显的阶段。

1.宗教方法主导阶段

宗教方法主导阶段是指从中世纪到19世纪，在这一阶段国外的政治教育、道德教育同宗教紧密结合，教育方法主要是宗教方法。在中世纪，欧洲的政治教育和道德教育完全宗教化，宗教教义是全社会所有人的奉行宗旨与行为准则，宗教灌输、宗教仪式、宗教训练、宗教管制以及忏悔等是宗教教育的内容，“有目的地培养社会成员的‘德行’，乃是社会统治者的一项天职”[①]。到

---

① 王瑞荪.比较思想政治教育学[M].北京：高等教育出版社，2001：62.

了近代,宗教教育在一段时间内,仍然占统治地位,如英国社会和学校的道德教育、政治教育主要是由宗教机关来承担,美国从建国初期到19世纪,宗教教育也始终是其社会和学校教育的主导形式。这一时期宗教教育的主要任务是训练人们服从和虔敬,道德教育实质上成为灌输宗教教条的工具。

2.权威方法主导阶段

权威方法主导阶段是指从19世纪末到第二次世界大战期间,这一阶段强调权威管理和教育,权威教育方法起主要作用。在这一阶段,世俗道德教育逐步发展,民主教育理论、实用主义教育理论等对宗教教育冲击巨大。德国教育家赫尔巴特提出了权威管理和权威灌输的教育主张。权威教育必须由权威的教育者灌输不可怀疑的训育教条,并通过各种强制方式保证实现。权威方法运用的基本途径有"管理、教学与训育",管理是要创造保证教学正常进行的一种秩序,并采用惩罚与威胁、检查与监督、命令与禁止、批评与警告等一系列的管制教育手段。这一时期的权威方法适应了资本主义大工业生产对顺从人格的需要,对当时的欧美国家的影响很大。

3.学科方法主导阶段

学科方法主导阶段是指从第二次世界大战到现在,这一阶段从多个学科角度研究道德教育和政治教育,形成了多样化的教育方法。在这一阶段,各国研究者从管理学、心理学、社会学、教育学等不同学科,从人的认知、心理、行为、道德等不同视角,取得了科学管理理论,组织管理理论,"双因素"理论,X、Y、Z理论,需要层次理论,儿童心理研究,人群关系理论,实用主义德育理论,道德发展理论以及品格教育研究等方面的一系列丰硕成果,提出了内涵丰富的多种教育方法。这一时期的学科方法理论在20世纪五六十年代受到冷落,但由于社会道德的混乱和社会问题的加剧,20世纪60年代末又开始受到重视,道德教育理论和方法在西方影响显著,价值澄清学派和认知发展理论在西方颇负盛名。

(二)国外思想政治教育方法的主要形式

国外思想政治教育方法既有传统的宗教方法、学科方法,还有各种渗透方法,对我国思想政治教育具有重要影响和借鉴意义。

1.道德认知发展方法

道德认知发展方法是美国教育家柯尔伯格创立的以道德认知发展理论为基础的道德教育方法。道德认知发展理论认为,道德发展与认知发展有密切关系,道德发展遵循一定的规律,道德发展的动机在于寻求社会接受和自我实现等。柯尔伯格在具体运用道德认知发展理论时,提出了两种主要的教育方法。其一,道德讨论法,即通过引导学生就道德两难问题进行讨论,诱发认知冲突,促进积极的道德思维、道德判断方法的发展,其一般程序是根据道德判断测验量表对学生进行分组,提出道德两难问题或进入两难情景,引导学生展开讨论,促进较低阶段的学生趋向高阶段的推理,从而达到提高道德判断水平的目的。其二,公正团体法,即建立一个充满民主的道德气氛、由大家共同管理的场所,要求成员集体协作、共同负责,形成有益于团体发展和学生生活的集体行为规范的方法,包括培养团体成员的公正观,发展团体的民主管理,发展团体中的自我教育等,该方法尤其重视隐蔽课程对学生的作用。公正团体法是道德讨论法的发展,其提出的隐性课程设置与开发问题,对发挥学校和教师在道德教育中的作用有一定意义。

2.价值澄清方法

价值澄清方法是由美国学者拉思斯、西蒙等创立的以价值澄清理论为基础的道德教育方法。价值澄清学派提出的理论假设是人们处于充满相互冲突的价值观的社会中,而现实社会中没有一套公认的道德原则或价值观。价值澄清方法是指通过一系列价值澄清策略教给学生一些澄清自己价值的技巧,使其形成自我评价、自我指导的能力,并使他们把这些能力转化为行为的方法。价值澄清理论的主要任务不是认同和传授“正确”的价值观,而是致力于帮助人们澄清其自身的价值观。在运用中,价值澄清方法涵盖了生活中心、现实认可、鼓励思考、培养能力等四个要素,形成了选择、珍视和行动三个过程,以及自由选择、可能选择、审慎选择、满意选择、确认选择、行动、不断重复等七个标准的操作模式。价值澄清常用的策略有对话、书写、讨论、提高对结果的认识等,通过这些操作性极强的澄清策略帮助受教育者选择、确立适合自己的价值观念。价值澄清方法重视现实生活,具有可操作性和实效性,对西方现代道德教育的影响较大,但它否定社会的主导价值标准,其结果必然导致混乱和无政府状态。

3.社会学习方法

社会学习方法是以美国心理学家班杜拉的社会学习理论为基础的道德教育方法。社会学习理论的主要观点有,强调观察学习是行为获得的基本方法,人的复杂行为就是通过观察、模仿,再经认知过程而不断形成的。社会学习方法论者提出了两种比较重要的方法。其一,榜样示范方法,即在现实社会中通过人、文字符号、图像信息、语言描述、艺术形象和环境等示范影响行为的方法。榜样示范有言语示范、象征性示范、创造性示范、抑制或延迟示范等,教育者的任务就是引导和帮助受教育者观察、学习、模仿、认同好的榜样。其二,强化方法,即通过成功、失败、奖励、惩罚等行为结果对道德行为产生影响的方法。道德教育的强化手段有三种,包括通过亲身经历调整和修正自身行为的直接强化,利用间接媒体强化发展受教育者道德行为的间接强化,以及对自己的道德行为进行自我评价的自我强化。教育者巧妙有力地使用各种强化手段,教育就可以成功。社会学习方法注重理论联系实际,重视培养个体的自我评价能力,具有积极意义,但其具体方法缺乏操作的程序,有一定的实施难度。

4.政治社会化方法

政治社会化是美国政治教育的别称,政治社会化方法是指社会将知识、态度、规范、价值等政治取向从一代传到下一代的方法。政治社会化的方法主要有暗示、明示、强制等。其一,蕴含在家庭教育、社会文化环境、宗教组织、社会交往中的政治教育内容,对公民尤其是青少年政治社会化具有暗示作用;其二,学校教育、大众传媒宣传、政党组织活动以及组织公民参加社会实践等，是政治社会化的公开明示；其三，政府或社会机构借助某种强制性力量，迫使教育对象接受全社会的主导政治文化或意识形态。政治社会化有可能使国家自身的合法性权威得到普遍的承认和接受，有利于社会稳定，但也可能衍生出极端的个人主义、政治态度冷漠、精神世界空虚等现象。

5.隐性教育方法

隐性教育是相对于学校正式课程教育而言的，主要是由学校教育、家庭教育和社会教育中的隐蔽因素构成的教育形式。隐性教育方法是指教育者按照预定的教育内容和目标，在受教育者周围设置一定的生活环境和文化氛围，引导受教育者去感受和体味，使受教育者得到思想的净化和启迪，潜移默化地受到教育的方法。国外思想政治教育非常重视运用隐性教育方法，表现在：其一，利用史料、传说、故事、传记等进行爱国主义教育，政府以法律形式明文规定学校必须开设历史课程，通过历史教育培养学生的爱国信念；其二，重视各种社会参与和实践活动，强化学生社会责任感和公民意识，美国的高校支持学生走向社会，参与一定的社会服务项目；其三，注重发挥大众传媒和社会公共环境的思想政治教育作用，西方国家的政府每年都会安排巨额预算资金用于支持传媒机构、发展出版事业以及推动文化设施建设等，宣扬本国的民族精神和价值观念。隐性教育方法有助于调动受教育者的参与意识，教育效果突出，但其教育成效不具有即时性，而具有滞后性。

（三）国外思想政治教育方法的特点

国外思想政治教育方法既与西方国家的文化传统有关，也与西方社会的政治、经济制度有关，具有自身的特点。其中，有些方法对我国思想政治教育具有重要的启示作用。

1.宗教方法的传承性

宗教方法的传承性是指与宗教教育相适应的一套传统教育方法，如教条灌输、宗教仪式、服从敬畏、管制体罚等，一直传承下来并得到广泛运用。宗教方法的传承性具体表现在以下几个方面：其一，西方国家允许人们信奉宗教,并利用教会为政府服务;允许人们加入宗教团体,从宗教那里寻求精神寄托;要求学校开设宗教课程,系统传授宗教教义和培养宗教信仰。其二,宗教深刻影响了教育学、管理学、社会学的理论与方法。"宗教的综合教学就是造就与培养学生信仰上帝的观念"[①],美国麻省理工学院教授道格拉斯·麦格雷戈在《企业的人性方面》中提出的X理论,也继承了类似原罪说观点,认为人的本性是坏的,一般有好逸恶劳、逃避工作的特性,对工人要采取类似于宗教的强制、监督、威胁、惩罚的办法,才能控制工人的行为。宗教方法的传承性,使得西方国家的道德教育方法具有明显的宗教性特点。

2.方法理论基础的多样性

方法理论基础的多样性是指从学科角度研究、探索思想政治道德教育理论与方法,教育方法呈现出多样性学科基础。方法理论基础的多样性具体表现在以下几个方面:其一,从哲学、心理学、文化学、社会学、宗教学和历史学等多学科开展对思想、道德、政治以及公民教育的研究,并从不同视角提出各种各样的教育方法。其二,从心理学、行为科学等学科开展道德教育和思想行为控制研究,形成了不同流派和不同理论。在心理学领域的主要流派有社会学系理论学派、人本主义理论学派、行为主义理论学派、精神分析学派、认知发展学派等,他们提出了各自的一套方法。在行为科学领域的主要流派有人群关系论学派,需要层次理论学派,双因素理论学派,X、Y、Z理论学派等,他们提出了一系列控制人们思想和行为的方法。其三,西方各国在道德教育与企业管理中,允许使用各种不同的理论与方法,学校和企业可以同时使用不同的理论和方法,教师和管理人员也可以根据不同的教育内容、不同的管理对象,使用不同的理论和方法。教育和管理方法在选择、使用上多种多样。方法理论基础的多样性决定了具体方法的丰富性,同时容易导致道德教育上的相对主义。

3.教育方式的渗透性

教育方式的渗透性是指主张学生通过自主活动和实践活动获得道德上

---

① 赫尔巴特.普通教育学、教育学讲授纲要[M].李其龙,译.杭州:浙江教育出版社,2002:112.

的发展与提高。教育方式的渗透性具体体现在以下几个方面:其一,当代西方的教育学家、心理学家主张学生通过自主的活动和实践获得道德上的发展和提高,如杜威的“取消道德教育课”,柯尔伯格的“道德讨论法”“公共团体法”,价值澄清学派的“自由选择”,贝克的“反省方法”“问题中心法”等。其二,企业主将对工人的道德要求和思想行为控制全面具体地渗透到管理中,通过企业的技术、经营、财务、安全、计划、人事等一系列管理制度、管理程序和手段,规范工人的思想、道德和行为。其三,继承了把宗教渗透到人们日常生活中的传统,采用隐性的方式,进行道德和思想的渗透与熏陶,其渗透的途径和手段是多种多样的,包括建设纪念馆、艺术馆、博物馆、国家公园等多种场所,形象生动地宣传资本主义传统与文明;利用大众传媒把以个人主义价值观为特征的生活方式形象地展示在广告和文艺节目中;通过遍布各地的宗教团体和广泛的宗教活动,把民众的宗教信仰转化为对政府的顺从;发挥隐性课程的作用,寓德育于智育和校园生活中等。教育方式的渗透性显示了西方国家道德教育的隐蔽性、巧妙性,但同时其反对道德灌输、取消道德教育课程等做法也导致了许多严重的社会问题。

4.方法选择的自主性

方法选择的自主性是指道德教育方法多样并存,人们能够自由自主地选择。方法选择的自主性具体体现在以下几个方面:其一,方法选择的自主性直接与相对主义、个人主义的价值影响有关。相对主义认为不存在评判个人行为正当与否的客观标准,主张不能把社会或其他的价值标准强加给个人。同时,相对主义强调个人价值的独特性和权威性,主张通过自由自主的选择来获取价值,反对道德原则、规范、方法的传授。其二,个人的道德价值不是教育的结果,而是选择的产物。价值澄清学派反对任何把道德看作是服从某种外在法则、价值体系或完全由社会决定的合乎道德的习俗行为的观点,也不试图去发展一种价值教育的课程。其三,不存在绝对的道德标准,道德只能来自个人的内心。存在主义者认为,人人都有绝对的自由把自己的价值赋予这个世界、赋予人的行为,教育所能做的至多是为学生提供各种选择的机会,让他们去自由选择。方法选择的自主性在反对西方传统教育的保守性、永恒性上有一定意义,但它实际上取消了道德教育,奉行的是放任主义的教育方式。事实上,在道德领域,个人选择不可能绝对自由,都要受一定社会文化、教育的影响,受社会政治、经济制度的制约。

三、中国共产党思想政治教育方法的发展

中国共产党思想政治教育方法的发展是继承与创新的统一,习近平总书记指出:"不忘历史才能开辟未来,善于继承才能善于创新。"[①]只有继承党的思想政治教育的优良传统,不断改革和创新,思想政治教育方法才能发挥重要作用。

(一)中国共产党思想政治教育方法的历史发展

思想政治教育是党的优良传统,作为思想政治教育重要组成部分的教育方法,同样是党的宝贵财富。中国共产党的思想政治教育方法大体经历了五个发展阶段。

1. 中国共产党思想政治教育方法的初步形成

中国共产党思想政治教育方法初步形成于20世纪二三十年代。中国共产党诞生以后,创造了许多行之有效的方法。其一,毛泽东深入农村、工厂的调查研究活动,周恩来等在黄埔军校开展的思想政治工作,是建党初期思想政治教育方法的突出成果。其二,马克思主义普遍原理同中国革命具体实际相结合,理论联系实际,灌输方法和调查研究等基本方法在实践中已初步形成。其三,毛泽东的《古田会议决议》全面总结了克服和纠正党内错误思想的方法,《反对本本主义》系统概括了思想政治教育方法,《古田会议决议》《反对本本主义》的发表是思想政治教育方法初步形成的标志。这一时期,马克思主义为党的思想政治教育方法提供了坚实的理论基础,中国共产党思想政治教育方法在实践中初步形成。

---

① 习近平谈治国理政(第二卷)[M].北京:外文出版社,2017:313.

2.中国共产党思想政治教育方法的探索发展

遵义会议以后,中国共产党思想政治教育方法在探索中发展。其一,毛泽东撰写了《实践论》和《矛盾论》,为思想政治教育提供了哲学方法论指导,为思想政治教育理论和方法的成熟准备了理论条件。其二,抗日战争时期,刘少奇发表了《论共产党员的修养》,提出了进行学习、提升修养的系列方法,要求共产党员要运用马克思列宁主义的立场、观点和方法去研究和处理各种问题。其三,延安整风运动期间,毛泽东发表了《改造我们的学习》《整顿党的作风》等,系统论述了民主方法、理论联系实际、批评与自我批评等,形成了思想政治教育的哲学指导方法与系列方法并存的局面,推动了中国共产党思想政治教育方法的探索和发展。

3.中国共产党思想政治教育方法的丰富发展

中华人民共和国成立以后,中国共产党思想政治教育方法不断丰富发展。一方面,毛泽东发表了《关于正确处理人民内部矛盾的问题》,提出用民主的方法处理人民内部矛盾,正确处理个人利益、集体利益和国家利益三者之间的关系等,是对思想政治教育方法的新发展。另一方面,毛泽东发表的《工作方法六十条(草案)》,为思想政治教育方法增添了许多新的内容,如:"解剖一个或者几个麻雀就够了"[①];在对立中把握统一,在统一中把握对立;处理好红与专、政治与业务的关系;等等。这一时期,党的思想政治教育的优良传统仍有所发扬,中国共产党思想政治教育方法得到丰富发展。但是,十年"文革"浩劫给思想政治教育方法也造成了严重的错误影响,需要认真汲取历史教训。

4.中国共产党思想政治教育方法的完善发展

改革开放以来,中国共产党思想政治教育方法不断完善。其一,正面说服教育、民主讨论等是新时期的基本方法,同时创造了民主疏导、开放式教育、自我教育等富有时代性的方法。其二,1984年我国创立了思想政治教育专业,建立了思想政治教育学科,出版了《思想政治教育方法论》《思想政治教

① 中共中央文献研究室.毛泽东文集(第七卷)[M].北京:人民出版社,1999:357.

育原理与方法》等教材，标志着思想政治教育方法论的形成。其三，进入20世纪90年代，思想政治教育方法进入综合发展阶段，即继承我国古代思想道德教育方法，借鉴国外政治教育、道德教育、公民教育等理论与方法，以及相关学科的理论，同时采用现代科技手段创新思想政治教育方法。这一时期，中国共产党思想政治教育方法进入从经验性向科学性，零散性向系统性，传统性向现代性转变的阶段。

5.新时代中国共产党思想政治教育方法的创新发展

中国特色社会主义进入新时代，中国共产党思想政治教育方法不断创新。其一，思想政治教育主导性方法不断发展，要求旗帜鲜明地坚持社会主义意识形态的主导地位，自觉加强思想文化建设和全民思想政治教育。其二，思想政治教育主体性方法不断创新，要求基本教育理念要充分体现主体性，尊重受教育者的民主参与权利，创新实践教育、自我教育等方法。其三，思想政治教育民主化方法有新发展，要求摸索出民主化、规范化的方法以及民主化与规范化相结合的方式，建立民主参与、民主监督、评估考核等方法。其四，思想政治教育手段向现代化发展，采用多媒体技术、远程教育技术、虚拟技术等现代教育技术，创新网上宣传途径。新时代，我们将面临层出不穷的新情况、新问题和新要求，中国共产党思想政治教育方法需要不断地创新发展。

(二)中国共产党思想政治教育的主要方法

中国共产党思想政治教育在长期革命、建设和改革实践中，积累了丰富的实践经验，形成了由指导方法、原则方法和具体方法组成的科学方法体系。

1.中国共产党思想政治教育的指导方法

中国共产党思想政治教育的指导方法是指中国共产党坚持以马克思主义为指导，在思想政治教育实践中不断总结、提炼、概括，逐步揭示出思想政治教育的客观规律，从而确立的实事求是、群众路线、结合业务工作等思想政治教育方法。这些方法贯穿于思想政治教育的一切活动中，在思想政治教育方法体系中起导向作用，是中国共产党思想政治教育的根本方法。其一，实事求是教育方法。"'实事'就是客观存在着的一切事物，'是'就是客观事物的内部联系，即规律性，'求'就是我们去研究"①，实事求是教育方法是人们认识世界和改造世界的科学的根本方法，对思想政治教育的方法起定向、定性、定势的作用。坚持实事求是，要求坚持理论与实际相结合，反对主观主义、官僚主义、教条主义等脱离实际的思想作风和倾向，要求思想政治教育工作者重视对实际情况的调查与研究，分析解决实际问题。其二，群众路线教育方法。群众路线是以马克思主义唯物史观为理论依据，指一切为了群众，一切依靠群众，从群众中来，到群众中去。坚持群众路线，要始终把人民的立场作为根本立场，把为人民谋幸福作为根本使命，坚持全心全意为人民服务的宗旨，要贴近实际、贴近生活、贴近群众，深入群众，倾听群众的呼声，与群众保持密切的联系。其三，结合业务工作教育方法。结合业务工作教育方法是指思想政治教育服务中心任务、与业务工作相结合的方法，是党的思想政治教育的一个基本要求和根本方法。坚持结合业务工作教育的根本方法，要把党的理论和路线的宣传教育作为根本任务和中心环节，把全党和全国人民的思想和行动统一到党的基本路线上来，必须紧紧围绕并结合经济工作及其他业务工作。

2.中国共产党思想政治教育的原则方法

中国共产党思想政治教育的原则方法是指在对思想政治教育实践经验科学总结的基础上，对思想政治教育客观规律正确反映的方法。它是思想政治教育根本方法的具体体现，对思想政治教育具体方法起规范和指导作用。其一，疏与导相结合原则。疏与导相结合原则是指既强调发扬民主，在群众中疏通民主渠道，又注重以理服人，进行教育引导。坚持疏与导相结合原则，要畅通言路，了解教育对象的实际情况，找到合适的具体引导办法；要用马克思主义进行正面引导，促进思想认识的提升和行为的转化；教育者要掌握科学方法，以身作则、言行一致，用实际行动和人格力量去影响和教育群众。其

① 毛泽东选集(第三卷)[M].2版.北京:人民出版社,1991:801.

二,科学性与方向性相结合原则。科学性与方向性相结合原则是指既要尊重思想政治教育和社会历史发展的科学规律,又要坚持以马克思主义为指导,坚持社会主义方向和集体主义价值取向。坚持科学性与方向性相结合原则,要坚持马克思主义的指导地位,以科学的理论武装人,要合乎人们思想道德活动规律和思想政治教育规律,把方向性要求贯穿在思想政治教育的全过程和具体活动中,要以正面教育为主,运用科学有效的教育引导方法。其三,理论与实际相结合原则。理论与实际相结合原则是指在思想政治教育中既要注重马克思主义理论教育,又要重视联系实际,在社会实践中提高思想觉悟和认识能力,促进知行转化。坚持理论与实际相结合原则,既要注重理论教育,有目的、有计划地向受教育者进行马克思主义基本理论教育,又要注重实践教育,强调行为养成;理论教育要与实践环节相配合,实践教育要以理论为指导;要勇于面对现实生活中大量存在的理论与实际脱节的现象,回答社会发展和人的发展过程中出现的一系列复杂问题。

3.中国共产党思想政治教育的具体方法

中国共产党思想政治教育的具体方法是指将思想政治教育的指导方法和原则方法运用于思想政治教育实践,作用于日常思想政治教育的方法。中国共产党不仅确立了思想政治教育的指导方法和原则方法,还创造了思想政治教育具体方法。其一,理论教育与说服教育的方法。理论教育与说服教育的方法是党的思想政治教育最主要、最基本的方法。理论教育法是指有目的、有计划地进行马克思主义理论教育学习、培训,树立科学的世界观、人生观、价值观的方法。说服教育法是指通过透彻说理、从容讨论,使人们逐渐接受正确思想,克服错误思想的方法。采用理论教育与说服教育的方法,既坚持了马克思主义灌输理论,又符合人的思想变化规律。其二,树立榜样与典型示范的方法。树立榜样与典型示范的方法是指选择能体现和代表最先进思想和正确行为的个人及其事迹,用先进人物的优良品德、模范行为或精神去教育和影响人们的思想品德的方法,是党的思想政治教育中经常运用的一种正面教育的方法。运用树立榜样与典型示范方法时,要注意榜样的先进性和代表性，要着重宣传榜样身上体现的时代精神。其三，解决思想问题与解决实际问题相结合的方法。解决思想问题与解决实际问题相结合的方法是指思想政治教育要关心人们的实际生活，从解决实际问题入手，它是思想政治教育非常有效的方法。坚持解决思想问题与解决实际问题相结合的方法，要正视而不回避人们当前关心的具体问题和面临的实际困难，并善于引导和帮助他们从政策上、法律上寻找解决的办法，要组织针对性强、参与热情高、容易收到好效果的教育活动。其四，教育与自我教育相结合的方法。教育与自我教育相结合的方法是指既要重视由外部灌输的社会教育，又要重视自我教育，通过内外两个方面的结合实现思想政治教育目的的方法。运用教育与自我教育相结合的方法，教育者应同教育对象建立起平等互动、互相尊重、互相学习的新型关系，引导教育对象自主学习、自觉参与以及反思反省等，要充分发挥社会舆论的作用，营造良好的风气，使教育对象潜移默化地受到情感的感染和熏陶。

（三）中国共产党思想政治教育方法的发展趋势

新时代中国共产党思想政治教育方法的发展趋势主要表现在以下几个方面。

1. 思想政治教育方法分化和综合相统一

思想政治教育方法发展呈现出既分化又综合的趋势。思想政治教育方法发展的分化趋势，是指思想政治教育向各个不同领域拓展，思想政治教育方法也随之向不同领域拓展。其一，思想政治教育向未来发展领域拓展，必须发展超前教育与预防教育，必须运用思想预测方法、思想政治教育决策方法和预防教育方法。其二，思想政治教育向宏观领域拓展，就是要不断选择、吸取社会主义现代化建设的成就和经验，研究国外思想政治教育理论与方法。其三，思想政治教育向微观领域拓展，就是要深入人的内心世界，研究教育的内化方法，开展探讨心理相关问题的方法研究。其四，思想政治教育向虚拟（网络）领域及生态领域拓展，需要研究这些新领域正确的价值取向、道德观念、管理规范等。思想政治教育方法发展的综合趋势，是将思想政治教育逐渐向相关领域渗透,与相关学科结合。这对思想政治教育方法提出了新要求。一方面,思想政治教育向各业务领域的渗透,与相关学科的结合,要克服传统教育分工的局限,规避思想政治教育与各项工作"两张皮"的问题,发展思想政治教育渗透、结合的方法;另一方面,思想政治教育向环境的渗透和与环境的结合,就是通过环境的综合选择、建设、优化,对人们进行教育。思想政治教育方法的分化与综合发展趋势,实际上是向纵深方向拓展深化的趋势。

2.思想政治教育方法的社会化发展趋势

思想政治教育方法的社会化发展趋势,是指改变只依靠思想政治教育部门和思想政治教育工作者做教育的状况,引导广大群众和全社会都学习和掌握教育方法,参与教育活动,互教互帮,共同提高。思想政治教育方法的社会化,表现在:其一,不断增强思想政治教育的平等性,避免教育者与受教育者存在的不平等现象,坚持以人为本,探索尊重人、理解人、爱护人的方法,建立教育者与受教育者之间的平等的双向互动的交流沟通方式。其二,不断增强思想政治教育的自主性,发展自我教育、自我约束、自我管理等方法,受教育者通过自身思想的矛盾运动,自觉接受先进思想和实施正确行为,促使自己的政治倾向、思想品德和价值观念向更良好的方向转化,减少对教育的依赖性。其三,不断增强思想政治教育的民主性,凡涉及思想政治教育的重大问题,如重大工作任务的部署等,都必须集中集体的智慧和力量,通过协商、沟通、讨论、评议、自我批评等措施,使思想政治教育成为人们共同关心和参与的活动。因此,为了适应现代经济和信息化社会的发展,面对社会化程度不断提高的教育对象,思想政治教育方法的社会化程度也应不断提高。

3.思想政治教育方法的现代化发展趋势

思想政治教育方法的现代化发展趋势,是指思想政治教育方法各个环节的现代化发展趋势,包括运用网络、大数据、人工智能等技术调查、收集、处理思想政治教育信息,实现思想政治教育方法的现代化,思想政治教育信息传播的现代化,思想政治教育评估、反馈手段的现代化,思想政治教育环境建设、优化选择的现代化等。思想政治教育方法的现代化,表现在:一方面,思想政治教育方法的现代化促进了思想政治教育信息处理模式的更新,定性与定量相结合地进行信息获取、信息分析、信息处理、信息反馈,使分析结果更加科学,方案制定更加有效。另一方面,思想政治教育方法的现代化要求科学认识网络传播规律,充分运用现代传媒,把互联网作为重要阵地,实现网上资源共享,形成网络宣传合力,同时要及时准确地了解人们关心的热点问题,避免可能产生的网络舆情,开展生动活泼的思想政治教育活动。思想政治教育只有有效地综合运用现代化方法,才能创造新的教育感化力量和富有时代气息的育人环境。

第四章

思想政治教育的过程方法 I

唯物辩证法认为，世界上的任何事物都有一个发生、发展和消亡的过程。思想政治教育活动从本质上说，也有一个准备、实施、反馈、调节的过程，这个过程是由准备、实施和反馈等环节依次衔接形成的。既然思想政治教育过程是由不同环节构成的统一整体，那么适用于思想政治教育不同环节的方法，自然也构成了一个统一整体，这就是思想政治教育的过程方法。教育者要高质量完成各个环节的任务，就需要掌握各个环节所需要的方法。

一、思想政治教育的过程方法的基本构成

思想政治教育的过程方法，就是以思想政治教育过程的环节为依据而构建的方法体系。要洞悉其基本构成，就必须厘清思想政治教育过程所包含的环节。思想政治教育者开展思想政治教育活动，一般始于了解受教育者的情况，然后有针对性地制定思想政治教育活动实施计划，接着便可按照计划落实方案，对受教育者展开教育。同时，“在与教育者的交往互动中，受教育者总是要以各种方式对教育影响作出一定的反馈，在心理活动、思想认识和行为表现方面体现出来。通过这些反馈，教育者可以了解受教育者在思想政治教育过程中的实际状况以及接受教育的效果”①，以便能及时对教育计划和实施过程进行调整。在实施教育计划的过程中，教育者还要收集和分析各种反馈信息，以实现对思想政治教育活动的调控。在实施教育方案后，教育者还要对教育过程及实际效果进行评估，以了解是否达到预定目标，进而为后续思想政治教育活动的加强和改进提供依据。

基于以上分析，思想政治教育过程主要包括认识、决策、实施、调控和评估五个环节。这五个环节分别承担了认识教育对象和环境、制定教育方案、实施教育方案、调控教育过程、评估教育效果的任务。因此，根据思想政治教育过程的不同环节构建起来的思想政治教育过程方法，其基本构成就应当包括思想政治教育认识方法、决策方法、实施方法、调控方法以及评估方法。

二、思想政治教育的认识方法

思想政治教育者在实施思想政治教育之前，必须正确认识教育对象的思

① 《思想政治教育学原理》编写组．思想政治教育学原理[M].2版．北京：高等教育出版社，2018：133.

想状况及其所处的教育环境。正确认识的形成要求运用科学的认识方法。理解思想政治教育认识方法的内涵、作用及运用步骤，形成对教育对象和教育环境的正确认识，对顺利开展思想政治教育有重要意义。

（一）思想政治教育认识方法的内涵

思想政治教育认识方法，是指教育者在认识教育对象和教育环境过程中所采用的一系列手段、方式的总和。正确理解思想政治教育认识方法，需要把握以下几层要义。

第一，思想政治教育认识方法的目标是对教育对象和教育环境形成正确认知。思想政治教育认识环节的主要任务就是准确把握教育对象的思想状况、思想水平以及影响思想政治教育效果的各种环境因素，从而为思想政治教育决策提供科学依据与参考。因此，思想政治教育认识方法必须做到一切从实际出发，以正确认识教育对象和教育环境为目标遵循，努力把握教育对象和教育环境的实际情况和真实需求。

第二，思想政治教育认识方法是思想政治教育过程方法体系中的基础性方法。其基础性地位首先体现在运用顺序上。思想政治教育认识方法是在思想政治教育过程的第一个环节中运用的方法，是思想政治教育者在思想政治教育实践中必须首先使用的方法。其次体现在对后续方法运用的影响上。教育者要想科学决策并制定合理的实施方案，必须以正确认识教育对象和教育环境为前提。思想政治教育认识方法的运用效果将直接关系教育者对教育对象和教育环境认识的准确与否，因而也会影响思想政治教育决策方法、实施方法等后续方法的运用效果。思想政治教育过程方法中的决策、实施等后续方法都需要认识方法为其创造运用条件，这也就决定了思想政治教育认识方法在整个过程方法体系中的基础性地位。

第三，思想政治教育认识方法的运用，实际上是一个获取和分析思想政治教育信息的过程。思想政治教育者、受教育者和所处环境之间构成的系统联系，是一种不同于其他系统的特殊联系。思想政治教育信息则是建立这种特殊联系，并体现思想政治教育系统特征的一种重要资源。因此，思想政治教育的过程就可以看作是思想政治教育信息的“流通与交换”过程:经过信息输入和转化,最终从系统输出的信息中获得对整个思想政治教育过程的反馈评估和控制调整。如果将思想政治教育信息的相关流程按照教育过程的不同环节进行划分,可以发现,获取与分析两个流程均属于思想政治教育过程的认识环节。因此,思想政治教育认识方法实际上就是获取与分析思想政治教育信息的方法。

(二)思想政治教育认识方法的作用

思想政治教育认识方法通过帮助教育者全面、准确地认识教育对象和教育环境,在保证思想政治教育科学性和有效性等方面发挥着重要作用。

1.认识方法是教育者认识教育对象和环境的基本方法

思想政治教育必须从教育对象思想行为的状况出发,这就要求思想政治教育者在实施教育之前,必须对教育对象的思想行为状况有一个清晰的认知。同时,教育者还需要了解影响思想政治教育活动效果的环境因素,利用有利因素并排除外在干扰,以提升教育效果。思想政治教育认识方法通过提供一系列实用方法和操作方式,帮助教育者深入到教育对象的工作和生活中,了解教育对象的生活经历、受教育情况、工作和家庭环境等,并采用适当的沟通方法与教育对象对话交流,从而掌握教育对象的思想、心理与行为的特点。除此以外,思想政治教育认识方法还为教育者综合分析引起教育对象思想行为变化的各种环境因素提供了方法指导,帮助其明确有利因素与干扰因素,从而有目的地营造教育情境。因此,思想政治教育者要想正确认识教育对象和教育环境,必须掌握思想政治教育认识方法。

2.认识方法是思想政治教育实现科学决策的必要条件

开展思想政治教育,必须正确地制定、选择、实施思想政治教育的最优方案或计划,以指导教育实践,达到预期的效果。而最优方案或计划的产生,依靠的是科学决策。思想政治教育者要想实现科学决策,首先要弄清教育对象思想认识中的主要问题是什么。这就需要教育者运用思想政治教育认识方法，以多种渠道和形式，全面地收集、了解人们的思想信息材料，系统周密地调查研究人们思想的历史、现状及未来发展的可能趋势，并对影响和支配人们行为的各种倾向性思想问题产生的背景、原因和条件等进行认真的分析，从而形成对教育对象思想状况较为科学清楚的认识。因此，思想政治教育活动的科学决策，离不开对思想政治教育认识方法的运用。

3. 认识方法是影响思想政治教育实施效果的重要因素

针对性是实效性的基础和保证。教育对象的思想行为是思想政治教育的出发点，但不同教育对象的思想行为具有不同特点。因此，要想增强教育活动的实效性，就必须使教育目标、内容、方法等都贴合教育对象不同的思想行为特点。这就需要教育者运用思想政治教育认识方法，从教育对象所处环境、年龄阶段、职业差异、生活习惯等多方面入手，深入观察、综合分析不同教育对象思想行为的异同点。因此，思想政治教育认识方法，为教育者认识和把握教育对象的多样性提供了有力工具，是影响思想政治教育实施效果的重要因素。

（三）思想政治教育认识方法的运用步骤

根据思想政治教育认识过程的环节，运用思想政治教育认识方法主要有获取思想政治教育信息和分析思想政治教育信息两大步骤。

1. 获取思想政治教育信息

开展思想政治教育活动，首先需要获取教育对象的思想实际、所处环境、可利用的教育资源等信息。而要准确获取这些信息，必须遵守一定的原则、流程及要求。

（1）获取思想政治教育信息的原则

获取思想政治教育信息的原则是指思想政治教育者为获取真实有效的思想政治教育信息所必须遵守的准则。

第一，深入生活实际的原则。思想观念不是人们头脑里固有的，而是人们实践的产物，是客观世界在人们头脑中的反映。它虽然形式上是主观的，却有着不以主观意志为转移的客观内容。因此,思想政治教育信息作为反映人们思想观念的一种信息,归根结底也是源于客观世界的。所以,获取思想政治教育信息必须深入人们的现实生活和实践活动。

第二,原始资料优先的原则。思想政治教育信息真实、准确是掌握教育对象思想行为状况的前提。在获取思想政治教育信息的过程中,新闻报道、调查报告、研究论文等二手资料虽然容易获得,在一定程度上也能起到帮助教育者的作用,但是它们所陈述的事实和观点是建立在第一手资料基础之上的,与事件本身存在一定的距离。因此,教育者要尽量与教育对象直接面对面对话并细致观察教育对象的日常行为表现,从而获取真实、准确的一手资料。

第三,平等交往的原则。思想政治教育者要想获取准确的、第一手的教育信息,就必须与教育对象进行直接沟通。而教育对象是否肯讲心里话,是否敢于反映真实情况,也取决于教育者的态度。如果教育者居高临下、装腔作势,教育对象就会对其敬而远之。教育者只有以平等的姿态与教育对象进行交流互动,拉近与他们的心理距离,才能获得教育对象的信任,才能在了解教育对象内心真实想法的基础上获取有效准确的思想政治教育信息。

(2)获取思想政治教育信息的流程

获取思想政治教育信息一般包括以下流程。

第一,明确主题。获取思想政治教育信息的前提是清楚自己需要哪些信息,这就需要明确主题。教育对象和教育环境所包含的思想政治教育信息往往体量庞大、内容繁杂。如果思想政治教育者对所需信息没有一个明确的主题,那么思想政治教育信息的获取就没有方向可言。确定获取思想政治教育信息的主题,一要做到内容聚焦。如要想了解某校学生对学校的评价,先确定是对教学设施的评价还是对日常管理的评价。二要做到对象聚焦。是了解大学生还是职场青年或是其他群体?总之,只有明确了主题,获取信息才能顺利进行。

第二,选取对象。在确定主题后,就需选取对象。这一环节主要是针对群体对象并且规模较大时而言的。如要想了解某市大学生的心理健康状况,教育者一般就需要从该市大学生这一群体中,选取部分学生作为自己获取心理健康信息的对象。至于个体对象或小规模群体对象,则可能无须选取,如想要了解李明同学或者和李明同班的几十位同学的思想动态,就可逐一进行。

第三,选择方法。在确定主题与对象后,就需要根据所需信息的形成阶段、显隐程度以及获取对象的不同特点,有针对性地选择合适的具体方法。如已经形成或正在形成的信息,可以通过实际调查或观察获得,而将要形成的信息则需要通过预测的方法获得。同时,不同层面的思想政治教育信息也需要不同的获取方法。例如,心理层面的思想政治教育信息一般不易获得,而生理层面的思想政治教育信息则较为容易获得,诸如人们的年龄、性别、精神状态等。另外,人群不同获取方法也不同。如网络问卷调查是常用的青少年群体信息获取方法,但一般不适用于老年人群体。

第四,制定方案。获取思想政治教育信息需要有计划、有步骤地进行。尤其是当所需思想政治教育信息体量较大、内容多样、涉及对象人数较多时,教育者在行动之前应制定行动方案。在制定行动方案时,一定要注意可行性,综合考虑所需要的人力、物力和智力等条件,不能超出能力范围。另外,还要追求效率,坚持优化物资分配、任务设置、人员安排和步骤实施等环节,从而高效获取思想政治教育信息。

第五,获取信息。这是实施行动方案的环节。在这一过程中,教育者的核心任务是从教育对象中获取准确的信息。一方面,教育者必须充分尊重教育对象,使其愿意表达内心的真实感受和想法。另一方面,教育者要做好信息的记录。同时,记录信息既要保证信息的真实性,又要保证信息的完整性。只有获取的信息是真实且完整的,在此基础上所做的分析和结论才有可能是正确的。

(3)获取思想政治教育信息的要求

要想获取足够且有效的思想政治教育信息,还要求教育者掌握全面的获取途径并把握合适的获取时机。

第一,全面掌握思想信息的获取途径。思想信息的获取途径大致可分为以下几个方面：一是社会环境。学校的风气好坏、单位的人事变动、家庭的矛盾冲突以及社会大环境的形势变化等，都不同程度地影响着人们的思想观念。二是人们生活、工作的客观条件。人们在生活、工作中都有相应的客观条件。当客观条件达到自己的需求时，人们往往心情舒畅、干劲十足。反之，当客观条件达不到要求时，人们难免情绪低落，缺乏斗志。三是本职工作。本职工作是否顺利，是否成功，均会引起个体的思想波动。四是社会关系。人们的思想行为总要受到各种社会关系的影响和制约，如经济关系、政治关系、法律关系、道德关系、血缘关系等。不论是哪种关系，一旦发生变化，都极易引起人们的思想波动。总之，人们的思想伴随着生活、学习与工作实践过程而产生、发展、变化，只有善于把握人们现实活动的过程，考察人们的实际行为，研究人与人之间、人与外部环境之间各种错综复杂的关系，才能获得大量真实的思想信息。

第二，准确把握思想信息的获取时机。人们的思想在发展变化中主要呈现出两种状态：一是相对稳定状态，二是显著变化状态。一般说来，当客观条件和环境无明显变化时，人们的思想呈相对稳定状态。当客观条件和环境发生较大变化，人们的思想行为与这些变化不尽协调时，其思想便容易呈现出显著变化。而这也正是获取其思想信息的大好时机。由此可以得出，获取思想信息的时机，主要集中在阶段转折、事件交替、矛盾冲突和偶然事件发生之时。具体有以下几个方面：一是社会经济和政治发生重大变化的时期。社会经济和政治的重大变化往往会引起既有社会利益结构、生活方式的变化，这必定会引起新的思想问题。二是社会文化观念变革的时期。社会文化观念对人们的思想有很大影响。例如，随着社会主义市场经济观念的广泛传播，人们的思想观念从以往封闭、僵化的状态走向改革创新、开拓进取的开放状态。三是工作或生活环境发生变化时。一个人的工作地点、职业岗位、生活条件发生变化，也会引起个体思想发生波动。四是人际关系变化时。人是生活在一定的人际关系中的，师徒、同学、上下级、亲属关系等是人们沟通的纽带。纽带的多与少、紧与松都会影响人们的思想。

2.分析思想政治教育信息

获取思想政治教育信息之后,必须对其进行整理加工,即分析思想政治教育信息。而要保证思想政治教育信息分析的信度和效度,还必须遵循一定的分析原则,创造良好的条件,并选择科学的方法。

(1)分析思想政治教育信息的原则

思想的能动性、多样性、内在性和开放性要求分析思想政治教育信息时必须遵循以下原则:

第一,动态分析原则。这要求用历史的、发展的眼光来分析思想政治教育信息。人们的思想观念会随着客观事物的发展、实践的深入和人们认识能力的提高而不断发展变化。因而不能把收集到的思想政治教育信息看作是一个静止的结果,而应看作是一个发展链条上的组成部分。所以,教育者不仅要对反映教育对象当前思想状况的信息进行分析,还要结合教育对象以前的同类信息进行分析,且还应根据历史资料和现有资料,结合影响个人或群体思想状况的各种环境因素,预测教育对象思想状况的发展趋势,如此才能历史地、整体地把握教育对象的思想。

第二,重点突出原则。这要求在分析思想政治教育信息时要主次分明,抓住主要矛盾。人们的思想观念是多种因素综合作用的结果,每一种因素的变化,都有可能引起人们思想的变化。如何才能从复杂的信息中准确把握教育对象的思想状况呢?这就需要我们在分析思想政治教育信息时,注重在复杂思想矛盾中抓住主要矛盾及其主要方面,从分散的信息中,把握人们思想的共性或一般性,即把握人们共同的思想本质和一般规律。只有这样,才能真正透过错综复杂的思想现象,抓住主要的思想问题并把握其实质,也才能在思想信息分析中真正做到主次分明,不迷失方向。

第三,透析本质原则。这是指分析思想信息必须透过人们的言行认识其思想本质。把握教育对象思想活动的本质是做好思想政治教育的先决条件。思想是言行的内在本质,言行是思想的外在表现,两者是本质和现象的关系。思想信息蕴含在人们的言行之中,是人们思想意识的表象化。这就需要对人们言行中表达出来的思想信息进行由表及里的分析,以认识人们真实的内心世界和思想本质。这样才能科学地预见人们思想活动的发展趋势,为思想政治教育实践提供正确指导。

第四,开放性原则。这是指对思想政治教育信息的分析必须置于开放的环境中进行。随着信息时代的到来,人们同外部世界的联系越来越紧密,思想交流也越来越频繁,因而思想的开放程度也日渐加深。因此,分析思想信息应突破时空范围的限制,在一个开放的环境中进行。这就要求教育者在已经获得的信息的基础上,充分考虑影响个人或群体思想状况的客观环境因素。如家庭、学校、工作单位等微观环境因素,或者国内外的政治、经济、文化等宏观环境因素。

(2)分析思想政治教育信息的主客观条件

人们的思想千差万别,个体思想也异常复杂。在此情形之下,要想得到正确的分析结果,还需要创造一定的主客观条件。

第一,要不断提高思想政治教育者的分析能力。高质量的思想政治教育信息分析既需要保证信息资料的可靠性,还需要教育者高超的分析能力。教育者分析思想政治教育信息的能力,是教育者的基本素质、合理的知识结构和科学思维方式的综合体现,是一定理论与知识运用的能力。所以,教育者提升分析能力,一是要不断增强自身的思想政治素质,正所谓"打铁还需自身硬"。二是要丰富自身的知识储备。除了要有充足的专业知识,还应当储备相关学科领域知识,如哲学、社会学、统计学、运筹学、数学等学科知识,以掌握足够的信息分析工具。三是要掌握辩证的思维方法。只有掌握了这种思维方法,才能从大量感性的思想信息资料中获得对人们思想行为的理性认识,从而得出科学的分析结论。

第二,要尽可能利用现代的先进技术手段。在信息爆炸、节奏加快的现代社会,人们的思想互动增多,变化加速。这要求分析思想政治教育信息时必须做到又快又准。如果没有先进的信息技术手段作为支持,仅凭教育者个人有限的观察与分析能力,则难以实现这一目标。因此,思想政治教育者在继续运用传统方法分析思想信息时,还需注重运用现代信息技术,以不断提升分析研究的速度与信度。只有这样,才能及时地了解并掌握人们的思想状态。

(3)分析思想政治教育信息的主要方法

分析思想政治教育信息的主要方法有矛盾分析法、系统分析法、比较分析法、因果分析法、定性定量分析法等。

①矛盾分析法

思想政治教育信息的矛盾分析法,就是运用马克思主义关于对立统一规律或矛盾的观点来观察和分析思想现象的方法。运用这种方法,要把握好以下几点。

第一,发现思想矛盾。唯物辩证法认为,任何事物都包含着内在的矛盾性。因此,要善于从各种各样的思想现象中发现内部的联系,找出其本质的差异,分析思想现象中包含的既对立又统一的两个方面,从而揭示思想矛盾。这就要求教育者要对思想政治教育信息反映出的思想问题进行归纳,发现其中包含的不同倾向,并剖析这些倾向产生的根源和实质,为解决思想矛盾打下基础。

第二,区分思想矛盾的性质。区分性质是正确解决思想矛盾的重要前提,也就是说,在找出思想矛盾后,还要对其性质加以区分,辨别是敌我之间的思想矛盾,还是人民内部的思想矛盾。若是敌我之间的思想矛盾,那就要坚定政治立场和政治态度,敢于与其斗争;若是人民内部的思想矛盾,就要坚持“团结—批评—团结”的方法,以说服教育的方式使其抛弃消极落后的思想。

第三,分清思想矛盾的主次。分清思想矛盾的主次亦是进行思想分析的重点。一是找出主要矛盾。主要矛盾对事物的发展起决定作用。因此,在思想信息的矛盾分析中,要分析和比较各种思想矛盾在人们思想变化中的地位和作用,找出主要的思想矛盾。二是找出主要矛盾的主要方面。人们思想发展的状况不仅由主要矛盾决定,而且由主要矛盾的主要方面决定。因此,在确定主要的思想矛盾后,还要分析和比较矛盾双方的地位和作用,确定思想矛盾的主要方面和次要方面。

第四,把握思想矛盾的转化。各种思想矛盾和思想矛盾内部的对立统一不是一成不变的,而是在一定条件下可以相互转化的。因此,在分析思想信息时，不仅要分析主要矛盾及其主要方面，还要分析主要矛盾和次要矛盾，主要矛盾的主要方面和次要方面相互转化的条件，以把握矛盾转化的可能性、现实性和方向性，从而为解决矛盾创造有利条件。

②系统分析法

按照系统论的观点，任何一种复杂的研究对象都可以作为一个系统来研究，其中就包含思想信息。所谓系统，就是由各种相互作用、相互依赖的构成要素组合而成的具有特定性质和功能的统一整体。思想信息的系统分析法，就是将思想政治教育的各种信息，以及这些信息所包含的众多相互作用、相互依赖的组成要素作为一个有机整体来研究，通过分析和把握整体与要素、要素与要素、系统与环境之间的相互联系，发现人们的思想活动和思想政治教育变化发展的规律，从而为思想政治教育决策和实施提供科学依据。

思想信息的系统分析法主要包括要素分析法、结构分析法、环境分析法等。要素分析法重点探究思想信息系统的构成要素。如，我们可以认为思想信息系统由政治教育信息、思想教育信息、道德教育信息和心理教育信息等子系统组成，而每个子系统内部又由相应的要素组成，如政治教育信息一般又包括政治立场、政治观点、政治信念、政治态度等方面的信息。结构分析法重点探究各要素之间相互联系、相互作用的关系及方式，从而寻求思想信息系统的合理结构。如，在思想信息系统的诸要素中，政治教育信息是根本和主导，道德教育信息是基础，心理教育信息则是延展。环境分析法重点探究思想信息系统之外的环境因素的状况及其对系统的影响。我们可以将思想信息系统的环境分为经济环境、政治环境、文化环境、人际环境、网络环境等，而这些环境因素对思想信息系统又具有不同的影响。有的影响大一些，有的影响小一些；有的影响直接一些，有的影响间接一些。

③比较分析法

世上没有绝对相异的事物，也没有绝对相同的事物，事物之间总是同时存在着差异性和共同性。比较分析法就是通过对思想政治教育信息之间的异同点进行比较分析，认识和把握人们思想活动和思想政治教育的本质、特征和变化发展规律的方法。按照不同方式,比较分析法可以划分为不同种类,如纵向比较法和横向比较法,数量比较法和质量比较法,内容比较法和形式比较法等等,以下介绍两种主要的比较分析法。

第一,纵向比较法。纵向比较法以时间为坐标,通过比较同一对象的思想在不同时期内的发展和变化,以发现并解决问题。要知道,任何思想发展都有一定的阶段性,只有通过对其前后阶段异同点的比较分析,弄清保留了什么、改变了什么,才能把握思想发展变化的规律。因此,在思想政治教育信息分析中,运用纵向比较法,既需要追溯同一对象思想产生和发展的历史渊源,也需要总结归纳同一对象的思想在不同发展阶段的特征,这不仅有利于及时发现新情况、新问题,也有利于预测思想发展变化的必然趋势。

第二,横向比较法。与纵向比较法不同,横向比较法是一种空间上的比较,它是对具有并存或并列关系的不同对象的思想进行比较分析的方法。这一方法在思想政治教育信息分析中运用得十分广泛,例如对不同教育对象、教育内容、教育环境等进行的比较,都属于横向比较。运用横向比较法,不仅有利于我们把握思想政治教育信息的共性和个性,也有利于我们认识事物的"质与量"的特点。

④因果分析法

因果分析法就是基于所获取的信息和所观察到的现象之间的因果联系,剖析思想形成、发展和变化的原因及其引起的结果,以把握事情的来龙去脉。这一方法在揭示一定的思想倾向,思想现象所形成的认识根源、社会根源和历史根源,以及这种思想倾向、思想现象可能引起的行为表现和社会影响等方面,具有重要作用。

运用好因果分析法,既要认识一般因果联系的特点,又要把握思想信息因果联系的特点。一方面,思想信息的因果联系具有一般因果联系的共同特点,即普遍性、顺序性和多样性。这就意味着任何思想现象都必然有其产生的原因,也必然有其导致的后果,绝对没有无缘无故冒出来的思想;也意味着思想信息的因果联系必然遵循原因在前结果在后,有前因才有后果的基本规则;还意味着思想信息的因果联系不仅存在着一因一果的关系,还可能存在多因多果的关系。另一方面,思想信息的因果分析又具有不同于一般因果分析的特点:其一,主观与客观的关系。思想的形式是主观的,但内容是客观的。这决定了思想信息的因果联系,不能单从主观或客观现象中寻找,而应从主观与客观的相互联系中分析。其二,思想与行为的关系。内在的思想一定要通过外在的行为表现出来,而外在的行为也总是反映着内在的思想。思想是因,行为是果。因此,分析思想信息,既要善于从行为结果追寻思想原因,又要善于从思想态度推测行为表现。其三,个体与群体的关系。思想信息与思想现象之间的因果联系,表现为个体思想与群体思想的相互影响与作用。一般来说,群体思想状况及其变化会影响个体思想状态及其变化,如从众心理。一定条件下,个体思想状态及其变化也有可能引起群体思想状况的变化。比如,群体中领导者的言行对该群体思想就有着重要影响。因此,分析思想信息时需要注意个人与群体之间的相互影响。

⑤定性定量分析法

定性定量分析法是关于认识对象的性质和数量方面的研究方法。其中,定性分析着眼于认识对象的性质或类型等有关质的规定性,主要解决“是不是”“是什么”的问题,一般采取归纳与演绎、分析与综合以及抽象与概括等方法。定量分析则着眼于认识对象的规模、速度、范围、程度等数量关系,主要解决“有多少”“有多大”的问题,且常常借助专业的数理统计工具进行计算。

任何思想信息都具有一定的质和量,都是质和量的统一体。所以,分析思想信息需要从定性分析与定量分析入手。其中,定性分析常用于判定教育对象思想行为的性质类型。如一种思想或行为是正确的还是错误的?是先进的还是落后的?是属于思想认识、思想方法的问题还是思想意识乃至世界观或政治立场的问题?这些都是定性分析要研究的问题。定量分析则常用于判定教育对象某些思想或者行为的强弱、发展的广度和深度,其影响的大小等数量关系。如一种思想或行为正确、先进或者落后的程度如何?思想认识水平高还是低?诸如此类,都是定量分析所要研究的问题。

运用定性定量分析法还需注意几个问题。一是要把定性分析与定量分析结合使用,从而使两种方法能够互相补充,以克服单一方法带来的局限性。

二是要注意研究思想信息多方面的质和量。人的思想行为极其复杂,使得其质与量的呈现都是多方面的。既有主要和次要的质,也有根本的与非根本的质。而稳定在一定范围内的量与超出一定范围的量,也可能使事物表现出不同的质。因此,我们要把握思想信息多方面的质和量。三是要注意定量分析的模糊度。人的思想与行为在很多方面是难以量化的,因此,在进行定量分析时,如若遇到不能准确计量的情况,就需要保留一定的模糊度。如一个人的工作积极性,无法精确计量,但是采用高、一般、低这种具有一定模糊度的表述,反而能使人们获得清晰的认识。

三、思想政治教育决策方法

思想政治教育决策在思想政治教育过程中居于承上启下的重要位置,关系着思想政治教育活动的成败。科学开展思想政治教育决策首要的是科学地认识和运用思想政治教育决策方法。

(一)思想政治教育决策方法概述

科学把握思想政治教育决策方法的基本理论是正确运用思想政治教育决策方法的前提和基础,为此要系统梳理思想政治教育决策方法的内涵、作用以及特点。

1. 思想政治教育决策方法的内涵

所谓决策,是指人们在改造世界的过程中,为实现目标而确定最优方案的过程。简言之,就是做出决定的过程。决策是人类固有的行为之一。大到国家的内政外交,小到个人的吃穿住行,都不同程度地涉及决策。思想政治教育领域同样也不例外,国家要在宏观层面做出意识形态、宣传思想工作等方面的决策,各级思想政治教育管理部门要从中观层面适时地做出决策,思想政治教育的基层工作单位和工作人员也要根据实际情况做出微观层面的决策。

科学决策要求科学的方法。思想政治教育决策方法,是指为实现思想政治教育目标而制定方案并选择最优方案时所采取的一切思路、手段和程序的总和。对这一内涵的理解应着重把握以下几个关键词:一是目标。运用思想政治教育决策方法,从根本上说是为了科学地进行思想政治教育决策,进而实现思想政治教育目标。目标贯穿思想政治教育决策方法始终,是思想政治教育决策方法的出发点和落脚点。二是方案。思想政治教育决策方法需要提出若干个可行性方案。这些方案在数量上应是若干个,这是选择的基础;在质量上应力求可行,这是实施的前提。三是选择。思想政治教育决策方法需要在制定的若干个具有可行性的方案的基础上进行最优化选择,挑选出实现思想政治教育目标的最优方案。

2.思想政治教育决策方法的作用

思想政治教育决策方法主要是通过做出科学的思想政治教育决策,进而推动思想政治教育提质增效来发挥作用。具体而言,思想政治教育决策方法的作用主要表现在以下几个方面。

(1)确立正确的思想政治教育目标

马克思曾言:“最蹩脚的建筑师从一开始就比最灵巧的蜜蜂高明的地方,是他在用蜂蜡建筑蜂房以前,已经在自己的头脑中把它建成了。”[①]人与其他生物的重要不同之处就在于人在认识和改造世界时会有意识地确立目标。目标在实践活动中发挥着重要作用,在思想政治教育中同样至关重要。一方面,思想政治教育目标牵涉到方向性问题,方向一旦有误则满盘皆输;另一方面,思想政治教育目标内蕴着可行性问题,目标如若不切实际,思想政治教育的有效性同样会大打折扣。同时,目标具有层次性,从国家到个人,各个层面在思想政治教育中都必须确立正确的、可行的目标。确立合理的思想政治教育目标是思想政治教育提质增效的前提和基础。而合理目标的确立离不开科学的决策方法。这是因为科学的思想政治教育决策方法往往遵循有效的决策程序,经过反复论证,充分比较,认真选择,从而确立正确的思想政治教育目标。

① 马克思.资本论(纪念版):第一卷[M].中共中央马克思恩格斯列宁斯大林著作编译局,编译.北京:人民出版社,2018:208.

(2)推进思想政治教育的科学开展

思想政治教育决策方法对思想政治教育科学开展的推进作用主要体现为两个方面。一方面,能形成科学认识。思想政治教育的科学开展要求教育者对人和事物的认识不能只停留于浅层次的、表面的现象,不能仅凭主观的判断、已有的经验盲目地做出决策,而需要运用科学的决策方法、依循有效的决策程序去伪存真,去粗取精,形成科学的认识。另一方面,能促进科学实践。思想政治教育的科学开展,不仅要求科学的认识,更要求科学的实践。科学的思想政治教育决策方法能够帮助教育者进行全面的分析,开展科学的预测,设定合理的目标,制定可行的方案,从而适应和驾驭现代社会的复杂环境,减少思想政治教育的不确定性,推进思想政治教育的科学开展。

(3)提升思想政治教育的教育实效

思想政治教育决策方法主要通过帮助教育者选择正确的实践行为来提升思想政治教育的教育实效。思想政治教育所指向的对象,具有复杂的思想活动,其对教育实效的提升具有重要影响。一方面,人的思想活动是复杂的,难以捉摸,思想政治教育者的认知状况与现实的思想活动可能存在差异;另一方面,人的思想活动的发展变化具有不确定性,尤其是在当今高速发展的社会中,任何一个微不足道的变量,都可能对人的思想活动产生重大影响。假若思想政治教育者没有把握人的思想活动,就不能选择正确的实践行为,教育的实效性必然会受到影响。因此,需要运用思想政治教育决策方法,科学分析思想政治教育现状,创造性地利用各种有利的时机和条件,积极主动地提升思想政治教育的教育实效。

3.思想政治教育决策方法的特点

思想政治教育决策方法除具有一般决策方法的特点外,还具有自身的特点。主要表现在以下几个方面。

(1)复杂性

“决策对我们的方法来说非常重要的一个特点,是它的复杂性以及显而易见的无序性。”[①]思想政治教育决策方法的复杂性,主要体现在三个方面:一

---

① 查尔斯·林德布洛姆.决策过程[M].竺乾威,胡君芳,译.上海:上海译文出版社,1988:4-5.

是决策是面向未来的，但实施时有滞后性。事物发展虽然是有规律的，但是在某种程度上仍然有不确定性，已经形成的思想政治教育决策在实施时不可避免地有滞后性，这要求思想政治教育决策方法应具有弹性，可以随时间、地点、条件的变化而适时调整。二是思想政治教育决策主体的理性是有限的。思想政治教育决策的主体是人，但人不可能是完全理性的，在进行决策时不可避免地会受到主客观各种因素的影响，很难将决策建立在对信息的全面搜集、对行为的科学分析、对形势精准研判的基础上。思想政治教育决策主体的有限理性，决定了决策方法的科学选择和运用不是一蹴而就的，往往需要在实践的过程中不断完善。三是人的思想活动是非线性的。"非线性意味着，我们通常使用的从一般观察归纳出理论的工具，如趋势分析、均衡测定、样本均值等等，都失灵了。"①思想活动的非线性特点，使一般的定量决策方法在思想政治教育决策领域难以奏效，决策者往往偏重于定性决策方法，这进一步增加了思想政治教育决策方法的复杂性。

(2)动态性

所谓动态性，是指思想政治教育决策方法的选择和运用不是固定不变的，而是不断运动变化发展的。思想政治教育决策方法之所以具有动态性的特点，主要有两方面的原因：一是人的思想活动是动态变化的。人的思想活动是主观见之于客观的东西，客观世界的快速发展必然会带来人思想活动的运动变化。人思想活动的状况是思想政治教育决策的重要依据。因此，思想政治教育决策方法应当与人的思想活动的发展状况相适应，随时间、地点、条件的变化而变化。二是思想政治教育的问题是动态变化的。一方面，思想政治教育问题的暴露有其特有的过程，思想政治教育决策方法要根据问题的暴露程度及时进行调整优化。另一方面，思想政治教育的问题也是不断变化的，有重复出现的问题，也有首次出现的问题；有的问题随着时代的发展迎刃而解，有的问题随着时代的发展日益复杂。因此，要科学把握问题的变化状况，动态调整思想政治教育决策方法。

① 约翰·霍兰.隐秩序：适应性造就复杂性[M].周晓牧，韩晖，译.上海：上海科技教育出版社，2019:6.

(3)综合性

所谓综合性,是指思想政治教育决策方法在选择和运用的过程中往往需要综合运用多种知识和方法。思想政治教育决策方法之所以具有综合性的特点,主要有两方面的原因:一是学科的交叉性。思想政治教育决策是思想政治教育学与决策科学交叉融合的产物,思想政治教育决策方法不可避免地涉及交叉学科的知识。尤其是在面对复杂的决策环境时,更需要在遵循思想政治教育规律、教书育人规律、学生成长规律的基础上综合运用决策学、管理学、统计学、计算机科学等多学科知识。二是方法的多样性。思想政治教育决策方法的多样性是由思想政治教育决策的内在本质规定的。从本体论维度来讲,思想政治教育决策涉及的要素发展变化较快,不确定性强,单一的决策方法难以实现科学决策,必须综合运用多种方法。从过程论维度来看,思想政治教育决策内在地包含着确定内容和目标、提出可行性方案、进行方案评估与优选以及组织方案实施等过程,相应地就需要思想政治教育决策方法包含思想政治教育目标确定方法、方案制定方法、方案优选方法以及方案评估方法等多种方法。

(二)思想政治教育决策方法的主要类型

思想政治教育决策方法的选择和运用要依据思想政治教育决策的类型适时调整。根据思想政治教育决策的不同类型,思想政治教育决策方法可以分为以下几种。

1.战略性决策方法和战术性决策方法

根据决策的作用范围和影响程度的不同,思想政治教育决策方法可分为战略性决策方法和战术性决策方法。战略性决策方法是指在做出影响思想政治教育方向性、全局性的决策时所采取的方法。选择和运用战略性决策方法时,决策者需要树立大局意识,具备前瞻思维,拥有开阔视野。战术性决策方法是指在制定解决思想政治教育局部性、具体性问题的决策时所采取的方法。战术性决策方法指向的是思想政治教育的微观问题,对可操作性和灵活性的要求较高。

2.程序性决策方法和非程序性决策方法

根据决策解决问题的形式的不同,思想政治教育决策方法可分为程序性决策方法和非程序性决策方法。程序性决策方法是指遵循一定的步骤做出思想政治教育决策的方法。程序性决策方法多用于解决重复出现的思想政治教育问题,决策者在解决这类问题时往往拥有丰富的经验,能够根据以往的程序加以解决。非程序性决策方法是指并非完全按照以往的步骤做出思想政治教育决策的方法。非程序性决策方法多用于解决思想政治教育过程中出现的新情况、新问题,决策者在解决此类问题时不能完全循规蹈矩,要充分研究新情况,考虑新问题。

3.确定性决策方法和非确定性决策方法

根据决策所处条件和行动结果的不同,思想政治教育决策方法可分为确定性决策方法和非确定性决策方法。确定性决策方法是指在对所要解决的思想政治教育问题的发展情况有明确而肯定把握的基础上做出决策时采取的方法。确定性决策方法一般用于处理经常、反复出现的思想政治教育问题。非确定性决策方法是指在难以把握所要解决的思想政治教育问题发展情况时做出决策所采取的方法。由于人的思想活动是非线性的,难以做出准确的预测,所以思想政治教育决策在不同程度上都具有不确定性。选择和运用非确定性决策方法时,决策者一定要认真分析各种方案的风险,谨慎做出选择。

4.集体决策方法和个人决策方法

根据决策主体数量上的不同,思想政治教育决策方法可分为集体决策方法和个人决策方法。集体决策方法是指由多个人共同做出决策时所采取的方法。个人的力量是有限的,集体决策方法能够汇众智、集众力,有助于提升决策的科学性。个人决策方法是指单个人做出决策时所采取的方法。个人决策方法能够充分发挥个体的主观能动性,适用于解决日常的具体思想政治教育问题和突发的思想政治教育事件。但是,运用个人决策方法时切忌搞“一言堂”,在遇到重大问题时必须坚持集体决策。

(三)思想政治教育决策方法的实施步骤

决策科学的重要创始人、美国诺贝尔经济学奖获得者西蒙曾将决策过程概括为收集并分析情报、设计方案、选择方案、实施方案四个阶段。借鉴这一划分标准,可将思想政治教育决策方法的实施步骤概括为如下四个阶段。

1.思想政治教育决策内容和目标的确定

确定内容和目标是决策的首要环节。决策是为了解决问题,明确问题是决策的起点。思想政治教育决策者要善于发现问题,科学地分析问题产生的背景、原因和条件等,形成对问题的正确认识。值得注意的是,人的思想活动存在的问题往往是多样的,决策者不可能同时解决所有问题。问题有主次之分,思想政治教育决策者要充分把握人的思想活动在不同阶段、不同时期、不同环境中表现出来的主要矛盾,有重点地加以解决。

确定目标是决策的关键所在,决策的理想状态就是实现目标。“历次党内集中教育活动的实践告诉我们,要使活动取得成功,确定一个合适的目标十分重要。”[①]在思想政治教育过程中,目标的重要性可见一斑。目标贯穿决策始终,明确的目标是多个决策主体合作的基础。思想政治教育决策目标的确立可以借鉴管理学中的SMART原则,即:目标应是具体的(specific),不宜过于空泛;可测量的(measurable),能够跟踪评估以衡量目标是否实现;可实现的(attainable),不能脱离实际;相关的(relevant),指向所要解决的问题;具有特定时间要求的(time-bound),可以在规定时间内完成。

2.思想政治教育决策可行性方案的提出

拟订可行性方案是决策的关键环节。决策的内容和目标明确后,就需要拟订若干方案以解决问题,实现目标。拟订方案主要有两个方面的要求:一是注意方案的可行性。拟订方案是为了实施方案。思想政治教育决策者在拟订方案时,要从思想政治教育的实际情况出发,使拟订的方案具有可行性、可操作性,能够落地生根。二是注意方案的多样性。一般来说,一个问题往往存在着多种解决办法。思想政治教育决策者在进行决策时不能拟订单一

---

① 习近平谈治国理政(第一卷)[M].2版.北京:外文出版社,2018:373.

的方案,而应从不同角度入手拟订若干个可行性方案。之所以如此,一是因为决策是从多个方案中优选出最合适的,如果只有一个方案就无从辨别优劣;二是因为人的思想活动变化比较复杂,需要一定的备选方案应对可能发生的变化。

3.思想政治教育决策方案的评估与优选

评估与优选方案是决策的核心环节。方案的评估与优选是在对拟订的多个可行性方案评估的基础上选择出最优的方案。评估方案侧重于从方案的"符实性"状况(指符合实际情况的程度)、协同性状况、预期性状况以及风险性状况等多方面进行。评估方案的主体既可以是相关领域的专家,也可以是与决策紧密相关的人民群众,还可以两者兼而有之。方案的评估既可以从理论层面进行论证,如建立模型预测;也可以在实践层面小范围尝试,如重大决策一般要试点先行。必须指出的是,所谓的最优方案是相对的,要考虑时间、地点、条件的变化;同时,最优方案也应扬长避短,借鉴吸收其他可行性方案中的优点,以形成更加理想的方案。

4.思想政治教育决策方案的实施与调节

实施与调节方案是决策的重要环节。经过确定内容和目标、拟订可行性方案、评估与优选方案三个环节之后,决策已初步完成,但是并未结束。实践是认识的基础,认识最终要服务于实践,并在实践中进一步深化。经过决策初步形成的最优方案,只是认识层面的最优,还需经过实践的检验。最优方案经过实践检验无外乎两种结果:一是不如其他方案,此时就要及时调整更换其他可行性方案;二是最优方案的确效果最好,但在实践中也暴露出了一些问题,此时需要及时优化。

第五章

思想政治教育的过程方法 Ⅱ

从思想政治教育过程的运行来看，在准备阶段的思想政治教育认识方法和决策方法正式确立后，就涉及实施阶段和评价阶段的思想政治教育方法及其运用问题。思想政治教育的实施评价方法，具体包括思想政治教育的实施方法、调控方法和评估方法等。

一、思想政治教育的实施方法

思想政治教育的实施方法，也称作思想政治教育的工作方法，是指为保证教育过程的顺利进行而采用的基本方法。

（一）理论教育法

理论教育法，也称“灌输教育法”或“理论学习法”，是教育者对教育对象进行有意识、有计划、有目的的马克思主义理论学习教育，进而引导教育对象逐渐树立起正确的世界观、人生观和价值观的方法。

1.理论教育法的理论依据

理论教育法的理论依据包括人的思想品德形成发展规律以及思想政治教育过程规律两个方面。一方面，人的思想品德的形成和发展是在社会环境因素影响下，主体内部的思想矛盾运动和转化的结果，也就是在社会实践的基础上，主体内在的主观因素和社会环境的客观因素交相作用的结果。人的思想矛盾要不断运动，思想层次要持续上升，就必须用另一种更高级先进的思想去提升人的已有思想，这种更高级先进的思想也就是社会的思想品德要求。同时由于人的意识和思想具有稳定性，这就必须从外部灌输社会所要求的先进的思想品德，以引起人的思想矛盾运动。从这一过程来看，外部的理论教育是引起人的思想矛盾运动的重要动力。另一方面，从思想政治教育过程规律来看，教育者的教育活动既要适应教育对象思想品德的实际状况和发展要求，又要超越教育对象目前的思想品德基础，体现社会的思想品德要求。社会的思想品德要求通常高于教育对象的现有思想品德水平，因而必须从外部灌输到教育对象头脑中去，引导教育对象的思想品德朝着社会所要求的方向发展。

2.理论教育法的具体形式

为了实现理论教育法的预期目的,可以综合采取理论讲授、理论学习、理论宣传、理论培训、理论研讨等多种多样的具体形式。

(1)理论讲授

理论讲授,是指教育者通过口头叙述的方式,向教育对象传授理论知识、解释概念体系、传递思想观念,达到教育目的的一种方式。

(2)理论学习

理论学习,是指教育对象在教育者的引导下,自觉学习马克思主义理论、党的路线方针政策等,以提高自身的理论水平和文化素养的一种方法。

(3)理论宣传

理论宣传,是指教育者有效运用报纸杂志、网络媒体等向广大人民群众传播正确理论、先进思想的一种方法。

(4)理论培训

理论培训,是指教育者通过举办一定规模的培训班、讲习班等,引导和帮助教育对象学习理论的一种方法。

(5)理论研讨

理论研讨,是指教育者采用理论研究、探讨的方式,引导教育对象进行理论学习的一种方法。

3.理论教育法的运用要求

一是教育者需要正确认识教育对象。教育者只有做到这一点,才能有望达到预期效果。二是教育者需要系统精确掌握教育内容。教育者的自身素质、教育者对教育内容的掌握和运用程度,关涉理论教育法能否恰当运用。三是教育者要做到理论联系实际。教育者只有一切从实际出发,将教育内容、教育对象与客观现实相联系,既注重正面说理,又注重批判错误观点,才能满足教育对象的现实需要。

(二)实践教育法

实践教育法,也称作“实践体验法”或“实践锻炼法”,是教育者精心组织教育对象参与各种实践活动,帮助教育对象在实践体验中提升自身的思想水平和认知能力的一种方法。

1.实践教育法的理论依据

实践教育法的理论依据来源于马克思主义认识论。"实践的观点是辩证唯物论的认识论之第一的和基本的观点。"①实践是认识的基础,在认识活动中起决定性作用,这种决定性的作用体现在以下几个方面:一是实践是认识的来源。认识的内容是在实践基础上产生和发展的,"我们党现阶段提出和实施的理论和路线方针政策,之所以正确,就是因为它们都是以我国现时代的社会存在为基础的"②。离开了实践,人的认识便成为无源之水。二是实践是认识发展的动力。一方面,实践的深入会不断催生新课题,并在解决新课题的过程中,助推社会进步,助力人的思想进步。另一方面,实践的发展又为人们提供新的工具、新的思维方式,进而推动认识的发展。三是实践是认识的目的。人们通过实践所获得的一切认识是为了回到实践中去指导新的实践,推动社会的发展进步,促进人的全面发展。四是实践是检验认识正确与否的唯一标准。"真理的标准只能是社会的实践。"③人的认识是否具有真理性,只有在具有直接现实性的实践中,才能得以检验。

2.实践教育法的具体形式

实践教育法的实质是个体的思想品德在社会实践中形成、发展、检验的实践化、社会化的过程。随着社会的发展,实践教育法的实施范围持续拓展,具体形式也日渐丰富,主要包括劳动教育、服务体验、社会考察等。

(1)劳动教育

劳动教育,是指教育者有意识地让教育对象从事一定数量和一定程度的生产劳动,引导教育对象在参与劳动的过程中,树立正确的劳动观念,培养良好的劳动习惯,形成热爱劳动和热爱人民的积极感情的一种方式。

---

① 毛泽东选集(第一卷)[M].2版.北京:人民出版社,1991:284.

② 中共中央文献研究室.习近平关于全面深化改革论述摘编[M].北京:中央文献出版社,2014:11.

③ 毛泽东选集(第一卷)[M].2版.北京:人民出版社,1991:284.

(2)服务体验

服务体验，是指教育者让教育对象运用自身具备的知识素质、技术能力等，为社会提供力所能及的服务，并获得对责任关系、道德关系的深切体验，以提升思想品德水平、升华自身的精神境界的一种方式。

(3)社会考察

社会考察，是教育者有组织、有计划地安排教育对象深入观察、全面分析社会现象，研究社会问题，在考察社会的过程中实现理论与实践的结合，不断提升自己的理论水平、能力素质和思想认识的一种方式。

3.实践教育法的运用要求

在运用实践教育法的过程中要遵循以下要求：一是确立明确的实践教育目的。教育者首先必须依据社会的思想品德要求和教育对象的思想品德状况，确立合理的、可达到的教育目的，这是实践教育法有效运用的前提条件。二是注意区分现实实践和虚拟实践。在引导教育对象参与实践活动时，要区别两种实践的内涵、特点等，帮助教育对象灵活参与其中，提升教育的有效性。三是坚持与时俱进、开拓创新。实践教育法的运用应当因时而进、因势而新，不可因循守旧、机械套用以往的旧模式。

(三)批评与自我批评方法

批评与自我批评方法，是指在思想政治教育过程中，人们通过批评与自我批评，对自己或者他人的错误、不足进行公开的检视和分析。批评与自我批评方法是有效化解党内矛盾、科学解决人民内部矛盾的基本方法，也是人民群众进行合理的自我教育的方法。

1.批评与自我批评方法的理论依据

批评与自我批评方法的理论依据主要是内外因辩证关系原理。唯物辩证法认为，事物的发展是内因和外因共同作用的结果。一是从内因来看，内因即内部矛盾，是事物变化发展的重要源泉与核心动力，决定着事物发展的基本趋势。二是从外因来看，外因即外部矛盾，是事物变化发展的重要条件，是事物之所以能够实现自我发展和不断进步的第二位原因,外因必须通过内因起作用。三是从内外因的相互关系来看,内因和外因相互依赖、相互联系,在一定条件下二者可以相互转化。这就决定了批评与自我批评方法必须结合使用。批评更加注重指出他人的错误并提出改正意见,侧重外因;自我批评更加注重对自己的过失、不足等进行自觉的剖析和检查,侧重内因。只有通过正确的批评教育,引导教育对象认识到自己的缺点错误,进行自省自查,才能更好地将外部的批评意见内化,提升自身的思想认识水平。“共产党内的矛盾,用批评和自我批评的方法去解决。”[①]既要充分发挥批评的作用,也要重视发挥自我批评的作用,在二者的相互作用中,更好地解决党内存在的种种矛盾。

2.批评与自我批评方法的具体形式

批评与自我批评是中国共产党的优良作风之一,后来逐渐推广到民主党派、群众团体和人民内部,成为揭露和解决社会矛盾的重要方法,其具体形式包括以下几种类型。

(1)谈话式批评

谈话式批评,是指教育者和教育对象在教育过程中,通过相互交流的方式来实现批评与自我批评。按照谈话进展程度和话语措辞激烈程度的不同,谈话式批评分为直接式批评、渐进式批评、商讨式批评和警醒式批评等具体类别。

(2)职能式批评

职能式批评,是指各级单位的纪律检查部门、行政监察部门、经济审计部门等,通过监督、检查等途径进行调查和提意见的一种方式。职能式批评可以分为监督式批评与揭露式批评两种。

(3)衡量式批评

衡量式批评,是指在学校的学生群体、企事业单位的职工群体等组织中,运用一定的衡量标准,对人或事物进行对比,依据衡量的结果,对批评对象进

---

① 毛泽东选集(第一卷)[M].2版.北京:人民出版社,1991:311.

行批评指正，帮助其寻找差距存在的原因，以便后续改进的一种方式。依据衡量方式的不同，可以分为参照式批评与评估式批评两种。

(4)自我革命式批评

自我革命是中国共产党人奋斗的雄厚底气，勇于自我革命，从严管党治党，是中国共产党最鲜明的实践品格，蕴含着共产党人接续奋斗的精神密码。自我革命式批评从中国共产党的自我革命发展而来，是指通过刀刃向内的自我革命方式，刮骨疗毒，达到净化和提升的目的。自我革命式批评，又分为自我净化、自我完善、自我革新、自我提高等类型。

3.批评与自我批评方法的运用要求

批评与自我批评方法是一个统一体，两者相互作用。在具体的运用过程中，要遵循一定的运用要求。其一，充分发扬民主是开展批评与自我批评的根本条件。只有广开言路、发扬民主，群众才敢讲真话，才敢同错误思想做斗争。其二，注重批评与自我批评方法的内在联系。批评与自我批评可划分为自我批评反思和他人批评帮助两个环节。自我批评是批评与自我批评的初始目标和最终归旨，通过自查自省，找出思想的缺点和不足，开展自我认知、自我教育；批评环节的使用一定要慎之又慎，这样才能使其在批评与自我批评中发挥决定作用。其三，注意批评与自我批评方法的使用方式。批评活动要讲究方式方法，防止主观臆断、将批评庸俗化。在进行批评的过程中要根据批评对象的个体差异，有针对性地进行批评，"一刀切""一风吹"会引发批评对象的逆反情绪和抵触心理。

(四)疏导教育法

疏导教育法，是指教育者通过营造民主融洽的和谐氛围，让教育对象充分阐明自己的观点和想法，再针对教育对象思想上的困惑点、敏感点、疑难点等进行及时的疏通引导，提高教育对象的思想认识的一种方法。

1.疏导教育法的理论依据

疏导教育法确立的理论依据，主要是关于正确处理人民内部矛盾的理论。毛泽东在《关于正确处理人民内部矛盾的问题》中提出了人民内部矛盾理论,阐明了如何正确区分、处理敌我矛盾和人民内部矛盾两类不同性质的矛盾。其中敌我矛盾是对抗性矛盾,人民内部矛盾是根本利益一致基础上的非对抗性矛盾。毛泽东指出:"凡属于思想性质的问题,凡属于人民内部的争论问题,只能用民主的方法去解决,只能用讨论的方法、批评的方法、说服教育的方法去解决,而不能用强制的、压服的方法去解决。"[①]中国特色社会主义进入新时代,思想政治教育所面临和需要化解的矛盾,大都属于人民内部矛盾,是建立在人民群众根本利益一致基础上的矛盾,要采取讲道理、摆事实的方法即疏导教育法。疏通是引导的前提和基础,通过充分疏通,引导教育对象敞开心扉、畅所欲言;引导是疏通的目的,在疏通的基础上,通过有步骤有计划地引导,弘扬正确思想观点、批评错误思想观点,帮助教育对象解决思想困惑、修正错误认识。

2.疏导教育法的具体形式

作为思想政治教育较为常用的一种实施方法,疏导教育法的形式是多种多样的,主要包括分导、利导、引导等具体形式。

(1)分导

分导,即分而导之,通过对教育对象的思想进行分化、分解、分散等,灵活处理教育对象的思想问题,又分为分步而导、分头而导、分散而导等办法。

(2)利导

利导,即因势利导,通过分析教育对象所处的形势,透析教育对象的思想特点,善于抓住有利时机实施教育活动,提升教育对象的思想认知水平,消除其消极思绪。

(3)引导

引导,即通常意义上的教育引导,通过集体讨论、正面说服、透彻说理等,发挥教育对象的主体性和调动其自觉意识,促使教育对象自愿提升自己的思想道德素质。

---

① 中共中央文献研究室.毛泽东文集(第七卷)[M].北京:人民出版社,1999:209.

3.疏导教育法的运用要求

疏导教育法是疏通与引导的内在统一，要正确运用疏导教育法，必须遵循一定要求。一是务必提高教育者的创新创造能力。教育者要善于结合现代科学技术的发展，不断创新疏导教育的载体和形式，促使教育对象在接受疏导的过程中，潜移默化地内化教育内容。二是尊重教育对象的层次性和特殊性。教育者要尊重和立足教育对象的群体差异及个体差异，制定合理的疏导目标、运用恰当的疏导方式，避免疏而不通、导而不前。三是注意与其他方法结合起来使用。疏导教育法要与理论教育法、实践教育法、批评与自我批评方法等结合起来使用，在疏导过程中辅之以必要的奖励和批评。

(五)典型教育法

典型教育法，也称"示范教育法"，是指通过具有典型意义的人或者事物进行示范，引导人们分析和解释典型事物或典型现象，并在对典型事物、人物或现象的深入挖掘中，提高人们的思想认识、解决现实问题的一种方法。

1.典型教育法的理论依据

典型教育法的理论依据主要是矛盾的特殊性原理。唯物辩证法认为，矛盾无时不在、无时不有，这是矛盾的普遍性。但矛盾也具有特殊性，即矛盾着的事物及其每一个侧面各有其特点，不同事物的矛盾具有与众不同的特点；同一事物在发展过程中，也总是存在着诸多客观矛盾，这些矛盾的发展总是不平衡的、有差别的。人们的思想觉悟有高低之分，思想认识有深浅之别，思想的实际表现也有所区别，因此，总会有突出典型的存在。典型既是个性的体现，有其自身的特点，也是共性的体现，有其与同类事物的共通之处，这就决定了典型是个性与共性的矛盾综合体。因此，典型不但有被学习和被研究的可能性，其更具有被学习和被研究的价值性，对思想政治教育具有重要意义。

2.典型教育法的具体形式

根据典型的性质，可以将典型分为正面典型和负面典型两种类型，典型教育法据此也可以分为正面典型教育法和负面典型教育法两种具体形式。

(1)正面典型教育法

正面典型教育法,也称先进典型教育法,是指用在人民群众中能够发挥榜样示范作用的典型进行教育的一种方法。

(2)负面典型教育法

负面典型教育法,也称反面典型教育法,是指用反面的素材来教育人民的一种方法。

3.典型教育法的运用要求

教育者在运用典型教育法时,务必遵守一定要求。一是典型应多样化。矛盾的特殊性决定了不同部门、不同群体都有各具差异的特殊典型,也就是典型是多方面的、多层次的,教育者要能够从人们生活的不同范围出发,善于发现典型。二是对典型(这里和下文主要指人物类典型)的宣传要恰如其分。教育者在宣传先进典型时,要尽力克服使典型十全十美、毫无缺陷的倾向,理应全面、客观地向教育对象介绍典型,如此才能令其心悦诚服;在提到负面典型时,也应如实宣传他们改过自新的事例,增强教育效果。三是反对和抵制形式主义。对典型的运用绝不能片面单纯地停留在感性认识上,不能一味地简单效仿和重复先进典型的一言一行,而要透过典型人物的言谈举止,深刻分析他们的精神实质,实现由感性认识到理性认识的升华。

(六)自我教育法

自我教育法,是教育对象依据思想政治教育确立的目标、规定的任务,积极自觉地提高自身的思想认识、提升自我素质的一种方法,主要强调教育对象的自省、自查、自励。

1.自我教育法的理论依据

自我教育法的理论依据主要是马克思主义自我革命理论。马克思、恩格斯、列宁关于无产阶级政党建设的理论中内蕴深邃丰富的自我革命思想,是自我教育法的理论基础。在共产党的自我革命过程中蕴含强烈的批判精神,要善于运用批评与自我批评的革命武器。列宁在领导俄国布尔什维克党建设和革命的过程中，进一步提出了诸多关于无产阶级政党自我革命的观点，其中就包括积极开展批评与自我批评。列宁高度关注和重视自我批评在无产阶级政党建设中发挥的作用，“自我批评对于任何一个富有活力、朝气蓬勃的政党来说都是绝对必要的”①，要通过自我批评找出错误和不足并进行积极改正。要通过自我教育法积极引导教育对象进行自我教育，进一步吸收和内化教育内容，达到用正确的思想武装自己、提升自己的目的，促使教育对象的思想品德朝着社会所要求的方向发展。

2.自我教育法的具体形式

自我教育法有个体自我教育和群体自我教育之分，最为关键的是个体自我教育，主要包括自我认识、自我修养、自我管理等具体形式。

(1)自我认识

自我认识是自我教育的基础，强调个人通过多种方式认识和了解自我，对自身的长处、特点、不足等进行全方位评判。自我认识又分为自我思考、自我检讨等类型。

(2)自我修养

自我修养，强调个人在知识方面、政治方面、思想方面、道德方面、心理方面等进行自觉学习、自主锻炼，以期达到社会发展所要求的水平，最终达到提升自我的基本目的。自我修养又具体分为自我反省、自我反思、自我改造等类型。

(3)自我管理

自我管理，强调个人运用社会共同遵守的法律法规、道德要求等约束自我、管控自我，促使自己的思想和言行符合社会的一般要求。自我管理又具体分为自律、自制、自我调控等类型。

3.自我教育法的运用要求

自我教育法强调在教育者的教育引导下，教育对象积极主动地开展自我教育。自我教育法的有效运用需要遵循一定的要求。一是充分尊重教育对

---

① 列宁.列宁全集(第十卷)[M].2版(增订版).中共中央马克思恩格斯列宁斯大林著作编译局，编译.北京:人民出版社，2017:334.

象的主体性。教育对象是现实的个人,体现出自主性、能动性和创造性,教育者要激发教育对象自我教育的潜能,需要做到以人为本,充分尊重教育对象作为独立个人的主体性,这是自我教育法正确使用的必要前提。二是重视发挥教育者的教育引导作用。教育对象自我教育意识的形成、自我教育能力的提升,需要借助外部的引导和教育作用,也就是要求教育者着力发挥对教育对象的引导功能,通过卓有成效的教育激励,帮助教育对象提升自我教育的能力和水平。

二、思想政治教育的调控方法

思想政治教育的调控是思想政治教育实施过程管理的重要手段,它包含反馈与调节两个步骤。调控方法对加强新形势下思想意识形态的监控、管理、协调,及时有效地把握思想动态,优化教育过程,提升教育实效,具有十分重要的作用。

(一)思想政治教育调控方法的内涵和特点

思想政治教育工作的调控系统,包括控制部分发出信息输入到受控部分,受控部分发出反应信息反馈到控制部分两个部分,两部分可形成双向互动。由此可知,思想政治教育的调控过程,就是控制部分和受控部分之间进行各种信息交流和行为演化的过程。

1.思想政治教育调控方法的内涵

所谓思想政治教育调控方法是指思想政治教育主体和客体对教育过程的各个环节进行信息反馈与调节控制,对取得的成绩、存在的不足进行分析和总结,进而掌握教育动态,驾驭教育过程,调整教育方案,优化教育结构,保证教育目标实现的方法。对这一内涵的理解要注意以下几个方面:第一,这一方法对主客体都有重要作用。对教育者而言,通过观察教育对象,就其言谈举止等个人或群体表现而判断思想政治教育目标是否实现,采取相应措施对教育内容、方法等进行调整;就教育对象而言,通过对自身思想政治素质状况与行为效果的自我认识，以及教育者及其他社会关系对自己的反应做出的判断，修正观念、调控行为。第二，这一方法要充分考虑正面与负面的反馈信息。若反馈信息是肯定性的，说明思想认识或行为很可能是正确的；反之，若反馈信息是否定性的，没有达到预期目标，则要引起教育者的反思。第三，这一方法作用于教育的全过程。反馈调节，不仅可以使教育主体重新审视自身观念体系与教育方式，调整教育目标、内容与方法，也可使教育对象调整个体认知、修正动机、调整行为，还可以促进教育主体与客体之间的联系与沟通，使整个思想政治教育过程更为和谐。

2.思想政治教育调控方法的特点

思想政治教育调控方法，主要有以下特点：

第一，原则性与灵活性相统一。原则性要求思想政治教育将党性原则贯穿始终。灵活性要求以人为本，因人而异，随机应变，努力创造条件，满足人们正常的、合理的需要。把工作目标要求与实际问题解决相结合，综合考虑各种因素，做到既讲求原则，又机动灵活。

第二，准确性与及时性相统一。准确性要求思想政治教育反馈调节客观公正、依据充分，信息来源真实可靠，调整控制恰到好处。及时性要求教育者及时收集、准确把握教育对象和客观环境变化信息，精准施策。既不能一味追求速度而忽略信息的准确性，捕风捉影、主观臆断，又不能因为强调准确而瞻前顾后、贻误时机。

第三，全面性与侧重性相统一。全面性主要体现在要全面把握思想政治教育的信息来源、反馈渠道、调节手段、评价指标、评估方式、总结方法等，力求信息来源多样化。除此之外，还要注意有所侧重，主次分明。

（二）思想政治教育调控方法的理论依据

思想政治教育调控方法的理论依据主要有以下几个方面。

1.理论与实践的辩证关系原理

马克思主义认为实践是理论的基础，理论对实践具有积极的指导作用，二者相辅相成。在思想政治教育过程中，易出现理论与实践互相脱节、缺乏照应的情况,导致教育效果不够显著,教育目标未能全部实现,需通过深入分析其原因,依据科学的理论与方法,指导思想政治教育过程,抑或通过教育效果来更新实践理念,创新实践方法,也就是需要进行思想政治教育的积极调控。

2.思想政治教育"螺旋上升"的规律

辩证唯物主义的认识论认为,人的思想观念是一种较为稳定的认识成果,其形成是认识不断深化的过程,是心理活动与外在社会不断作用的结果。所以,思想是可以改造的,这为思想政治教育的反馈调节提供了理论基础。思想政治教育中"螺旋上升"的规律则是对认识论所阐释的同一问题不同层次理论深度的体现,思想政治教育调控方法体现了这种认知深化的规律,是"否定之否定"的辩证规律的呈现形式。

3.现代信息论的信息双向传送理论

现代信息论认为思想政治教育机构、人员、对象共存一体,组成一个整体系统。教育者与教育对象通过双向信息交流形成闭合回路。"在人类实践活动中所发生的一切信息的输出、接受、传递、存储、译制、合成与反馈,是实践结构中各个要素之间内在联结的一个不可缺少的部分或环节,同样决定着人类实践的深度、广度和速度。"[①]思想政治教育的调节评估过程就是教育者与教育对象之间进行各种信息交流与行为演化的过程。

(三)思想政治教育调控方法的主要形式

思想政治教育调控方法可以分为思想政治教育的反馈方法与调节方法。

1.思想政治教育的反馈方法

所谓思想政治教育的反馈方法,就是教育者收集反馈信息用于教育调节与再教育的方法。其是思想政治教育信息反馈方式、渠道和手段的总称。正反馈与负反馈都是信息控制系统运行过程中客观存在的信息反馈形式,都可以作为人们调节、控制系统以便达到最佳目标或次佳目标而采用的反馈方法。

① 乌杰.马克思主义的系统思想[M].北京:人民出版社,1991:182.

(1)思想政治教育反馈方法的类型

思想政治教育的反馈方法包含了依据思想政治教育系统运行的特定要求,与现代思想政治教育科学化相适应的诸多反馈方式、渠道和手段。根据思想政治教育系统内各级组织职能分工进行的纵向职能反馈包括汇报式反馈、抽查式反馈、定点式反馈等形式;通过社区的大众信息渠道进行的横向大众反馈包括大众传媒反馈、民意测验反馈等形式;思想政治教育系统中教育对象直接面向教育决策系统进行的信息反馈包括恳谈式反馈和访问式反馈等形式。

(2)思想政治教育反馈方法的操作程序

思想政治教育反馈方法的主要操作程序包括对反馈信息的收集、加工与整合。思想政治教育反馈分为以下几个步骤。

第一,思想政治教育反馈系统的建立。建立和健全思想政治教育的反馈系统是信息反馈的组织保证。设置以思想动态的调查研究为专职的调研机构和调研人员,使思想政治教育的决策机构和执行机构充分发挥反馈功能,建立畅通、灵敏的思想政治教育的反馈系统。这个反馈系统应当是多渠道的,“多管齐下”,以保证获得比较丰富、准确的信息;多渠道信息互通,以助于信息及时、准确地反馈。

第二,思想政治教育反馈信息的收集。马克思主义认为思想、观念是“物质关系的直接产物”,是“改造过的物质的东西”,人的思想不能离开实践活动,我们获取思想信息只能从人的实践活动和具体言行入手。思想政治教育反馈信息的收集既要了解教育者“教”得如何,也要了解教育对象“学”得如何。在收集信息时既要做到“诚心、虚心、耐心”,又要做到“腿勤、口勤、耳勤、眼勤”。

第三,思想政治教育反馈信息的加工。通过科学地分析各种反馈信息以确切了解教育的效果并分析其原因。若反馈信息的作用与控制信息的一致,能扩大思想政治教育成效并推动其正向发展的就是正反馈信息,反之则是负反馈信息。对正反馈信息,要考虑“过犹不及”“物极必反”的道理,防止将行之有效的东西运用过头;对负反馈信息,应及时调整、修正控制信息,以免造成控制系统内的矛盾加剧,影响调控效果。

第四，思想政治教育反馈信息的整合。信息整合是指将思想信息系统地汇集、整理和分析处理。思想信息是支配和影响人们行为的思想因素的表现，是人们在社会活动中产生出来的感觉、思想、情绪、愿望、呼声等心理活动的表象，必须进行信息整合，以利于决策的进行。

(3)思想政治教育反馈方法的运用要求

思想政治教育的反馈方法运用过程中要注意以下几点：第一，要有“量”的要求，但并非越多越好。一般反馈的信息要包含教育决策方案的执行情况、行动效果以及客观的行动效果与既定系统目标的比较分析。第二，要有一定“质”的要求，既要准确、实事求是、恰如其分地反映问题，又要及时、迅速地发现问题、解决问题，将问题消灭在萌芽状态。第三，要讲究反馈的方式。“在调节反馈系统方法中，增添网络舆情监测方法，以便及时了解思想政治教育对象的最新思想动态和信息反馈”[①]，有助于方法体系的丰富和完善。第四，要注意把握反馈的时间与场合。要进入到能够、方便反馈真实信息的区域中去，抓住时机获得真实、有效的信息。

2.思想政治教育的调节方法

所谓思想政治教育的调节方法，是指在思想政治教育的实施过程中，依据反馈信息采取相应措施以增强教育效果的方法。

思想政治教育调节是紧紧围绕教育目标，依据反馈信息，优化教育因素、增强教育效果的一个过程。通常情况下，思想政治教育活动结果往往存在着不同程度的对教育目标的偏离。这种偏离表现为效果对动机的偏离。一方面，存在着目标被实践所否定，不能实现全部目标的情况；另一方面，也存在着收到意想不到的良好效果的情况。在这两种情况下，主体都应从实际出发，通过反馈而相应调节、调整自己的中介手段[②]，直至最大限度地取得思想政治教育效果。思想政治教育也正是在这种偏差与调整中完善自身、发展自身的。如此循环往复，使思想政治教育的价值实然不断接近价值应然。

---

① 邹绍清.当代思想政治教育方法论发展研究[M].北京：人民出版社.2013：178.

② 张澍军.思想政治教育学科建设研究[M].北京：人民出版社.2014：253.

(1)思想政治教育调节方法的类型

根据信息反馈的性质，可以把调节方法分为强化调节法与修正调节法两种。强化调节法：在思想政治教育评价过程中，我们会得到各式各样的信息，这些反馈信息有的表示思想政治教育效果较好，对相关教育行为，应采取适当措施加以强化，使其效果得以巩固与增强。如通过奖励、表扬等手段"推'波'助'澜'""尽其所长"，力争取得更好的教育效益。修正调节法：当思想政治教育评价反馈信息显示其实际效果偏离预计效果时，可进行修正调节。修正调节主要表现为吸取教训、矫正偏差、缓和冲突、化解矛盾。对修正调节还可以进行不同的分类。按照调节内容的差异，可分为目标调节与手段调节。目标调节指放弃原目标，代之以新目标或对原有目标进行矫正补充；手段调节是对教育方法等方面进行调整。按照调节对象的不同，可分为主体调节与环境调节。按照调节方式的不同，可分为直接调节与间接调节。

(2)思想政治教育调节方法的操作程序

第一，根据信息反馈结果，制定相应纠正偏差的措施。通过信息反馈找出教育的实际效果与目标效果之间的偏差与偏差产生的原因，制定相应措施，对偏差进行纠正。这些措施可能是重新确定目标，充实教育内容，使其更有针对性和说服力；也有可能是改进教育方法，使之符合教育对象的心理特征和发展规律；还可能是教育者自身素质的提升；等等。

第二，根据制定的措施对偏差进行准确、有力的调控。发现偏差并制定措施并不等于纠正偏差，应当在及时发现偏差的基础上，立即着手进行纠正。在针对问题制定措施之后，一定要将这些措施付诸实施。只有正确把握每个环节，才能最终解决问题。调节的准确性和有力性是不容忽视的。

第三，思想政治教育的调节与其他活动的调节相比，其不同之处在于要发挥人的主观能动性——既要有搞好思想政治教育的热情和责任心，又要有深入实际调查研究的决心，还要努力提升教育者的个人能力水平。

(3)思想政治教育调节方法的运用要求

第一，要把握好"度"的问题，避免"物极必反"和"过犹不及"。第二，要把握好"时"的问题，思想政治教育是一个动态的发展过程，可能在某个时机，强化调节就是有效的，因而在进行强化调节时，要做到灵活调节，把握机会。第三，要把握好整体性的问题。调节过程切忌“头痛医头、脚痛医脚”，要注意各要素间的紧密联系性与协同相关性，从而进行全面的调节与修正。

三、思想政治教育的评估方法

思想政治教育评估可以直接评判思想政治教育的有效性，对思想政治教育的诸多环节以及对教育的主客体提出改进要求，进而促进思想政治教育有效性的螺旋上升。教育过程不能缺少评估，它是客观评价教育效果、不断提高教育质量的重要途径，是加强和改进思想政治教育工作的重要措施。

（一）思想政治教育评估方法的内涵和特点

思想政治教育评估是思想政治教育过程的重要环节，准确地认识思想政治教育评估方法的内涵和特点，是科学进行思想政治教育评估的基础，是实现思想政治教育效果的有力保证。

1.思想政治教育评估方法的内涵

所谓思想政治教育评估方法，是指在思想政治教育活动中根据特定教育目的，遵循一定的原则和标准，来检查和评定教育效果的方法。对这一内涵的理解要注意以下几个方面：第一，这种方法遵循一定的原则。思想政治教育评估的原则，是其检测评价活动必须遵守的准则，既要反映现代思想政治教育的目的和要求，又要符合思想政治教育自身的运行规律。倡导坚持方向性与客观性并举、凸显全民性与民主性的原则。第二，必须确立恰当的衡量标准，即思想政治教育评估的客观尺度。如果思想政治教育者对自身工作的效果心中无数，随意性大，就会出现“公说公有理，婆说婆有理”的现象。这个标准源于社会对思想政治教育的要求，源于思想政治教育的目标与任务，一般分为最高标准与具体标准。第三，强调检测与评价手段的科学性和现代化。及时引入先进科技手段和信息技术，有效地检测和推动思想政治教育的正向进行。

2.思想政治教育评估方法的特点

第一,理想性与务实性相统一。理想性是针对思想政治教育评估方法的目标而言的。既要处理好创新与借鉴的关系,形成具有中国本土特色的思想政治教育评估体系;又要把握好方向目标与实现效果之间的关系,方向是效果的基础,效果是方向的体现。务实性是指思想政治教育调节评估需以现实条件和历史情况为基础,从实际出发,避免主观臆断。只有坚持理想性与务实性的统一,才能发扬理论联系实际的作风,促进思想政治教育的发展。

第二,全面性与开放性相统一。全面性是指全面准确地判定思想政治教育效果。它包含两层意思:一方面,要突出思想政治教育这一系统工程,充分考虑多种因素,把握其整体性和关联性;另一方面,要全面考察思想政治教育的历史发展过程,强调原有思想基础与社会历史条件的影响。坚持开放性,就是评估过程要坚持开放的时代要求,要相信群众、依靠群众。在评估过程中要注意群体性与民主性,不搞“一言堂”,不能少数人说了算。

第三,知行统一,德才兼备。知行统一要求评估要依据言行一致法则,要着重对教育对象的行为进行考察,将行动与认知相结合。“马克思主义的哲学认为十分重要的问题,不在于懂得了客观世界的规律性,因而能够解释世界,而在于拿了这种对于客观规律性的认识去能动地改造世界。”①德才兼备,从思想政治教育的目标出发,是其所追求的理想效果。思想政治教育评估过程中要综合考察教育者与教育对象的道德水平与业务能力。

(二)思想政治教育评估方法的理论依据

思想政治教育评估方法以现代教育评估理论为理论基础,即以教育测量理论、教育评述理论、教育评估判断理论、教育评估建构理论为方法论依据。心理学、教育测量学、教育统计学等相关学科对教育评估理论进行了较为充分的实践运用,其相关成果为思想政治教育评估方法提供了学科借鉴。

马克思、恩格斯关于人的本质理论是思想政治教育评估的理论前提,人

① 毛泽东选集(第一卷)[M].2版.北京:人民出版社,1991:292.

的全面发展的论述为评估指明了目标和方向。毛泽东主张动机与效果相统一,这也是开展思想政治教育评估的原则之一。邓小平提出的“四有”新人培养目标和“三个有利于”,习近平总书记的关于“培育时代新人”的要求为思想政治教育评估提供了方位与标准。唯物史观则为评估的客观性、科学性和实践性奠定了基础。

(三)思想政治教育评估方法的主要方式

思想政治教育评估不仅要客观地检测、评价,还要通过总结,发现典型,以择优推广或以儆效尤。因此,可以将思想政治教育评估方法分为检测评估方法与总结方法。

1.思想政治教育的检测评估方法

所谓思想政治教育的检测评估方法,是根据教育目的,运用一定的评估指标,检测和评定教育效果的方法,是判断思想政治教育价值的重要方式。思想政治教育的检测评估方法有检测和评价两种作用。

(1)思想政治教育检测评估方法的类型

按照评估对象、内容、作用等的差异,可以将思想政治教育评估分为多种类型。如宏观与微观评估、动态与静态评估、单项与综合评估、分析性与总结性评估、常规与风险评估等。按照评估的相对性与绝对性,可以将思想政治教育评估分为比较评估与达度评估。比较评估是相对评估,是让思想政治教育的评估对象对比自身各阶段的发展情况,或与统一集合内教育对象进行整体状态的比较,其又可以分为纵向比较评估与横向比较评估;达度评估是将评估对象与确定的客观标准进行比较,是一种绝对性的评估。按照评估对象的多少,可以分为群体评估与个体评估。按照评估主体的不同,可以分为自我评估与他人评估,也就是通常意义上的自评和他评。按照事物质与量的规定性,可以分为定性评估与定量评估。定性评估是通过对思想政治教育以及人们思想的性质进行分析与综合,做出结论性评价;定量评估是对评估对象思想的程度、范围等各种量的关系进行收集、整理、分析,最后做出结论性评价。

(2)思想政治教育检测评估方法的操作程序

第一,确定检测评估的指标和指标体系。毛泽东同志指出:"共产党人的一切言论行动,必须以合乎最广大人民群众的最大利益,为最广大人民群众所拥护为最高标准。"[①]这也是思想政治教育的最高标准。同时检测评估的具体标准,一般包括效能指标和素质指标。其中,效能指标是指思想政治教育的效果和效率;素质指标是指评估对象所应具备的基本素质的水平,如政治思想、道德品质、思想作风等水平。各项评估指标集合组成评估指标体系。

第二,确定衡量评估指标重要程度的权重系数。权重系数用以区分各个指标在评估中的主次差别。权重系数的确定要主次分明,重点突出,切合实际,合理协调。若条件发生变化,可适当调整权重系数的分布,但一定要科学合理。

第三,设立对受评对象进行评估的衡量尺度的指标等级。指标等级用以检测受评对象达到指标要求的程度。在选择和运用指标等级时,既要严格掌握标准,又要从实际出发,不可要求太高而挫伤受评者的积极性,也不能降低标准使评估流于形式。

第四,进行试评以对评估方案进行检验。试评可在小范围内进行,也可抽样进行,目的是检验指标体系的准确性、可靠性、可操作性,便于及时调整。

第五,实施评估并做出结论。按照评估方案,运用一定的方法(如模糊数学法、矩阵方法、分等加权法等),将各相关受评因素进行归一化处理 。

(3)思想政治教育检测评估方法的运用要求

第一,思想政治教育检测评估的方法多种多样。在实际操作过程中要依据评估目的的需要和评估对象的不同特点,采取不同的方法。第二,要保证评估的全面性与客观性。在实际评估工作中,通常采取自我评估与他人评估相结合、定性与定量评估相结合、过程分析与结果分析相结合等综合评估的方式对思想政治教育情况进行评估。第三,网络信息技术的发展改变了传统的思想政治教育格局。网络评估方法借助现代信息技术,在很大程度上弥补了传统评估方法的不足,使评估手段、方式、方法更加灵活。

---

① 毛泽东选集(第三卷)[M].2版.北京:人民出版社,1991:1096.

2.思想政治教育的总结方法

所谓思想政治教育的总结方法，是指在深入进行调查研究，透彻了解思想政治教育实施情况，掌握丰富实际材料的基础上，对思想政治教育的过程和效果进行总结的方法。对思想政治教育活动进行总结，是提高认识、做好工作的关键之一。邓小平同志指出："我们说的做的究竟能不能解决问题，问题解决得是不是正确，关键在于我们是否能够理论联系实际，是否善于总结经验。"[①]总结的过程就是从感性认识上升到理性认识的过程。只有将思想政治教育的实践上升到理论层面，才能把握其规律性。

(1)思想政治教育总结方法的类型

思想政治教育工作的总结，一般分为两大类型：全面总结与专题总结。全面总结是指就一个时期的思想政治教育的情况所做的较为全面、系统的总结。这种总结涉及面广，纵观全局，是定期就必须做的总结。专题总结是就思想政治教育工作中的某一方面或问题做出总结，内容较为集中，也比较细致、深刻。

(2)思想政治教育总结方法的操作程序

第一，坚持理论与实际相结合，进行深入调查。经验的总结一定要以马克思主义理论为指导，把握正确方向，从实际出发，悉心听取实践中的呼声，不能偏听偏信；充分尊重调查结果，实事求是，从中引出经验教训。

第二，明确根本目的，探求客观规律。衡量总结做得好不好，关键看是否发现了规律性的东西，以及这些规律的价值。不能只是简单地对过程进行回顾，将材料进行简单堆砌，而是要找到能够揭示规律的经验、方法和原则。

第三，围绕成绩、问题深入进行原因分析。这个过程就是总结经验教训的过程，是对何以取得成绩或遭受失败、挫折的认识。要善于在对各种原因进行分析的基础上，着重揭示主要的、本质的原因。

第四，对自己和他人的过去经验进行合理借鉴。在对新的经验进行总结的过程中，借鉴自己已有和别人的经验，可以丰富、深化新的经验，使认识更为充分、深刻。

---

① 邓小平文选(第二卷)[M].2版.北京：人民出版社，1994：113-114.

(3)思想政治教育总结方法的运用要求

第一,所谓全面是相对而言的,并不是说要面面俱到,要善于抓住主要问题,有重点地进行总结,还要根据不同目的,使总结的内容有所区别。第二,做专题总结选题要精,开拓要深,使其揭示的规律性东西和由此产生的指导意义更为鲜明。第三,全面总结与专题总结相结合。正确的经验与错误的经验同等重要,总结要入木三分,切忌走形式,做表面文章。

第六章

思想政治教育的矛盾方法

作为马克思主义唯物辩证法的基本概念，矛盾即对立统一，指事物内部的对立双方所包含的既相互排斥又相互依存、既对立又统一的关系。唯物辩证法认为，矛盾存在于一切事物之中，是事物运动变化的内在根据，矛盾推动着事物的变化发展。思想政治教育作为一项教育实践活动，也存在诸多矛盾，正是因为矛盾的作用，推动着思想政治教育不断向前发展。思想政治教育的矛盾方法就是在思想政治教育中运用矛盾的原理和规律发现问题、分析问题和解决问题的方法。

一、思想政治教育的矛盾分析法

矛盾无处不在、无时不有，思想政治教育系统也存在诸多矛盾，因此，要运用矛盾的观点发现问题、分析问题、解决问题。只有对思想政治教育过程中的各种思想行为现象和矛盾问题做出有针对性的分析，才能做到情况明、思路清。

（一）思想政治教育矛盾分析法的内涵和特点

思想政治教育矛盾分析法是矛盾对立统一的原理在思想政治教育中的应用，把握思想政治教育矛盾分析法，需要从马克思主义唯物辩证法的理论原点出发去认识，正确理解其深刻内涵和突出特点。

1. 思想政治教育矛盾分析法的内涵

思想政治教育的矛盾分析法，是指运用矛盾对立统一的原理和规律观察、分析思想行为现象的科学方法。矛盾分析法是马克思主义矛盾学说在思想政治教育中的应用，是矛盾对立统一原理在思想政治教育领域的方法论要求，“对立统一规律提供了人们认识世界和改造世界的根本方法——矛盾分析方法”①。思想政治教育矛盾分析法是遵循了马克思主义唯物辩证法的规律要求而总结出的科学方法，是矛盾对立统一原理的根本方法要求和唯物辩证法的重要表现形式。正确理解思想政治教育矛盾分析法，有以下要义：一是思想政治教育矛盾分析法的理论依据来源于矛盾对立统一的原理，马克思主义矛盾学说奠定了思想政治教育矛盾分析法的理论基础。二是思想政治教育矛盾分析法主要针对的是人的思想和行为等。三是思想政治教育矛盾

① 《马克思主义基本原理（2021年版）》编写组. 马克思主义基本原理（2021年版）[M]. 北京：高等教育出版社，2021：34.

分析法是矛盾对立统一原理的方法论要求，从方法的层次结构上看，属于哲学方法层面。矛盾分析法对思想政治教育其他方法的运用具有指导作用。

2.思想政治教育矛盾分析法的特点

思想政治教育矛盾分析法具有思想政治教育方法的一般特点，但也有其特殊性。其主要特点有：

第一，抽象性。由于思想政治教育矛盾分析法的理论基础是马克思主义矛盾哲学，“源于马克思主义的唯物辩证法”[①]，具有强烈的哲学思辨逻辑，无论是在方法的内涵界定、理论阐释还是实际使用方面，都具有哲学的抽象性。因此，在使用思想政治教育矛盾分析法时需要具备一定哲学知识和辩证法思维背景。

第二，基础性。在思想政治教育方法体系中，矛盾分析法具有基础性地位。一方面，在思想政治教育实践中，一切思想行为现象或问题都首先需要正确认识它，因此矛盾分析法是思想政治教育中最可能首先运用的方法。另一方面，矛盾分析法为其他方法提供指导，具有思想方法的属性。可以看到，在使用思想政治教育常用的方法，如理论教育法、实践教育法、批评与自我批评的方法、榜样示范法、自我教育法等时，同时要有矛盾分析法的介入，“矛盾分析法是贯穿于思想政治教育方法论的核心方法，为其他方法提供方法论指导，在这些方法运用的不同阶段，矛盾分析法为其解决矛盾指引方向”[②]。

第三，动态性。矛盾分析法和其他思想政治教育方法一样，都是在理论和实践中不断创新发展的。这种动态性特点表现为：虽然矛盾分析法的实质内涵不变，但矛盾分析法随着时代的发展变迁在表现形式和使用方式上会发生变化，这本身也符合唯物辩证法的原理。

（二）思想政治教育矛盾分析法的作用

思想政治教育矛盾分析法具有矛盾对立统一的辩证法思维特质，是思想

---

① 王平.马克思主义思想政治教育主要方法论[M].2版.长春：东北师范大学出版社，2015:57.

② 王平.马克思主义思想政治教育主要方法论[M].2版.长春：东北师范大学出版社，2015:55.

政治教育方法论最为核心、最为根本的方法,在思想政治教育理论和实践中发挥着重要作用。

1.有助于人们学习和掌握辩证思维方法

思想政治教育矛盾分析法,本质上是矛盾原理的方法论要求,是矛盾对立统一、矛盾普遍性特殊性原理、主次矛盾和矛盾主次方面原理等在思想政治教育中的呈现。矛盾分析法包含了矛盾原理的精髓,即对立统一的辩证思维,这种辩证思维不论是观察、分析思想政治教育问题,还是观察、分析自然界和社会问题都是适用的。对立统一的辩证思维对思想政治教育主体、客体认识思想政治教育过程中存在的各种矛盾,如主体与客体之间的矛盾、教育目标与受教育者思想状况之间的矛盾等都具有重要的指导作用,对于防止思想政治教育过程中的片面性、盲目性,正确区分事物的性质乃至方法的选择都具有重要启示。加强对思想政治教育矛盾分析法的学习和使用,有助于人们学习和掌握辩证思维,更加科学地认识世界、改造世界。

2.有助于正确分析和把握思想政治教育问题

同自然界和人类社会其他事物一样,思想政治教育也存在着矛盾,其内部和各个环节也都贯穿着矛盾。思想政治教育工作本身就是一个充满矛盾的领域,就是一个观察矛盾、揭示矛盾、分析矛盾、协调矛盾和促使矛盾转化以求矛盾解决的过程。思想政治教育矛盾分析法,遵循了矛盾对立统一的根本规律,是分析问题和解决问题的"科学秘钥"。思想政治教育是做人的工作,思想政治教育过程中可能存在这样那样的问题,矛盾分析法的应用就是分析思想政治教育过程存在的各种矛盾问题,提出解决矛盾问题的方法。从系统论的角度看,思想政治教育是一个复杂系统,主体、客体、介体、环体等各个要素之间存在着矛盾,存在着不协调的地方。从过程论角度看,思想政治教育整个过程存在一系列环节,如先是认识思想政治教育基本情况,然后进行思想政治教育决策判断,再进行思想政治教育实施,最后反馈,整个过程也都存在一系列矛盾。这些都需要运用矛盾分析法,矛盾分析法可以使教育者和受教育者在面对各种矛盾的时候做到心中有数,懂得有矛盾是正常的,是事物发展过程中必然出现的。矛盾分析法的应用可以使教育者及时发现矛盾，并在解决矛盾时兼顾到各方的利益、观点，可以使教育者和受教育者对解决矛盾的结果形成共识。

3.有助于推进思想政治教育方法创新发展

矛盾分析法是思想政治教育方法之“方法”，应用在思想政治教育过程中，为人们观察和分析思想政治教育现象、问题提供了重要的方法路径，同时其作为“人们认识世界和改造世界的根本方法”，又为思想政治教育过程中其他方法的应用提供了方法指导。事实上，思想政治教育从观察、分析教育对象的思想行为或是思想政治教育问题开始，到具体教育过程的实施，再到教育目标和任务的实现，整个过程涉及的环节较多、要素较多，有时需要使用多种方法和手段，一个思想政治教育矛盾、问题的解决也需要多种方法和手段。如就党史学习教育来说，包括了专题学习，宣传宣讲，专题民主生活会、组织生活会，开展“我为群众办实事”实践活动等内容，这些教育内容事实上使用了多种教育方法和手段。再比如，开展社会主义核心价值观教育，在分析受教育者基本情况的基础上，也还需要其他教育方法才能实现教育的目的。使用矛盾分析法分析这些教育“事件”或任务，可以清晰地了解受教育者的情况、受教育者的思想矛盾以及思想政治教育中可能存在的矛盾问题，而正是因为有了矛盾分析法的使用，才知晓后续还将需要使用何种方法完成教育任务。因此，思想政治教育的许多方法都是以矛盾分析为基础的，如说理教育、引导教育、渗透教育等，本质上就要求分析矛盾，辩证地认识事物。思想政治教育矛盾分析法为思想政治教育其他方法的使用提供了思维启发，从这个意义上说，矛盾分析法的应用，有助于思想政治教育方法的创新发展。

（三）思想政治教育矛盾分析法的基本要求

在运用思想政治教育矛盾分析法时，需要注意把握好以下几点。

1.发现思想矛盾

马克思说：“意识在任何时候都只能是被意识到了的存在，而人们的存在就是他们的现实生活过程。”①社会存在决定社会意识，人们的思想意识总是一定社会物质生活的反映，社会物质生活条件的不同，如人们生存的社会条件的不同、社会地位的不同、受教育程度的不同、生活状况的不同等，也带来人们思想意识的不同。由于人们的思想状况不同，在开展思想政治教育时就必须首先分析人们的思想现象。因此，在接触到的大量思想信息中，要善于从各种各样的、似乎模糊杂乱的思想现象中发现其内部的联系，找出本质的差异，分析思想现象中包含的矛盾两个方面及其相互关系，揭示出思想矛盾的实质。矛盾是普遍存在的，人们表现出的各种思想现象中，也必然存在各种各样的矛盾问题，运用矛盾分析法就是要分析各种思想信息背后隐藏的思想矛盾问题，这是思想政治教育工作开展的首要和核心问题。发现思想矛盾是使用思想政治教育矛盾分析法的基本功，只有善于发现隐藏的思想矛盾问题，特别是带有普遍性的思想倾向和个别突出的思想现象问题，正确分析思想矛盾问题，才能为解决思想矛盾奠定基础。

2.区分不同性质的思想矛盾

发现了思想矛盾，还要对思想矛盾的性质进行区分，这是正确解决思想矛盾的前提。区分不同性质的思想矛盾，关键是区分两类不同性质的思想矛盾，即敌我之间的思想矛盾和人民内部的思想矛盾。前者具有对抗性，是分清敌我的问题；后者具有非对抗性，是分清是非的问题。一方面，我国是社会主义社会，由于剥削阶级作为一个阶级被消灭，阶级矛盾已经不再是我国社会的主要矛盾，人民内部矛盾上升为社会主要矛盾。党的十九大报告指出，中国特色社会主义进入新时代，我国社会主要矛盾已经转化为人民日益增长的美好生活需要和不平衡不充分的发展之间的矛盾。这就决定了我国现阶段存在的思想矛盾大部分已经不是敌我之间的思想矛盾，而是人民内部的思想矛盾。另一方面，我国社会主义社会仍处于初级阶段，也就是不发达阶段，多种经济成分并存，剥削阶级的思想意识影响仍存在，特别是西方资本主义

① 中共中央马克思恩格斯列宁斯大林著作编译局.马克思恩格斯选集(第一卷)[M].3版.北京：人民出版社，2012:152.

意识形态的渗透,促使阶级斗争在我国一定范围内还存在,有时还会在一定条件下激化。因此,敌我之间的思想矛盾仍然会存在,不容忽视。在当前国际话语体系"西强东弱"并未改变的情况下,各种思想文化交流交融交锋,意识形态斗争激烈,敌我之间的思想矛盾压力较大,必须时刻警惕。

由于两类思想矛盾的性质不同,因此,在运用矛盾分析法分析两类思想矛盾时要注意两个问题:一是不能混淆两类性质不同的思想矛盾。既不能滥用阶级分析法来分析人民内部的思想矛盾,在人民内部大搞"阶级斗争扩大化";也不能用分析人民内部思想矛盾的方法来分析评判敌我之间的思想矛盾,否定敌我之间存在的不可调和的思想矛盾,在意识形态斗争领域"缴械投降"。二是坚持用矛盾分析法分析人民内部思想矛盾。人民内部的思想矛盾虽然不具有对抗性,但也存在先进与落后、积极与消极、正确与错误之分,在面对人们有"负面"的思想或是"有问题"的思想时,仍然要开展思想斗争,帮助他们改正错误思想认识,提高思想觉悟。

3.把握思想矛盾的特性

在发现思想矛盾之后,要对思想矛盾的特性进行分析。一是要分析在诸多思想矛盾中起主要作用的思想矛盾。主次矛盾原理告诉我们,在诸多思想矛盾中,必有一个思想矛盾是居于主要地位的。因此,矛盾分析法的一个重要任务是找到主要的思想矛盾。在纷繁复杂的思想政治教育信息中,需要找到在其中起主要作用的思想矛盾,在思想政治教育过程中,我们也要找到在其思想中起主要作用的思想矛盾,受教育者接不接受批评教育,关键是能不能找到其思想矛盾的症结,如果找到了起主要作用的"思想疙瘩",受教育者自然乐于接受批评,反之,则拒绝接受批评。而要找到其中的主要思想矛盾就需要采用分析、比较的方法,把各种思想矛盾集中起来进行比较,从各种思想矛盾的相互联结和相互关系中,发现和确定主要的思想矛盾和次要的思想矛盾。二是要分析主要思想矛盾的主要方面。毛泽东说:"矛盾着的两方面中,必有一方面是主要的,他方面是次要的。其主要的方面,即所谓矛盾起主导作用的方面。事物的性质,主要地是由取得支配地位的矛盾的主要方面所规定的。"[①]人们思想发展的过程和思想状态，是由主要思想矛盾的主要方面决定的。因此，为了把握受教育者的思想状况以及某个群体的思想状况，必须对其主要思想矛盾的主要方面进行分析。分析主要思想矛盾的主要方面，一方面是要通过矛盾双方相互地位和作用的比较，看看在思想矛盾中，哪一方面起主要的、支配的作用，哪一方面居于次要的、被支配的地位，受另一方支配，从而确定主要思想矛盾的主次方面。另一方面，对主要思想矛盾的主要方面进行分析，明确它的性质和特点。分析是正确的思想还是错误的思想居于主导地位，从而为更好地开展思想政治教育奠定基础。

4.注意思想矛盾的转化

在思想政治教育中，要注意运用矛盾分析法，分析清楚哪些是主要的思想矛盾、哪些是主要思想矛盾的主要方面，同时要重视把握主要思想矛盾次要思想矛盾以及主要思想矛盾主次方面发生转化的可能，特别要注意分析发生转化的条件。把这些分析清楚了，我们就可以把握思想矛盾向哪方面转化。说到底，思想政治教育做人的工作，本质上是要实现人的思想矛盾的转化，把思想矛盾向好的方面转化、向积极的方面转化、向先进的方面转化，也正是在不断的转化中，思想政治教育工作实现了质的飞跃，达到了预期效果，增强了思想政治教育的实效性。

二、思想政治教育的矛盾预防法

预防，在汉语词典中有预先防备的意思。《方法大辞典》对预防的解释是"一种德育方法，指在深入调查研究的基础上，及时抓住思想苗头，进行思想教育，将各种不正确的思想消除在萌芽状态中，使它不能由轻发展到重，由小发展到大，由点发展到面。这是使思想教育工作变被动为主动，防患于未然的好方法"[②]。在这里，预防被视为思想政治教育的一种重要方法。古语"为之于未有，治之于未乱""凡事预则立，不预则废"都表达了未雨绸缪，凡事要

---

① 毛泽东选集(第一卷)[M].2版.北京：人民出版社，1991:322.

② 刘蔚华，陈远.方法大辞典[M].济南：山东人民出版社，1991:581-582.

有预见性、有所准备的重要思想。思想政治教育矛盾预防法是在吸收我国古代思想文化智慧和矛盾学说基础上提出的重要方法，是思想政治教育矛盾方法的重要类型。矛盾预防法与矛盾分析法一脉相承、息息相关，都是从矛盾的观点出发、针对人的思想矛盾问题而形成的思想政治教育方法。

（一）思想政治教育矛盾预防法的内涵和特点

中医主张"上医治未病"，讲的就是事先采取相应的措施，防止疾病的发生发展，强调发挥预防性医学在人类健康中的作用。思想政治教育也应在思想矛盾问题产生之前，就有预防性的举措或是采取事先的思想教育。

1. 思想政治教育矛盾预防法的内涵

思想政治教育矛盾预防法，是指用有预见性的眼光预测人们可能或将要发生的思想矛盾问题，事先进行思想政治教育，防止和避免错误思想行为发生或产生不良事件后果的方法。把握思想政治教育矛盾预防法，有以下要义：一是矛盾预防法中的"预防"所作用的对象是人的思想矛盾问题，不是阶级矛盾、人际关系矛盾等问题，与战争冲突、应急管理、风险评估、天气预报等领域所针对的对象不同。因此，思想政治教育矛盾预防法与这些领域的预防工作法有区别。二是思想政治教育矛盾预防法要避免的结果有两种情形，第一种是错误思想行为的发生，第二种是由错误思想认知产生的不良事件后果。有时这两种情形是交叉融合在一起的，都是需要避免的情形。三是矛盾预防法在预知可能发生的风险后，所采取的举措是事先性的思想政治教育，不是无所作为。如果只是预知了可能产生的问题，而不主动采取任何积极行为，那也不能称为预防，只能称为"预而不防"，或者说只是预测、预报，还没有上升到预防的自觉自为高度。

2. 思想政治教育矛盾预防法的特点

第一，潜隐性。思想政治教育矛盾预防法往往是问题发生之前所采取的方法或举措，预防方法运用及时、使用合理，可避免坏的结果或某种不想要的结果的产生，即未产生影响思想政治教育运行实施乃至社会问题的不良后果。有时,虽矛盾预防法运用了,但因为没有相关问题的触发,而难以感觉到矛盾预防法的价值,一般要在避免了足以引起人们高度重视的后果后才会有所察觉。因此,思想政治教育矛盾预防法的运用具有潜隐性。

第二,前置性。预估了可能发生或将要发生的思想矛盾问题后,为了避免不想要的结果发生,需要提前做好工作,这里的工作主要是思想政治教育。即通过思想政治教育,对可能发生或将要发生的思想矛盾问题进行干预,通过干预性的举措,思想矛盾问题得到缓解或得到彻底消除。因此,思想政治教育矛盾预防法具有前置性特点,须在事先的情形下运用。

第三,时效性。可能发生或将要发生的思想矛盾问题从预测到发生有一定的时间差,但这个时间差一般不长,因此,为避免其发生,需要在这个时间差内采取干预措施,即通过思想政治教育方法和手段,提前做好相关思想矛盾问题主体的思想政治工作。只有在相应的时间内做出应急反应,做好防备性工作,才能避免风险的发生。否则,处理问题的"窗口期"过了,所采取的措施便不再有效,思想矛盾问题也就发生了。因此,思想政治教育矛盾预防法的时效性特点要求必须在最佳的时间内完成提前性的思想政治教育,由此才可能取得预防的效果。

(二)思想政治教育矛盾预防法的作用

由于矛盾预防法是在思想矛盾问题产生之前使用的方法,极大地避免了思想政治教育可能产生的各种矛盾问题和负面影响,因此它对思想政治教育有着重要作用。

1.增强思想政治教育的先导性

行军打仗,要未雨绸缪,提前做好准备工作,才能有更多胜算;高手下棋,走一步看三步乃至观全局,讲的也是要有预见性的道理。对于思想政治教育来说,也是如此。人们的思想意识、精神状况、行为举止随时都在变动,要对人们的思想行为做出准确的研判,防止错误思想的发生、消极思想的出现,就必须对人们的思想矛盾问题做出预判。因此,要运用矛盾预防法,积极发现教育对象的思想、行为变化，把握思想发展变化的规律，有效防范思想问题的发生，努力把人们的思想导向正确方向。

2.提高思想政治教育的主动性

矛盾预防法，就是要重点预防受教育者的思想矛盾问题。预防的本质是把工作做在前面，抓早抓小，对人们思想中有苗头性、倾向性的问题，通过思想政治教育，做到化解或消除，避免其进一步滋生或发展。预防教育，尽力减少或避免了思想问题的发生，引导人们少犯错误或不犯错误。这种预防性的思想政治教育，就是一种主动积极的教育，如果思想问题都发生了或是社会后果都产生了，思想政治教育就是一种被动教育、应急教育，是“事后教育”，显然没有思想政治教育的“主动作为”。因此，往往在很多情形下，正是因为没有“主动作为”的思想政治教育，才发生了这样那样的思想问题，甚至引起社会的不稳定。矛盾预防法通过提早前置的正面教育，增强人们思想上的“免疫力”，使其可以有效抵御错误思想的侵蚀，自觉用正确思想战胜错误思想。

3.强化思想政治教育的有效性

思想政治教育是经济工作和其他一切工作的生命线，是为党治国理政服务的，开展思想政治教育就是为了营造良好的思想政治环境，推动社会稳定和各项事业的发展。思想政治教育一方面是要把社会所要求的思想意识、道德准则内化为人们的自觉行为，另一方面是要防止和抵制群体与个人可能发生的错误思想行为。防止错误思想行为的发生，可以营造正面的社会思想环境，发挥思想政治教育思想保证、精神支撑和政治保障的作用。矛盾预防法，通过预防性思想政治教育，防患于未然，有效地传递社会所要求的思想意识、道德准则，促进社会的思想统一、意志统一、行动统一。如果思想政治教育囿于头痛医头、脚痛医脚，缺乏实效，疲于应付，满足于“救火式”思想教育，势必造成恶性循环。要真正变恶性循环为良性发展，须着力于矛盾预防教育，增强思想政治教育的有效性。

(三)思想政治教育矛盾预防法的主要方式

根据思想政治教育矛盾预防法的性质和特点,常见的分类主要有以下几种:

1.普遍预防法和重点预防法

普遍预防法,是指针对大多数人可能出现的思想矛盾问题,事先进行教育,避免错误思想行为的大范围产生,引发不良社会后果。在社会转型、体制改革、政策调整或是舆论发生变化、重大事件发生的时刻,人们往往容易发生带有共性的思想矛盾问题。这时的思想矛盾问题,如果不是朝着正确的方向发展,极易引发社会的重大风险。因此,必须及时针对刚刚出现的问题和可能发生的不良倾向进行教育、引导,把人们的思想、舆论导向正确方向。在20世纪90年代初,随着苏联解体、东欧剧变,社会主义运动在世界范围内陷入低潮。世界社会主义运动发生的严重曲折对我国产生了负面影响,社会上有人对社会主义前途缺乏信心,有人对改革开放产生怀疑,提出姓"资"还是姓"社"的问题,面对国际风云变幻带来的人们思想的困惑与矛盾,党中央及时做出普遍性的预防教育,邓小平发表了南方谈话,对如何继续推进改革开放、计划和市场的关系问题、坚持四项基本原则问题、社会主义发展问题提出了一系列全新思想,驱散了人们思想上的迷雾,深刻回答了长期困扰和束缚人们思想的许多重大问题,实质也是一次普遍的思想政治教育。正是开展了有针对性的普遍性预防式教育,人们的思想认识提高了,才会更加坚定地走社会主义道路和改革开放之路。

重点预防法是指对重点的人群和事件以及关键时期可能出现的问题,及时进行思想政治教育,防患于未然的一种方法。在任何社会,都可能有需要重点关注的人群、事件、问题,这就需要有重点地进行矛盾预防。我们不可能,也不需要对每个人、每件事、每个问题进行分析和判断,只能抓住重点的人、重点的事情、重点的问题、重点领域、重要时间点进行重点预防。如在社会的整体思想政治教育中,我们需要对重点人群如党员干部、青年学生等群体进行思想政治教育,不是说他们的思想状况有问题,而是他们的群体特点要求重点进行思想政治教育。还有在发生重大事件时，如新冠疫情暴发时，面对突如其来的病毒扩散蔓延，人们难免会感到害怕、恐惧，在这样的关键时刻，需要及时做好重点预防教育，加强科学防治教育，引导人们不信谣、不传谣。思想政治教育要重点“抓人”，关注思想上后进的人，纪律上松弛的人，生活上困难的人，有针对性地做好重点预防工作，防止发生意外，保证社会的稳定和各单位各项工作顺利进行。

2.明示预防法和暗示预防法

明示预防法，是指以正面直接的方式，明确地跟受教育者讲明道理，提出要求，主动设防的方法。这种方法一般是在错误苗头、倾向性问题开始出现并逐步发展，情况比较紧急的情况下采用。如在突发公共事件时，为了避免谣言四起、负面舆论失控，就需要及时采用明示预防法，讲清道理、晓以利害、主动防范。明示预防法有两种方式，即书面明示和口头明示。书面明示，即以文件、通知、告示等书面形式，提出思想和行为要求，明确应遵循的要求。书面明示的特点是严肃规范、传输准确。书面明示的重点是明确禁止的行为、提出相关要求。口头明示，是通过会议、谈话、交往等形式，以口头方式提前给教育对象讲明道理，提出明确要求。口头明示的特点是迅速直接、灵活方便。口头明示可以用于群体预防和个体预防。群体预防，主要是通过会议、通报的形式开展集体性预防教育，动员群体自觉遵守预防的要求。个体预防，主要是通过谈话、提醒等，使受教育者意识到可能发生的思想问题，有针对性地做好预防工作。

暗示预防法，是指以委婉含蓄的方式对受教育者施加影响，使受教育者自觉或不自觉地避免错误思想行为的发生。暗示预防法，一般是在情况比较复杂，错误思想行为倾向还比较轻微且发展尚不明确或思想行为表现异常的情况下使用。如某个个体的思想行为异常但尚未发展到需要明确提出思想要求时可以采用暗示预防法，集体内部影响大局、团结的苗头倾向出现时也可以采用暗示预防法。暗示预防法的特点是具有隐蔽性，通过暗示的方式让受教育者启发自觉，避免错误思想行为的发展。常用的暗示预防法有目标暗示法、舆论暗示法。目标暗示法是指通过设定目标暗示错误思想与目标相背离，引导受教育者避免思想出错、行为出偏。舆论暗示法，是指通过制造正确舆论，抑制消极因素，使受教育者的思想行为潜移默化地受到正确舆论的影响。

明示预防法和暗示预防法，具有局限性。在使用时一定要注意教育对象和教育条件，根据实际情况使用，不能不讲条件地乱用。否则，可能引起猜测、反感，造成思想混乱和社会秩序的不稳定。

3.启示预防法和警示预防法

启示预防法，是指针对可能发生的问题，以侧面间接的方式启发受教育者思考和觉悟，提示受教育者避免思想行为错误的方法。启示预防法，主要是通过设置启示标的物，使受教育者从中得到启示，以此获得思想行为上的正确方向。启示预防法，一般是在情况比较明了或教育对象思想行为状况良好的情形下采用。启示预防法主要有提问设悬式、旁敲侧击式、投石问路式三种方式。主要介绍如下：(1)提问设悬式。提问设悬式是指通过提问设置一定的悬念，让受教育者接受提问并从中获得一定的启示的方法。提问设悬式是以问题设置的形式给予启示启发，因此，根据不同的情况，可以提出不同的问题和假设，以达到启发、预防的目的。(2)旁敲侧击式。旁敲侧击式是指不用直接明了的方式，而采用迂回曲折的方式对受教育者的思想行为给予启示启发的预防方法。在思想政治教育工作中可能会遇到受教育者思想固执、性格乖僻、心理逆反的情况，这时采用旁敲侧击式的预防教育效果会比较好。比如，在对情绪比较激动、遭遇重大挫折的大学生开展思想政治教育时，采用旁敲侧击式的方法会比较好。(3)投石问路式。投石问路式是指通过试探性方式了解受教育者的思想行为情况，根据实际情况创造启发引导条件的方法。这种方法适用于无法立即了解受教育者思想行为状况的情况。

警示预防法，就是对可能出现的危害严重的思想行为给予警告性提示或明令禁止的预防方法。警示预防法，就是明确思想行为要求，通过具有威慑性的警示语言给予受教育者思想行为教育。警示预防法一般用于可能造成恶劣后果，群众极力反对的思想和行为，如破坏公共安全的思想和行为，导致社会不稳定的思想和行为。

三、思想政治教育的矛盾化解法

如果说矛盾分析法是分析思想矛盾的存在与否、具有什么样的特点，矛盾预防法是预防思想矛盾的发生发展，那么矛盾化解法则是回答思想矛盾发生后“怎么办”的问题。三者之间存在密切关联，是事物发展过程中按照发生发展规律与时间先后顺序所构成的有内在逻辑关系的方法链体系。

（一）思想政治教育矛盾化解法的内涵和特点

思想矛盾产生了，必然要有解决问题的办法。思想政治教育是一个大系统，显然有着各种矛盾问题，有时甚至会引发社会问题，这些都需要有相应的解决策略。思想政治教育矛盾化解法聚焦于思想政治教育矛盾问题的化解，是应对思想矛盾冲突的有效方法，在思想政治教育方法体系中具有重要地位。

1. 思想政治教育矛盾化解法的内涵

思想政治教育矛盾化解法是指针对人们的思想矛盾和行为激化状态，通过建立健全制约机制和宣泄渠道，调节矛盾产生的条件，减少和削弱矛盾导致的震荡和破坏而采取的一种方法。把握思想政治教育矛盾化解法，有以下要义：第一，矛盾化解法使用的前提条件是人们的思想矛盾和行为已经出现并呈激化状态。如果人们的思想矛盾和带有倾向性的行为只是出现了，思想矛盾和行为并没有激化，也就不存在采用矛盾化解法的问题，只有思想矛盾和行为已经激化，并且带来了一定的危害，才需要使用矛盾化解法。第二，矛盾的化解不是杂乱无章的，而是依据思想矛盾的特点和产生的条件提出的，是有规律可循的。因此矛盾化解的方法存在于思想矛盾产生的条件和发生发展的规律之中。第三，矛盾化解法是思想政治教育矛盾方法的一种，其化解的思想矛盾主要是人民内部矛盾，敌我矛盾或是阶级矛盾则不适用于思想政治教育矛盾化解法，事实上，矛盾化解法也无法化解具有对抗性或不可调和性的敌我矛盾或阶级矛盾。

2.思想政治教育矛盾化解法的特点

根据思想政治教育矛盾化解的过程环节及要素构成情况，思想政治教育矛盾化解法的特点主要有：

第一，时序性。矛盾化解方法是在思想矛盾和行为产生之后为避免矛盾的进一步扩大、破坏进一步增大，而采取的调解方法。因此，矛盾化解法具有时序性，需要遵循一定的时间顺序，是在思想矛盾激化后运用的，目的是使激化的思想矛盾和行为得到缓和，消除不良影响。

第二，复杂性。人们的思想和行为的形成是一个复杂的过程，特别是矛盾冲突累积到一定阶段，激化后形成的思想行为就更为复杂。一般来说，大多数人不会有意寻求矛盾冲突，而会在某种程度上力求退让，避免矛盾升级。但是，生活中的矛盾总是难免的，当人们之间的矛盾积累到一定的限度，这时候矛盾冲突就无法避免了。矛盾化解法化解矛盾冲突，也因矛盾冲突的复杂性，需要采取不同的方式和手段，在矛盾化解的不同阶段会有不同的方式，因此呈现出方法的复杂性。

第三，实践性。与思想政治教育矛盾分析法的抽象思辨相比，矛盾化解法具有鲜明的实践性。无论是化解人与人之间的矛盾冲突，还是化解社会的矛盾冲突，矛盾化解法都是在实践中应用，在化解矛盾冲突中而存在。如在面对学生人际关系矛盾冲突时，需要矛盾化解法的直接应用，调解好学生与学生之间的纠纷；在面对群众纠纷矛盾冲突时，可运用矛盾化解法化解，使冲突的双方都能接受调解的结果。

（二）思想政治教育矛盾化解法的作用

思想政治教育矛盾化解法是在思想矛盾问题产生之后，引发了相应社会问题之时使用的方法，是思想政治教育实施中存在的现实问题的解决之道，对开展思想政治教育具有极其重要的作用。

1.有利于化解人民内部矛盾问题

所谓人民内部矛盾,是指在根本利益一致基础上的人民内部范围内所发生的、非对抗性的社会矛盾。人民内部矛盾包括工人、农民、知识分子之间的矛盾,国家、集体、个人利益的矛盾,中央与地方的矛盾,民族之间的矛盾,当前利益与长远利益的矛盾,领导与群众的矛盾,民主与集中、纪律与自由、先进与落后、正确与错误等等矛盾。中国特色社会主义进入新时代,随着社会主要矛盾的转化,人民内部矛盾也有了新的变化。这种变化体现在,以往人民内部矛盾更多地体现在经济领域,现在人民内部矛盾还体现在政治、文化、社会、生态等领域,如人民期盼有更好的教育、医疗、住房、社会保障、生态环境等,虽然这些方面的发展水平在不断提升,资源不断丰富、结构不断优化,但离人民群众的期盼还有距离。同时,因社会治理还有短板,也产生了一些人民内部矛盾的新问题。在人民内部矛盾呈现新形式新形态的情况下,需要发挥矛盾化解法在调控情绪、调整心态、缓解冲突等方面的作用,引导人们形成理性平和的社会心理,促进社会文明程度的提升。

2.有利于开展应急性思想政治教育

应急性思想政治教育是相对日常性思想政治教育而言的,后者是在平时正常秩序下对人们进行的平稳有序的经常性思想政治教育,前者则是“在自然灾害、事故灾难、公共卫生事件和社会安全事件等(特)重大突发事件应对中思想政治教育的紧急运行状态”[①]。两种思想政治教育实践形态都是人们在实践中对思想政治教育规律认识和把握的结果,共同构成了思想政治教育的常见表现形态。当具有严重社会危害性的重大突发事件频发,极大破坏了人们日常生产生活的正常秩序,超出日常性思想政治教育的作用范围和处置能力时,应急性思想政治教育就有必要“出场”。思想政治教育矛盾化解法属于应对矛盾冲突时使用的应急方法,其化解矛盾冲突的方式方法为应急性思想政治教育作用的发挥提供助力,能够发挥化解矛盾、缓解冲突、舒缓情绪、解决困难、维护稳定和促进发展的作用。

---

① 张毅翔.新时代思想政治教育实践形态的辩证发展[J].马克思主义理论学科研究,2021,7(1):96.

3.有利于增强思想政治教育回应力

思想政治教育通过做人的工作解决人的思想行为问题及人所涉及的政治、经济、文化、社会、生态等各方面关系问题。思想政治教育服从服务于社会发展,能在社会发展中发挥多大作用,取决于思想政治教育在多大程度上对社会相关问题做出回应(包括发现问题、分析问题、解决问题),这就涉及了思想政治教育回应力的问题。思想政治教育回应力,是指"思想政治教育在应对社会变化和思想政治教育外部社会条件改变带来的冲击过程中所体现的回应能力"①。思想政治教育回应力包括思想政治教育对社会空间的参与力、对社会事件的解释力和对社会成员的影响力。思想政治教育有时被抛出"无用论"或是被"边缘化",在于思想政治教育一定程度上存在解释力不够、回应力不足等问题,不能对社会的实际问题提出富有可操作性的应对举措。在这种情况下,可能会导致思想政治教育工作者和理论研究者信心不足等问题。思想政治教育矛盾化解法是可直接用于化解思想矛盾和社会矛盾问题的思想政治教育方法,其所包含的化解矛盾的具体工作方法,有助于让人们以"看得见的形式"受益于实际问题的解决、矛盾冲突的化解,有利于增强思想政治教育回应力。

(三)思想政治教育矛盾化解法的具体实施

思想矛盾积累到一定阶段,必然爆发,思想矛盾的爆发激化可能会引起程度更为剧烈的冲突。因此,思想政治教育矛盾化解法分为调解矛盾和处理冲突两个方面。

1.调解矛盾,防止激化

矛盾无处不在、无时不有,有些矛盾,如果发现早,或者及早介入干预,那么矛盾也就会得到缓和。因此,思想政治教育矛盾化解法,首要的是察觉矛盾,一旦有了矛盾,就想方设法调解矛盾,避免矛盾的激化。

第一,调控对立情绪。思想矛盾的激化,最初表现为情绪的对立。而情

① 叶方兴.论提升思想政治教育的社会回应力[J].思想理论教育,2015(3):61.

绪的对立，也容易引起矛盾的激化，正所谓“一‘触’即‘发’”。人的情绪具有非理性的一面，如果非理性占了上风，就容易产生情绪的冲动，甚至“非黑即白”的错误想法。特别是在涉及个人切身利益的问题上，人们更容易冲动。因此，调控情绪，消除诱发因素，是缓解矛盾的第一步。

第二，加强心理疏导。思想政治教育的一个重要作用是创造条件，让人们把各种不同的意见、看法和心理的话说出来，通过正常的宣泄达到缓和矛盾的目的。应让人们把想法说出来，把问题摆到“桌面上来”，宣泄情绪，并在此基础上因势利导，否则，社会矛盾和冲突必然会尖锐起来。因此，要通过一定的渠道，让负面情绪得到疏通，再通过引导教育的方法，实现矛盾的化解。注意疏和导的关系，有人认为，只要敞开心扉，把话说出来，疏导的目的就达到了，其实不然。疏是为了正确有效的导，导是疏的目的所在。疏而不导，显然没有抓到疏导的根本，也起不到作用。

第三，调整利益关系。马克思曾经说过：“‘思想’一旦离开‘利益’，就一定会使自己出丑。”[①]人们之间的矛盾很大部分是由利益关系引发的。人们总是站在自己的立场、角度考虑问题，这种立场、角度往往牵涉了利益关系问题。当人们的实际利益与所期待的有差距或是与其他的群体有差距，人们的心里就会产生分配不公的想法，当这种落差感超过了人们的承受能力，社会矛盾冲突就成为不可避免的了。如果利益关系调整得好，则矛盾也就化解了，如果处理不好，则可能导致矛盾的激化。

第四，增进人际沟通。生活中有很多的矛盾都是由于沟通不畅引起的，要么是无沟通，要么是无效沟通。由于相互不了解、不理解，人们之间就很容易产生误会、误解，久而久之，积怨过深，就容易滋生矛盾。调节矛盾，必然要加强有效的人际沟通，增进人们之间的相互了解。

2.寻求有效方法，妥善处理冲突

冲突是矛盾的升级，是矛盾可能的发展方向，有时甚至不可避免地发生

① 中共中央马克思恩格斯列宁斯大林著作编译局.马克思恩格斯文集（第一卷）[M].北京：人民出版社，2009：286.

冲突。虽然如此，冲突发生，也不应该无所作为，而应根据冲突的不同性质、程度、特点予以妥善处理。一般来说，妥善处理冲突主要有以下方式。

第一，“热处理”方法。所谓“热处理”，就是面对冲突，果断处置，迅速控制事态，最大限度地减少冲突导致的影响和破坏。对某些严重危害社会秩序的冲突，可以使用“热处理”方法，快速处置。如果一味调节，非但解决不了问题，反而会导致冲突加剧。这种方法的特点是是非清楚，果断迅速，适用于性质比较恶劣、危害比较严重的冲突。

第二，“冷处理”方法。“冷处理”是相对“热处理”而言的，是指在情况不明、是非不清而又矛盾激化在即时，先暂时“冷却”，“降温”调解，避免事态扩大，然后通过细致的工作和有效的策略，妥善解决冲突。“冷处理”的方法刚好跟“热处理”的方法相反，“热处理”是有了冲突，必须马上处置，而“冷处理”是不着急马上处置，而是让事态先降降温，之后再慢慢解决问题。“冷处理”适用于因感情不和、情绪对立、相互纠缠以及道德关系等引起的冲突。“冷处理”的具体方法有：(1)侧面引导，避免正面交锋。冲突发生后，不是马上对相关的人员、信息等采取直接的断然的举措，而是观察分析，从侧面了解情况，待情况明了之后，再进行逐步的干预。(2)权威调停，控制事态发展。冲突是具有剧烈性的矛盾激化，因此，为避免事态的恶化，可请权威人士(或冲突双方都能接受的人员)进行调解工作，发挥权威人士对冲突双方的影响力和对冲突局面的控制力。(3)妥协让步，缓和偏激情绪。冲突的化解往往需要做出一定的妥协。在不违背重大原则的前提下，做出一定程度的妥协让步，满足当事人提出的合理要求，提出有效解决问题的方式，使大事化小，小事化了。(4)冲突方亲友出面，增强处理效果。在冲突化解中，亲人、朋友对冲突双方具有较大的影响力和约束力，可通过其亲人、朋友劝说、协商的方式进行冲突的化解。

第三，隔离处理方法。隔离处理，是指将与冲突有关的人员、消息“隔离”起来，而后慢慢做工作，逐步调解矛盾的方法。这种方法适用于卷入冲突的人员可能增加、冲突主体情绪偏激、不健康的舆论可能蔓延等情况。具体方法有：(1)做好冲突主体的“隔离”，稳定冲突主体的情绪、心理，避免冲突主体的接触、交流。(2)控制负面信息的传播。冲突发生时，各种议论、传闻都会出现，容易造成人们心理上的波动。因此，需要将冲突的消息控制在一定范围，做好与冲突相关人员的工作，防止冲突扩大。(3)迅速补救，尽力恢复常态。对于因某些突发事件所引发的冲突，在其萌芽阶段，应立即补救，至少不至于使事态恶化。

第四，转移处理方法。转移处理，是指通过各种有效的措施，促使冲突参与者的注意力、情绪等实现转移，从而化解冲突。转移处理的具体方式是：(1)转移注意力。在矛盾冲突中，冲突相关人员往往很在意冲突事件本身，特别是冲突的是非曲直问题。这时，需要将冲突相关主体的注意力转移，让其不再高度关注冲突事件。(2)转移情绪。人的情绪是会"传染"的，尤其是在矛盾冲突中，如果冲突相关主体一直在冲突事件上闹情绪，不加以阻止，则其情绪化问题会越来越严重。因此，需要努力引导冲突者增强对自己行为的责任感，将其情绪由偏激转移到平和上来。

第五，调解限制方法。调解是向冲突主体晓以大义、陈述利害，化干戈为玉帛，以控制事态。调解的手段有劝告、说服等。限制，是指根据一定的规章和要求，制约双方，调解或消除冲突。如果说"调解"侧重于说服，那么"限制"则具有一定的强制性，比如，限制容易引起冲突的活动范围与规模，进行必要的纪律约束或采取监督等手段，从而使冲突主体双方或各方让步妥协，达到调解和消除冲突的目的。

第七章

思想政治教育的心理教育方法

心理教育方法是思想政治教育的重要方法，主要包括心理健康教育方法、心理疏导方法、心理危机干预方法。教育主体在思想政治教育工作中应积极主动地借鉴和引入心理学的理论与方法，帮助和引导教育对象走出心理困境，提高思想道德和心理素质。

一、思想政治教育心理健康教育方法

在思想政治教育工作中运用心理健康教育方法，不仅在促进个体发展与潜能开发方面发挥了重要作用，而且在分析思想矛盾、缓解心理困扰等方面，也发挥着积极的教育功能。运用心理健康教育方法能有效提高教育对象的心理健康水平，为教育对象个体的自我完善及全面发展提供良好基础。

（一）心理健康教育方法的内涵和特点

1989年世界卫生组织将“健康”定义为：“不仅是身体没有缺陷和疾病，而且是身体上、心理上和社会适应上的完好状态。”中共中央、国务院印发的《“健康中国2030”规划纲要》中也将“促进心理健康”作为“塑造自主自律的健康行为”的一部分。可见，“健康”是个体的生理因素、心理因素和环境社会因素交互作用的结果。

心理健康教育，是教育者根据教育对象的生理、心理发展特点，对教育对象的心理发展和社会适应施加教育影响的活动。而心理健康教育方法，就是教育者在心理健康教育活动中使用的教育方法。具体包含以下要义：其一，其目的是促进教育对象的心理健康。心理健康教育旨在引导教育对象理性地认识自己的心理，以培养其良好的心理素质和社会适应能力，帮助教育对象解决成长过程中的心理问题，实现身心全面协调发展。其二，心理健康教育的过程是动态的。一般来说，大多数心理健康问题是发展性的而非障碍性的，要以发展的眼光看待教育对象的心理健康问题，既要注意教育对象当前存在的问题，及时地开展教育活动，又要注意其长远发展的目标，帮助教育对象塑造健康的人格。其三，心理健康教育的内容是复杂多样的。人的心理是一个复杂的系统，其知、情、意、行紧密联系，心理因素和生理因素也相互影响。心理健康教育应同其他教育相结合,多角度、多层次地促进教育对象的心理健康,并注意在形式上应灵活多样,内容上应丰富开放。

第一,发展性。发展性主要是指思想政治教育心理健康教育方法应随着教育对象的发展变化而合理选择。从伯克毕生发展心理学观点来看,人的发展从婴儿期、幼儿期、小学期、青少年期,再到成年期、中年期、老年期,可见人的发展是持续终生的、多维度多方向的、高度可塑的。因此,人的心理健康是一个动态发展的过程,心理健康教育方法应根据教育对象的生理、心理发展特点合理选择。

第二,主体性。主体性主要是指在心理健康教育方法实施过程中,应充分调动教育对象参与教育活动的积极性和主动性。教育对象自己是心理健康发展的主体,离开主体的主动参与和自觉努力,对之进行的种种心理健康教育的努力都是枉费心机。

第三,平等性。平等性主要是指教育者和教育对象之间,建立一种平等尊重、相互信赖的关系。在心理健康教育方法实施过程中,营造和谐的心理氛围是必要前提,只有以平等尊重的态度对待教育对象,教育对象才能打开心扉,后续的心理健康教育措施才能奏效。

(二)心理健康教育方法的作用

心理健康教育方法能有效提升教育对象的心理素质,促进教育对象的自我完善、全面发展,从而对社会的和谐稳定产生积极重要的作用,是思想政治教育方法在新形势下的丰富与拓展。

第一,心理健康教育方法有助于人的自我完善、全面发展。思想政治教育是做人的工作,教育对象是具有生理、心理、道德和社会性情感的具体的人,人的行为在一定程度上受认知、情感、意志、个性等心理因素的影响。心理健康教育方法通过普及心理健康知识和自我心态调节技能,对人的自我意识、智力认知、情绪情感、学习效能、人际关系和社会适应等方面开展教育活动,促进人的知、情、意、行的良性发展,襄助人的社会化和健康人格的顺利形成。思想政治教育过程与人的思想品德形成过程是协同的、统一的,而人的思想品德的形成又与心理因素有十分密切的关系，可以说心理因素是人的思想品德形成的发端、形成的条件和发展的动力。因此，在思想政治教育的过程中，从某种程度上处理好心理层面的问题有助于解决思想层面的问题。

第二，心理健康教育方法有助于塑造社会成员个体健康的心理品质和健全的人格。“思想政治教育的基本任务是要帮助人们形成正确的世界观、人生观、价值观，理解和掌握道德原则和行为规范等。”[①]从个体角度而言，一方面，心理健康教育方法运用心理学理论和技术对教育对象施加一定影响，帮助其化解心理矛盾、减少心理冲突、缓解心理压力、优化心理素质、平衡个体需要，从而形成相对稳定的心理结构和积极的心理品质；另一方面，通过心理健康教育方法对教育对象进行心理潜能的开发，能引导教育对象认识社会、认识自己，从而完善个体的自我发展与人格塑造。从社会角度而言，一方面，心理健康教育方法能促进个体与他人、个体与群体、个体与社会等各种关系的协调发展，构建团结、互助、友爱、平等的和谐人际关系；另一方面，人是自然、社会和心理活动的统一体，通过心理健康教育方法对教育对象进行心理调适，是使包括经济活动在内的各种社会活动顺利进行、促进社会和谐稳定发展的必要手段。

第三，心理健康教育方法对加强和改进思想政治教育具有积极的意义。心理健康教育方法是“以人为本”的教育方法。2021年，中共中央、国务院印发的《关于新时代加强和改进思想政治工作的意见》强调，要切实加强人文关怀和心理疏导，并且要健全社会心理服务体系和疏导机制、危机干预机制。一是心理健康教育方法尊重人的主体性，激发教育对象的主体意识，关注和发挥教育对象的主体能力。二是心理健康教育方法关心人的利益，重视人的需求，能更有效地激发人的行为动机，有助于调动教育对象的积极性，使其主动参与实践活动。三是心理健康教育方法遵循人性化原则，凸显人文色彩，它从教育对象的心理需求出发，关注教育对象的自然属性和社会属性、共性和个性特质，突出人文色彩。四是心理健康教育方法尊重多样性，切实贯彻“以人为本”的教育理念，符合教育对象的自身特点和满足其现实需求。

---

① 陈万柏，张耀灿．思想政治教育学原理[M]．3版．北京：高等教育出版社，2015：65.

(三)心理健康教育方法的主要方式

当前,在心理健康教育方法的实践活动中,已形成了心理健康课程教学、团体辅导、心理咨询、心理健康知识宣传等基本教育活动方式,它们共同构成了覆盖广泛的心理健康教育方法体系。

1.心理健康课程教学方法

心理健康课程教学方法是教育者从教育对象的共性心理问题出发,借助课堂有目的、有计划、有组织地对全体教育对象施加教育指导,以提高教育对象的心理素质和社会适应能力的集体心理健康教育的方法。其可以分为两种类型:其一,心理健康知识课教学法,即系统地传授有关心理健康基础知识的一种课程形式,引导教育对象学习相关的心理学知识,掌握自我认识和调节的心理学理论,具有知识性、基础性和针对性的特点。其二,心理健康教育活动课程教学法,即针对特定年龄、特定情境下的教育对象普遍存在的心理问题,开展有主题的教育教学活动,帮助其解决在日常生活中遇到的普遍问题,具有活动性、主体性、目的性、互动性和体验性的特点。教育者利用情境、协作、会话等学习环境要素充分发挥教育对象的主动性和积极性,建立起两者间平等的对话关系,拓宽两者间流畅的对话渠道,通过协作学习,使教育对象参与其中,激发从个人到群体的积极力量和培养其良好品质。

2.团体辅导方法

团体辅导方法是一种在团体情境下进行的心理辅导形式,这一方法以某一共性心理问题为出发点,引导教育对象进行一系列心理互动,使其在人际交往作用中探讨自我、改变认知,尝试学习新的行为方式,最终达到改善人际关系、解决生活中现存问题等目的,具有科学性、便捷性、趣味性、一致性、成长性、培养性的特点。群体动力学表明,一个良好运转的团体,其成员们会遵从团体内部建立起来的一定的规范和价值,它使个体的动机需求与团体目标紧密相连。与此同时,真诚、温暖的团体气氛有助于团队成员增进相互了解,在彼此的交流中取长补短,建立良好的人际关系,在互相关心和帮助中克服恐惧、焦虑的心理,建立安全感。在团体辅导方法开展过程中,教育者运用各种教育资源来创设具体的教学条件，潜移默化地引导、感染团队产生积极的知、情、意、行，使主体外部的“境”和内部的“情”相互渗透，形成影响群体成员心理行为、推动团队发展的力量。需要注意的是，如果误用、滥用团体辅导方法，不仅会使团体成员学习错误的行为，加深其自卑感和挫败感，还会破坏团体辅导的专业信誉。因此，从事团体辅导的教育者必须熟练掌握团体辅导的专业知识和技巧，才能组织和实施有效的团体辅导活动。

3.心理咨询方法

心理咨询方法是指专门经过心理学课程培训的工作人员，运用心理学的相关知识和技术，以语言、文字或网络媒介信息等作为沟通形式，对存在心理问题和发展问题的教育对象予以帮助、启发、指引和辅导，促进其心理健康发展的心理援助方式。心理咨询方法根据咨询的内容可以分为两种类型：其一，发展性心理咨询。随着工作和生活节奏变得越来越快，人们在适应社会发展的过程中自我认识容易出现偏差或障碍。发展性心理咨询可以帮助人们挖掘心理潜能，提高自我认识的能力，促进人们对内心世界的调整，提高生活质量。其二，健康心理咨询。人们因为某些社会刺激而出现心理状态紧张，出现躯体或情绪上失衡的问题，此时需要通过心理上的咨询指导来缓解或解除所出现的不适或痛苦。健康心理咨询内容大致包括各种情绪障碍，各种不可控制的知、情、意、行的解释，各种长期慢性躯体疾病、精神病康复期的心理指导，家庭问题解决等。在开展过程中，应注意激发教育对象积极寻求帮助的主动性，教育者与教育对象双方要建立起具有隐蔽性和保密性的特殊咨询关系，并且全过程遵守保密性原则。

4.心理健康知识宣传方法

心理健康知识宣传方法，是指借助传统宣传媒介和新媒体等，向教育对象普及心理健康知识和心理调节技能，以满足其求知需求、群体归属需求、情感表达和宣泄需求、娱乐与消费需求以及自我实现需求。在心理健康知识宣传方法开展过程中，一方面，教育者借助广播、电视、报纸、宣传栏等传统宣传媒介，宣传心理健康基本知识、心理调适案例，从而提升教育对象对心理健康重要性的认知,以达到影响社群态度、价值和行为方式的效果。另一方面,教育者可借助新媒体技术扩大宣传效果。新媒体具有信息传播形态多元与交互性并存、信息传播触及率与快捷性高、信息传播个性化与群体化并存的特征,能克服时间、空间的限制,成为心理健康教育的重要技术手段。教育者可借助包括博客、微博、微信等信息化技术和网络平台优势,创新普及心理健康知识和心理调节技能,增强心理健康教育的丰富性、专业性和服务性,合理搭建多种协作平台。

二、思想政治教育心理疏导方法

思想政治教育心理疏导方法是将心理学的疏导技术与思想政治教育的疏导教育法有机结合,引导人们宣泄不满情绪,缓解心理压力、恢复健康身心状态的方法。随着人们生活环境的激烈变化和社会矛盾的凸显,心理疏导方法逐渐成为思想政治教育工作中不可或缺的方法。

(一)心理疏导方法的内涵和特点

心理疏导方法,是专门针对因环境突变或长期压抑而出现的不良精神和行为反应所采取的,以排解、宣泄不良情绪和想法为主要手段的心理治疗方法。思想政治教育在继承传统疏导教育方法的基础上,主动借鉴和引入心理学领域的心理疏导方法,探索出了具有人文关怀理念的心理疏导方法,推动着思想政治教育方法向尊重人、理解人、关心人、帮助人、引导人的人文方向发展。

所谓“疏导”,就是“开通引导”“疏通开导”“疏通淤塞”之意。把“疏导”这个概念和心理连接在一起,主要强调对人们心理“淤积”的疏通和引导,将个人心理导向积极健康的轨道。基于此,思想政治教育心理疏导方法,是指教育者遵循人的心理活动规律和思想发展规律,运用多种方法,引导人们的心理、思想和观念,影响或改变人们的认知、信念、情感、态度和行为等,改善不良心理状态,提高思想政治素质和心理素质的方法。思想政治教育心理疏导方法具有目的性、主体性、动态性、建构性、共情性等特点。

第一，目的性。思想政治教育心理疏导方法主要通过聆听、沟通、交流等实施一系列有步骤、有计划、有目的、有反馈的心理沟通教育活动。心理疏导方法的有效性不仅取决于教育者和教育对象双方实际的心理状态及程度，也取决于对未来疏导效果的预测，如果两者统一就达到了预期目的，心理疏导方法的有效性就体现出来了，这是心理疏导教育方法的本质特征。

第二，主体性。主体性要求教育者主动深入介入教育对象的生活与学习，及时发现其不良情绪，敏锐发现有生活困难和心理困境问题急需帮助的群体或个人，积极开展心理疏导教育，将这些群体或个人的不良情绪和心理危机控制在正常的范围。必要时还要四处呼吁，调动全社会的资源共同参与人们心理困境问题的改善。

第三，动态性。动态性是指这一方法在开展过程中是动态的，教育者既要注重教育对象当前的心理状态和预见性发展状态，又要注意分析其工作和生活的经历与条件。当然，人保持的身心平衡是一种相对稳定的状态，遇到一些涉及利益和荣誉的事件，其身心平衡也会发生细微的变化。

第四，建构性。建构性主要是指对教育对象知、情、意、行的重新建构，让教育对象树立自信心和自豪感。在思想政治教育心理疏导方法开展过程中，自信心是发动和强化教育对象的内在动力，使之主动地配合教育者；自豪感能够使教育对象自觉地控制自己的注意力和意志力，聚精会神地接受心理疏导教育活动。然而，教育对象自信心、自豪感的建构成功与否很大程度上取决于教育者的心理疏通是否得当、有效。同时，“教育对象自信心、自豪感的建构，也要靠自己对心理问题本质认识的深化和对意志的培养、情绪管理能力的锻炼”[①]。

第五，共情性。共情性是指教育主体必须对教育对象怀有尊重和关爱，能设身处地地体验教育对象的处境，理解教育对象的情感需求和利益诉求，对教育对象怀有深深的同理心（共情）。共情不仅需要教育者有以人为本、人

① 刘克梁.心理疏导在党校思想政治教育中的应用[J].学校党建与思想教育，2014(16)：93.

文关怀的理念情怀，也需要有一系列会谈技巧，如积极倾听、叙述、情感反应。“共情的形成能有效地缩小教育者与教育对象的心理情感差距，消除地位身份的隔阂，促进教育对象更好地表达和疏泄自我感受、更好地接受教育主体的建议，从而推动心理疏导双方深入的沟通交流，顺利实现心理疏导的目的。”①

（二）心理疏导方法的作用

心理疏导方法作为提升思想政治教育实效性的有效手段，对教育对象具有协调心理冲突、塑造优良人格和提供精神动力的作用。

第一，心理疏导方法有助于协调心理冲突，促进个体认知和情绪情感的良性发展。心理疏导方法依据人的心理活动规律，用符合教育对象心理特点的语言或者非语言的方式来改善或改变教育对象的心理状态，调节个体认知、疏导情绪情感，从而协调心理冲突。一方面，心理疏导方法从教育对象错误的认知着手，分析其产生根源，帮助教育对象分析和解决问题，用理性的思维建立正确的认知，从而完善人格。心理疏导有针对性地帮助人分析并解决认知缺陷和问题，优化认知思维方式，使人以理性的、良好的认知指导和调节人的行为，促进人的健康发展。另一方面，心理疏导方法通过对情绪情感的疏导协调心理冲突，实质上是一种情绪的宣泄，引导教育对象把压抑的情绪、情感充分地倾诉和表达出来，进而形成理性的情感调控和积极的心理体验。心理疏导方法针对个体思想、情绪中的矛盾，营造良好的宣泄情境和空间，使教育对象的思想情绪稳定，减轻或消除心理压力，从而树立正确的思想观念。当前教育对象的心理特点呈现出多层次、多样性，这就要求教育者深入了解教育对象的内心冲突和内在需求，帮助其解决实际问题。心理疏导方法通过对教育对象良好认知图式的构建、对其情绪情感的宣泄疏导，能有效地推动其知、情、意、行的协调发展，有效地处理教育对象的心理冲突。

第二，心理疏导方法有助于塑造优良人格，养成健康的人格倾向。思想政治教育的目标就是帮助教育对象树立崇高的理想信念、培养坚毅的意志品

---

① 董娅.当代思想政治教育方法发展新论[M].北京：中国社会科学出版社，2012：205.

质等人格特质。心理疏导方法通过“两个转化”开展人格倾向的疏导：一方面，转化为社会价值共识。思想政治教育根据人的需要、动机、情感等特点调整个体行为上的内部倾向，科学合理地引导人的价值评价、价值追求、价值取向与价值选择符合社会所倡导的主流价值取向。另一方面，教育对象在接受了价值共识的基础上将个人意识、思想动机转化为外在行为。值得注意的是，心理疏导方法的实施过程是“双向的疏导”而不是“单向的灌输”，要关心和尊重教育对象。这一方法采用对话、倾听、共情、引导等方式与教育对象平等交流讨论，帮助教育对象从内心接纳教育内容，调整心理状态，获得正确认知，从而促进人格倾向的健康发展。

第三，心理疏导方法有助于提供精神动力，促进健康社会心理的形成。心理疏导方法可以促进健康社会心理的形成，帮助教育对象形成一致的社会认识和共同的信仰追求，为社会营造合理、正确的精神导向。从个体心理层面而言，心理疏导方法通过引导教育对象进行自我调适，利用自我探索、发现、反省等手段积极调整内在认识，找到个人和社会的契合点，进而实现人生价值。从群体心理层面而言，心理疏导方法对人际关系疏导和社会心态疏导都有积极的作用。其中，在人际交往关系疏导方面，针对社会中出现的道德困惑、理想迷失、信任危机等现象，以及出现的焦虑感、挫败感、不公正感等负面情绪，通过排除人们的情绪和自我认知障碍，从而“疏通”人际关系困扰，确立和谐、友爱、互助的交往原则，掌握交往的技巧和调适方法，形成相互理解、情感融洽、行动协调的理想的人际交往关系，构建和谐社会氛围。在社会心态疏导方面，心理疏导方法立足于把握社会心态形成的心理机制和过程特点，进行社会心理管理与服务，调整、转换失衡心态，积极倡导符合社会伦理规范、适应社会发展要求的平衡心态。

（三）心理疏导方法的主要方式

思想政治教育主体对教育对象进行心理疏导的过程具有很强的专业性，常见的心理疏导方法包括渗透式心理疏导法、激励疏导法、宣泄疏导法、体验式疏导法等。

1.渗透式心理疏导法

渗透式心理疏导法是指思想政治教育者采取各种方法和策略,借助一定的载体,构建良好的氛围以感染、陶冶、熏陶心理疏导对象,使之自觉接受社会要求的政治观点、思想观念、道德规范,并内化为自己行为的方法。渗透式心理疏导法具有以下特点:首先,隐蔽性。渗透式心理疏导法主要是将各种事先设计好的教育内容和要求放置在具体的生活场景中,让各种潜在的教育因素发挥作用,使教育对象受到场景的感染,达到陶冶情操、启迪心灵的目的。其次,自然性。在渗透式心理疏导过程中,教育者要事先设置特定的场景和环境,开展多种实践活动,使教育对象能通过亲身体验自然而然地受到熏陶感染,通过感性的直观体验到理性的思想分析选择,进而认同思想政治教育的内容和目标,最后接受教育信息并转化为自己的思想品质和道德行为。

渗透式心理疏导的途径主要有:其一,文化活动渗透,教育者通过有目的、有计划地开展各种文化活动,在活动中对教育对象进行启发、引导,帮助其解决心理和思想问题,提高其思想觉悟。其二,大众传播媒体渗透,教育者借助当代社会的各种传播工具,最大限度地扩大心理疏导面,让教育对象在接受大量的现代信息的同时,在无形中接受心理疏导。其三,借助环境渗透,"人创造环境,同样,环境也创造人"①,环境对人的影响具有渗透性和暗示性的特点,对教育对象的思想品德和道德品质的形成和发展的影响是潜移默化的。

2.激励疏导法

激励疏导法是指教育者从积极鼓励的角度出发,善于发现教育对象的优点,并以此为突破口,满足教育对象的心理诉求。激励疏导法作为调动教育对象的积极性、挖掘教育对象潜力的一种重要方法,具有以下特点:其一,内在的驱动性。激励疏导法是教育者针对教育对象的心理特点和内在需求,调

① 中共中央马克思恩格斯列宁斯大林著作编译局.马克思恩格斯选集(第一卷)[M].3版.北京:人民出版社,2012:172-173.

动其内驱力,增强思想政治教育对教育对象的吸引力,从而增强思想政治教育实效性的方式。其二,全面性。在激励疏导法实施过程中,教育者既可以通过一定的方式调动教育对象的内在驱动力,发挥内在激励的作用;又可以采取特定的手段,提高激励目标的吸引力,发挥外在激励对教育对象的吸引和鞭策作用。

在激励疏导法开展过程中,通常是精神激励、物质激励和情感激励相结合。其一,精神激励就是用马克思主义科学真理去影响、教育、改变人们的思想和观念,提高人们的思想觉悟以及认识和改造世界的能力,从心理上帮助教育对象树立战胜挫折的信心和决心。其二,物质激励是指通过满足人们的物质需求来调动人们的主观能动性,激发疏导对象内在的潜能,并最终转化为个人或群体的精神力量。物质激励包括满足教育对象的物质利益需求和进行物质奖励等。其三,情感激励是教育者通过与教育对象进行沟通和交流,取得教育对象的信任,了解他们的思想现状,及时发现存在的心理问题或思想问题并适时给予帮助。

3.宣泄疏导法

宣泄疏导法是指教育者通过倾听、支持等鼓励和引导教育对象充分表达内心的情绪情感,使其负面情绪得以释放,内心冲突得以缓解,从而初步改善其心理状态,为分析归因提供良好的基础。宣泄疏导法的具体做法如下:其一,通过创设一种真实的场景引导教育对象进行宣泄,从而排除其不良的情绪,减轻心理压力。宣泄疏导法最大的特点是通过宣泄来消除压抑型的心理障碍,充分发挥主体的精神释放功能。教育者通过创设良好的氛围,让教育对象的情绪得到宣泄和疏通,从而解决心理问题和思想问题。其二,对教育对象的接纳与倾听。教育对象适时地把自己心中的苦闷宣泄出来,将长期积累起来的不良情绪发泄出去,能有效地缓解心理压力。同时,思想政治教育者在这一过程中进行适时的引导,也能起到事半功倍的效果。比如,教育对象可能在潜意识上、主观上想把自己内心的不满和意见表达出来,但是由于社会道德规范和价值观念的约束,就会在无意中压抑那些不被认可的情绪。

这时，教育者需要及时敏锐地察觉到教育对象的抗阻力量，并对这种状况加以疏通和引导，帮助教育对象把内心压抑已久的情绪宣泄出来，从而为思想政治教育工作的有效开展提供一个良好的心理环境和氛围。

教育者在使用宣泄疏导法时应注意：要正确看待宣泄式疏导的积极作用，宣泄式疏导有利于宣泄不良情绪、缓解心理压力，能够及时有效地消除一些冲突和矛盾，但是也要遵循宣泄的基本原则。其一是畅通宣泄机制。社会成员的不满情绪只有得到及时有效的宣泄，才能形成社会共识，因此要创造和构建合理的宣泄渠道，使教育对象能诉说不满、宣泄情绪、提出建议，从而避免其产生心理冲突和焦虑。其二是建立合理的宣泄系统。对教育对象的心理和思想问题要采取积极预防的方针，积极创造教育对象表达意愿、反映要求的渠道，对他们的心理状态信息进行收集和反馈，及时有效地把握、分析、处理他们的心理问题和思想问题，及时化解矛盾和冲突，防患于未然。

4.体验式疏导法

体验式疏导法是指在思想政治教育心理疏导的过程中，教育者运用各种教育资源和要素形成良好的教育环境和氛围，以此来引导教育对象通过感受、体会等亲身体验的方式，获得对客观世界的正确认识，促进其心理和思想的完善，实现思想政治教育的目的。体验式疏导法有以下特点：首先，体验式疏导法强调疏导对象的主体性。所谓体验就是具有主体性的人和客观世界发生联系，没有主体性的人对客观世界的实践、认知、情感的投入，也就没有体验一说。其次，体验疏导注重疏导对象的情感性。体验的出发点和最终归属都是情感，体验的结果常常是一种新的更深刻的把握了生命活动的情感的生成，情感是人们在认识和改造客观世界的过程中的情感，是主体在对客体满足需要的程度上产生的态度评价和情绪体验，外在表现为人的喜、怒、哀、乐等。

教育者开展体验式疏导方法的具体步骤是：思想政治教育心理疏导不能单纯地采取教育、谈话和开讨论会等方式进行，要采取更加卓有成效的方式，如在社会体验中解决教育对象的心理问题。通过诸如社团活动、志愿服务活动、社会参观活动等社会实践，让教育对象的政治觉悟、思想观念、道德品质自然地表现出来，理论与具体实践的矛盾就有可能会出现，这时再加以必要的疏导，使其不断调整心理，解决思想问题，提高认知水平，形成科学的世界观、人生观和价值观。

三、思想政治教育心理危机干预方法

在思想政治教育工作中，心理危机干预方法也是其中一种重要的教育方法。由于危机事件的发生具有震撼性、广泛性和多样性等特点，由此导致的心理问题可能会产生“多米诺骨牌”效应，加重原有的危机或引发一系列新的危机。因此，我们有必要在新的时代境遇下加强思想政治教育心理危机干预方法的运用。

（一）心理危机的内涵和思想政治教育心理危机干预方法的特点

1.心理危机的内涵

在《现代汉语词典》（第7版）中，“危”指“危险”，“机”指“机遇”，“危机”被界定为“潜伏的危险”“严重困难的关头”。心理危机主要指个体在遇到了突发事件或面临重大的挫折和困难，当事人自己既不能回避又无法用自己的资源和应激方式来解决时所出现的一种心理失衡反应。

2.思想政治教育心理危机干预方法的特点

心理危机有个体心理危机和社会心理危机之分。个体心理危机是指当事人认知、情感和行为的失调，诸如痛苦、不安、绝望、焦虑和行为障碍等。社会心理危机则指社会思想文化、社会行为失调，诸如信仰危机、社会焦虑、社会恐慌，以及社会价值失衡、社会规范紊乱等带来的心理危机。同时，如果具有某种心理危机倾向的个体明显增加，同样会演化为社会心理危机。思想政治教育心理危机干预方法主要是指通过予以人文关怀和心理支持，一方面最大限度地预防产生心理危机，帮助教育对象建立积极健康的心态，增强心理承受能力，另一方面对已经面临心理危机的教育对象及时进行心理危机干预，帮助其走出心理危机的困境，使其心理恢复平衡的方法。基于以上分析，思想政治教育心理危机干预方法具有普遍性、隐匿性、复杂性等特点。

第一,普遍性。普遍性是指危机是普遍存在的。我国社会正处于加速转型期,各种转型给人们带来了不可估量的心理压力,而心理压力极易发展为心理危机。当应对关键问题的能力和变通能力不足时,人们就容易受外界环境的影响产生自我怀疑,从而产生危机感。值得注意的是即使是面对完全相同的环境事态,有些人可以稳妥、冷静地处理,有些人则会无法应对,这个时候就需要教育者把握机会给予无法应对者适时的人文关怀和心理支持。

第二,隐匿性。隐匿性是指个体在一段时间内无法依托于惯性手段解决当前所面临的挫折而导致的一种心理失衡状态。在人为或者非人为的作用下,这种失衡状态如生理、情绪、行为等应激反应往往会被"掩饰",普通人无法发现其心理危机状态,也就无法对其进行开导。这一心理问题如果得不到解决,很容易转化成慢性状态。面对这种情况,教育者要与教育对象及时建立信任、充分交流、调动资源、提供适当的帮助,缓解其痛苦,使其应对现实难题。

第三,复杂性。复杂性是指心理危机的形成本身就有很多复杂的原因,人的心理状态受家庭因素、社会因素、个人因素等一系列错综复杂关系的影响,由此也就导致了心理危机干预方法的复杂性。同时,心理危机爆发后所产生的症状也会受个人体质、人生经历或各种信仰等因素的影响,不同的人在面对心理压力时又会有不同的反应。因此,教育者要找到能够帮助教育对象走出困境的有利信息或其他资源,在调研教育对象情况的前提下,可以引导其尽可能地重新认识自我。

(二)心理危机干预方法的作用

现代社会高速发展,社会焦虑心理、浮躁心理、空虚心理、弱势心态等社会心理状态的普遍存在,给社会的和谐稳定带来负面影响。因此,重视心理危机干预工作,对促进教育对象身心健康,有效维护社会和谐稳定具有重要作用。

第一,心理危机干预方法有助于教育对象树立正确的自我认知,促进教育对象身心健康。心理危机干预方法提供了接纳自我策略,能培养教育对象正确的自我认知,使其在比较中认识自我、从他人的评价中认识自我、通过反省认识自我、通过经历分析认识自我,从而实现现实自我和理想自我的统一、个体自我和社会自我的统一。其具有预防、及时处置、妥善处理、事后跟踪的作用,对教育对象尚未发生的心理危机事件开展预防干预,尽可能将其消灭在萌芽状态。在具体开展过程中,一是教育者通过开展思想教育、心理教育等,使教育对象逐渐了解并正确评估自己的能力与局限性,察觉自己的情绪对言行的影响。二是对教育对象已经发生的心理危机事件尽可能地将其危害与负面影响控制到最小限度。三是处理好心理危机的善后工作和跟踪工作。加强心理危机干预和管理,对于培养人们正确的自我认知和抗挫折的能力,预防心理危机事件的发生,全面提高教育对象的心理素质,促进教育对象身心健康具有重要意义。

第二,心理危机干预方法有助于化解公众心理问题,促进人际交往协调发展,维护社会的和谐稳定。危机事件的发生可能造成公众心理恐慌,这种恐慌还存在心理渲染效应。开展过程中,一是加强信息公开,优化舆论引导。教育者可以帮助教育对象避免接受不准确甚至是具有重复伤害性的消息。二是进行认知矫正与情绪引导。教育者要尽可能帮助教育对象分析、判断问题,进行正确的心理沉淀,形成良好的积极情绪,对其认知进行矫正。与此同时,教育者还应积极帮助教育对象尽快找到对自己有帮助的人际资源,有效减轻危机事件当事人的孤独感和无助感。

第三,心理危机干预方法对思想政治教育学科的进一步发展具有积极推动作用。心理危机干预可起到认知矫正、情绪转化与引导、唤醒理智等作用,还完善了社会安全管理的理论,维护了社会安全稳定和优化了社会文化环境。

(三)心理危机干预的主要方式

人们对危机的心理反应通常会经历冲击期、防御期、解决期、成长期四个不同阶段,教育者可通过心理危机干预使教育对象获得安全感、平静情绪,获得自我效能，与他人建立联系，获得希望等。因此，教育者应针对心理危机不同阶段的特点，采取积极的、科学的方式来对心理危机进行干预。

1.个体访谈的辅导方法

个体访谈的辅导方法，是指教育者为教育对象创造良好的人际关系以化解其心理障碍或心理疾病的方法。这一方法要求教育者充分关心、理解及信任教育对象，帮助其建立良好的人际关系，使其消除与人际环境的隔阂。具体而言，第一，教育者要首先为教育对象创造一个充满关爱的环境，提供安全感，使教育对象感受到温暖和人与人之间的关怀。第二，逐渐让教育对象懂得其情绪反应是对异常事件的正常反应，降低因焦虑导致的恐慌程度和减少因沮丧导致的失望情绪。再则，帮助教育对象融入集体之中，集体能在某种程度上消除人的孤独感和恐惧感，融入了集体的个人会受到集体的情感影响和暗示作用，从而能进行自我思考，提升自我效能，使情绪和行为管理得以实现。第三，教育者要和教育对象建立真诚、信任和平等的互动合作关系。教育者可以通过耐心、细致的倾听，给予教育对象关爱等方式，与教育对象形成和谐的人际关系。在访谈过程中教育者绝不能强加给教育对象某种思想，而应根据教育对象的陈述做出相应的反应，在推动受教者自我发现的过程中，使其发生改变。

2.自我调控法

自我调控法，是指教育者通过帮助教育对象进行自我认识、自我导向、自我控制来解决教育对象心理问题和消除教育对象心理障碍的方法。这一方法的运用，既要启发教育对象自我认识的自觉性，帮助教育对象了解自己、接受自己，树立自己独立解决问题的自信，又要培养教育对象自我把握、自我调控的能力。具体而言，第一，调整心理结构。认知、情绪、意志和行为是构成心理结构的基本要素。认知是心理结构中的先导因素，认知的到位、正确与否直接关系到人的情感运用和人的意志是否坚定。结构失衡、因素混乱是构成心理问题和障碍的重要原因。因此，调整心理结构的重点在于提高教育对象的认知能力。第二，针对非认知因素导致的心理问题，教育者应当帮助教育对象调整自己与环境之间的关系。人们如果不能用全面、发展、联系的观点来观察理解周围环境并调整适应的话，很有可能出现恐惧、焦虑等情绪。以高校大一学生为例，由于大学的学习方式和生活方式相比中学发生了巨大变化，刚进入大学新环境特别容易产生心理上的不适应，可能导致心理危机，这就需要通过自我调控法，帮助其调整适应新的环境。

3.心理行为训练法

心理行为训练法，是指以心理素质模型为基础，应用行为心理学、认知心理学、社会心理学和咨询心理学等学科理论，运用心理行为训练手段，有针对性地训练和培养教育对象的心理素质的一种方法。它是对心理危机干预方法的补充和巩固，可以更好地保证心理危机干预方法的效果。心理行为训练法最早起源于第二次世界大战，后被逐渐推广到教育心理、管理培训、个人潜能开发等领域。心理行为训练是一种体验式的活动，通过心理行为训练可以改变人的认知结构及其认知态度，提升人的生理、心理极限，含蓄、间接地影响人的行为，此外还可以创设某种主体体验环境，以提高人的行动能力。心理行为训练法可以让教育对象被破坏的基本需要得到修复和满足，从而提升自我内心的能量，增强抗挫折能力，感受人与人之间的温暖，凝聚团队的力量。作为一种具有稳定化功能的干预策略，心理行为训练法可以让教育对象在一个轻松愉悦的环境下释放负性情绪，快速获得社会支持，减轻压力。心理行为训练法作为危机干预方法的一种重要干预方法，对整体危机干预效果的巩固也起到了很大的作用。

4.心理社会综合治理法

心理社会综合治理法，是指教育者结合心理因素和社会因素，既注重疏泄教育对象的不良情绪、激发教育对象战胜自身困难的潜能，又注重调动直接和间接的社会资源帮助教育对象增强内在心理平衡能力和外在社会适应能力的危机干预方法。教育者要积极运用人际吸引与人际互动理论开展个体或群体的价值引导，规范人的生活方式和行为模式，使其适应社会的发展。心理社会综合治理方法的使用范围广泛，可运用于大中小学校和社区思想政治教育之中。

第八章

思想政治教育的信息方法

思想政治教育的信息方法，是教育者为了实现思想政治教育目标，基于信息传播规律所采用的各种获取、分析、传播、反馈思想政治教育信息的方法。随着现代信息论和信息技术的发展，思想政治教育的信息方法显得越来越重要。

一、思想政治教育信息获取方法

从思想政治教育信息流动的过程来看，教育者首先需要借助思想政治教育信息获取方法收集教育对象、教育环境、教育现状等方面的信息，从而为后续活动奠定基础。

（一）思想政治教育信息获取方法的内涵和特点

所谓思想政治教育信息获取方法，是指教育者为了实现思想政治教育目标，采用调查、观察、预测等方式收集与思想政治教育活动密切相关的消息、信号、知识等客观存在的方法。对这一内涵的理解要注意以下几个方面：第一，这一方法是任何思想政治教育活动都必须用到的方法。思想政治教育信息"是在思想政治教育实践过程中应用或产生的，能够体现思想政治教育本质、展现思想政治教育功能的信息"①。那么，如何才能够尽可能多地掌握思想政治教育信息并使其为思想政治教育活动服务呢？最根本的就是要用思想政治教育信息获取方法收集与思想政治教育活动相关的一切可以利用的信息，从而实现思想政治教育目标。第二，这一方法以关联性为实施关键。在收集相关的思想政治教育信息时，要有明确的相关性思维，不能什么样的信息都收集，所收集的思想政治教育信息理应与思想政治教育的目标、任务、条件等因素密切相关，从而提升思想政治教育信息的有效性。第三，这一方法所收集的信息是多种多样的，但归根到底是一种客观存在。信息在生活中往往表现为消息、新闻、情报、资料、数据、语言、文字等所反映的内容。但都是反映物质存在方式的一种客观形式，所以它也是客观的。思想政治教育信息也是如此，它表现形式多样，但无论何种表现形式都是对思想政治教育实

① 杨志平.思想政治教育信息问题研究[M].北京：人民出版社，2015：34.

践过程中某些客观实践的表现，具有明显的客观现实性。

思想政治教育信息获取方法具有明确的指向性、范围性、连续性等特点。第一，指向性。所谓指向性，主要是指思想政治教育信息获取方法在使用时以收集与思想政治教育活动密切相关的有效信息为目标遵循。因此，在运用思想政治教育信息获取方法收集信息时，要明白思想政治教育活动指向的对象、问题、重点等是什么，然后以这些指向明确的要素为切入口收集关联度高的信息。第二，范围性。所谓范围性，主要是指教育者在收集相关信息时，应有明确的收集范围，既不能扩大收集范围也不能缩小收集范围。如果收集范围被扩大，所收集到的信息就可能会掺杂太多的“杂质”从而失真；反之，如果收集范围被缩小，所收集到的信息就可能会达不到量的要求从而使其难以发挥应有的作用。第三，连续性。所谓连续性，主要是指在思想政治教育活动中需要持续不断地多次使用思想政治教育信息获取方法来获得整个实践活动所需的思想政治教育信息。在必要的时机，可以连续多次采用思想政治教育信息获取方法对有可能发生重大变化的信息进行反复收集，从而准确地掌握活动情况，以提升思想政治教育实践活动的有效性。

（二）思想政治教育信息获取方法的作用

思想政治教育信息的获取是整个思想政治教育信息活动的起始环节，其方法的运用在整个思想政治教育活动中具有重大作用。

正如马克思所说：“观念的东西不外是移入人的头脑并在人的头脑中改造过的物质的东西而已。”[①]要想了解一个人的思想特征和观念倾向，就必须从其精神诉求入手，有效收集与之相关的信息，从而掌握一个人的思想状况。那么，怎样才能有效掌握受教育者的思想动态呢？这就需要着力发挥思想政治教育信息获取方法的作用。也就是说，教育者在使用思想政治教育信息获取方法时，要明确地指向受教育者，结合思想政治教育活动的目标、任务、环境等要求，对能够反映受教育者思想特征的各种信息进行广泛收集，从而彻

---

① 中共中央马克思恩格斯列宁斯大林著作编译局.马克思恩格斯选集(第二卷)[M].3版.北京：人民出版社，2012：93.

底、全面地了解受教育者,以便于相关思想政治教育活动的开展。这是系统了解思想政治教育对象的必要步骤。如果没有采用思想政治教育信息获取方法收集受教育者的相关信息,教育者就不可能了解所要达成的教育目标与受教育者思想现状之间的差距,就不能合理地设计思想政治教育任务,思想政治教育活动就会失败。

在整个思想政治教育活动开展的过程中,教育者有必要借助思想政治教育信息获取方法,在关键节点对思想政治教育信息进行全方位、立体化、多层次的收集,从而更好地把握思想政治教育活动运行的全过程。及时而有效的思想政治教育信息可以给教育者提供一个更加准确、全面、权威的视角来研判整个思想政治教育活动运行到了哪一步,距离所要达成的思想政治教育目标还有多远,受教育者的思想观念是否发生明显转变,等等。而思想政治教育信息获取方法则恰恰具备这种作用和功能,其可以帮助受教育者获取足够有效的思想政治教育信息,从而使其拥有一双透视整个思想政治教育过程的"眼睛",助力教育者更好地主导、组织和实施整个思想政治教育过程,使思想政治教育信息的传导更加通畅,提升思想政治教育效果。

思想政治教育状况,一般包含三个阶段的状况,分别是思想政治教育活动开展之前的状况、开展过程中的状况和开展之后的状况。思想政治教育状况不同所折射出的思想政治教育对象、目标、任务、环境等方面的要求也就有所不同。因此,把握不同阶段的思想政治教育状况是确保思想政治教育活动有效进行的重要条件。试想,当一个教育者要开展思想政治教育活动时,如果连当时教育对象的思想认知水平如何、教育环境的风气如何、教育载体的适用度如何都不清楚,他所制定的思想政治教育环节和流程又怎么会科学合理呢?这种情况下,教育者向受教育者所传播的思想政治教育信息就可能存在不合时宜的情况,受教育者所接收到的信息就不能有效助推其知、情、意、行的转化,思想政治教育的应有效果就不会实现。为此,教育者有必要发挥思想政治教育信息获取方法的作用,把握思想政治教育的整体状况,以科学谋划思想政治教育全过程。

(三)思想政治教育信息获取方法的主要方式

思想政治教育信息获取方法主要有调查研究法、观察体验法、预测研判法,这三种方法可以实现对思想政治教育信息的有效收集。

1.调查研究法

毛泽东曾说,“没有调查,没有发言权”[①]。“调查就像‘十月怀胎’,解决问题就像‘一朝分娩’。调查就是解决问题。”[②]调查研究是人们从事思想政治教育活动的主要方法。

(1)调查研究法的内涵和作用

所谓调查研究法,主要是指教育者深入社会实践,通过访谈、问卷、网络、电话等途径获得思想政治教育信息的一系列方法。调查研究法具有较强的实践性,即通过具体实践参与来获得已经产生的思想政治教育信息,并使其服务于相关问题的解决。一方面,调查研究法可以直接发现问题,并找到症结所在,从而有效解决问题。另一方面,调查研究法还可以有效克服主观主义和教条主义,防止思想政治教育过程中出现想当然的情况。

(2)调查研究法的类型

第一,访问调查法和书面调查法。访问调查法灵活性强,具有弹性,要求调查者要具备较强的谈话技巧。其主要形式有集体访问和个别访问。书面调查法是借助纸质材料进行调查的方法,一般适用于大范围地调研具有普遍性的问题。其主要包含问卷调查和民意测验两种方式。第二,普遍调查法和抽样调查法。普遍调查法是对全部调查对象进行调查,特点是范围大、工作量大,但调研内容有限,只能对部分关键问题进行分析。抽样调查法是从调查对象中选择一部分对象进行调查,相对而言,工作量小、范围有限,但可以达到“一叶知秋”的效果。第三,网络调查法和文献调查法。网络调查法是借助互联网平台开展调查研究的方法,具有成本低、速度快、隐匿性高、范围广等特点,适合大范围就某一个问题进行调查。其主要方式有网上问卷调查、

---

① 毛泽东选集(第一卷)[M].2版.北京:人民出版社,1991:109.

② 毛泽东选集(第一卷)[M].2版.北京:人民出版社,1991:110-111.

网上讨论、网络检索等。文献调查法就是采用特定的文献检索和分析工具对既有文献资料进行收集和分析的方法，是掌握某一问题研究现状的重要方法。

(3)调查研究法的运用要求

调查研究具有鲜明的实践性、客观性，开展调查研究要坚持实事求是的根本原则，具体有以下要求：第一，坚持求真务实，不得弄虚作假。调查研究以获取第一手真实资料为宗旨，只有真实的数据和信息才能反映思想政治教育活动的真实情况，否则就会出现偏差，不能为了得到想要的结果而弄虚作假。第二，坚持具体深入，不得应付了事。调查研究要深入到最为根本的问题，只有具体深入才能发现真问题，才能找准思想政治教育的着力点，不能泛泛而谈，更不能走过场、搞假把式。第三，坚持相信群众，不得偏听偏信。人民群众是调查研究的根本力量，要深入群众，倾听大部分群众的心声，不能只考虑少部分人的意见和建议，要尽可能地做到全覆盖。

2.观察体验法

观察体验法是一种亲身参与的调查方法，所获得的信息很大程度上“反映了事物状态的最原始形式，是人类了解事物最直接的方式”①，是对正在产生的信息的收集。

(1)观察体验法的内涵和作用

所谓观察体验法，是指教育者亲临现场，用自己的感觉器官或辅助工具在自然条件下对被观察者的言论、行动、表现等进行考察、记录和分析的方法。观察体验法需要观察者借助主观能动性，通过感性认识来获取相关信息并最终得出结论。利用观察体验法获得的信息可以最真实地反映被观察者自然状态下知、情、意、行的真实表现，可以帮助我们准确认知受教育者内心的真实感受。

(2)观察体验法的类型

第一，直接观察法和间接观察法。直接观察法是观察者与被观察者直接接触，在与被观察者的互动中获取各种信息。间接观察法是观察者置身被观察者的活动之外，通过感官或工具对被观察者进行观察。第二，定性观察法

① 夏南强.信息采集学[M].北京：清华大学出版社，2012:48.

和定量观察法。定性观察法是确定被观察者的性质、特点，或者其与某种现象之间的关系。定量观察法，主要是为了明晰被观察者某种现象的出现频率、发生次数、指标数值等。定量观察信息达到一定量就可以转而进行定性观察，同时定性观察也可能会先在性地影响定量观察。第三，主题观察法和转向观察法。主题观察法是指整个观察过程自始至终都围绕既定的主题进行。转向观察法是指在观察的过程中观察的主题受到不确定因素的影响发生了转变，获取的信息内容也有了新的指向。第四，描述性观察法和分析性观察法。描述性观察法更多的是关注表面现象，对外部特征进行记录从而获取信息。分析性观察法更多的是关注内在本质，越过复杂的表象确定被观察者的性质和内在。

(3)观察体验法的运用要求

第一，坚持客观性。观察体验法需要观察者发挥主观能动性，因此具有一定的主观性，但是这种主观性应该以客观的事实为基础，观察者要尊重事实，不能先入为主，不能仅凭个人主观意志记录相关信息。第二，坚持全面性。在观察的过程中，会有各种各样的现象，观察者应具备一种全面性思维，有意识、有目的、有计划地记录与思想政治教育活动相关的一切信息，不能遗漏。第三，坚持程序性。观察体验要讲究程序，一般包括循序程序和递进程序。循序程序一般用于较简单的观察，其过程是：选择主题、确定方案、选择方法、进行观察、处理资料、得出结论等。递进程序主要用于观察复杂事物，其过程是：观察现象、初步判断、深入观察、继续分析、抓住本质等。

3.预测研判法

预测研判法具有一定的前瞻性，是通过信息预测和研判未来可能会发生的情况。

(1)预测研判法的内涵和作用

预测研判法，是指教育者根据已经获得的思想政治教育信息，采用因果分析、类比分析、规范分析等方式，对思想政治教育各要素未来可能存在的情况进行预判的方法。预测研判法可以通过对人们既有思想信息和行为习惯的掌握，在分析个体思想和行为发展规律的基础上，对受教育者的思想和行为的未来发展趋势进行分析，从而防患于未然，积极引导受教育者知、情、意、行的积极转化。

(2)预测研判法的类型

按照预测的作用和目的，预测研判法主要有以下几种类型。

第一，因果预测法。因果预测法是根据思想政治教育信息的因果变化规律来预测和判断未来思想政治教育的发展方向。这种预测是一种相关性预测，通过分析现在的信息可能导致的结果来预判未来的可能发展。第二，类推预测法。类推预测法是把一种现象与另一种已经发生的类似现象的发展进程进行比较，从而预判前一种现象未来发展趋势的方法。类推预测法要求对某一种现象的发展规律、演进过程、变化周期等有较为深入的了解，这样才能进行引申比较。第三，征候预测法。这种方法主要通过某种苗头信息来预测和研判未来可能的发展趋势。当发现受教育者有不良思想苗头时，可以积极制止、杜绝不良现象的产生；当发现受教育者有正向思想倾向时要积极引导，助其发展。第四，判断性预测法。判断性预测主要是根据已经获得的思想政治教育信息和预测者的经验、能力与知识来判断思想政治教育各要素未来的发展可能。第五，规范性预测法。规范性预测法是指以思想政治教育的目标、任务、要求为参照标准，根据已有的思想政治教育信息来预测未来能否达到既定的规范性要求。

(3)预测研判法的运用要求

预测研判法的运用要求主要有：第一，具备有效的主客观条件。预测研判法要求预测者必须具备一定的主观能力，主要有逻辑推理和系统分析的能力，以及科学预测的丰富经验等等。同时，也需要一定的客观条件，比如充分的思想政治教育信息资料，以及良好的预测环境，等等。第二，熟悉预测研判的基本步骤。相关步骤主要有：确定预测目标、收集信息资料、熟悉预测环境、选择预测方法、得出预测结果。第三，时刻关注预测过程中的不确定因素。就整个预测过程而言，可能会存在各种突发情况和干扰信息，因此，预测者要注意预测研判的动态性，及时对各种信息进行更新和替换，以便得出正确结论。

二、思想政治教育信息分析方法

思想政治教育信息在获得之后,还要经过筛洗、整理等一系列分析方法的处理,才能被有效利用。

(一)思想政治教育信息分析方法的内涵和特点

所谓思想政治教育信息分析方法,主要是指教育者在获取思想政治教育信息之后,通过矛盾分析、系统分析、因果分析、比较分析等方式对相关信息进行去粗取精、去伪存真、由此及彼、由表及里的分析,从而实现对思想政治教育信息有效利用的方法。对这一内涵的理解,需要注意以下两点:一方面,思想政治教育信息分析方法是一种承前启后的方法。在思想政治教育信息流动的过程中,获取思想政治教育信息是第一步,在获取足够的思想政治教育信息之后,教育者还必须对相关信息进行提炼、加工、整理等一系列处理,才能进行传播。另一方面,思想政治教育信息方法重在提升相关信息的信度和效度。教育者在获得足够的思想政治教育信息(并不是说每条信息都是有效的)之后,为了更好地透过现象把握本质,要对各种信息进行筛选,保留高质量的有效的信息,从而提升所得信息的信度和效度。

思想政治教育信息分析方法具有以下特点:第一,动态性。思想政治教育过程中的信息是不断变化的。这就要求我们对思想政治教育信息的分析应该是动态的,要用发展的眼光来分析问题,从而全面地、立体地、历史地把握思想政治教育活动。第二,开放性。能够反映人们思想的信息也是开放的。那么,对思想政治教育信息的分析也应该是开放的,在分析相关信息时应将其置于外部的相关环境中,将各种可能的外界影响因素尽可能地考虑进来,从而实现对思想政治教育信息的科学把握。第三,主次性。“思想的多样性,决定了思想信息分析必须把握人们思想的共同本质和主导方面。”[①]在对思想政治教育信息进行分析时要分清主次,抓住主要思想问题的主要方面,对能够普遍反映思想政治教育问题和本质的信息进行重点分析,从而更好地抓住整个教育活动的重点和关键。

---

① 郑永廷.思想政治教育方法论[M].3版.北京:高等教育出版社,2022:111.

(二)思想政治教育信息分析方法的作用

思想政治教育信息分析作为思想政治教育信息传输过程中的必经阶段。其方法的作用体现在以下几方面。

没有思想政治教育信息的有效分析,就没有思想政治教育信息的运用传播,所获得的思想政治教育信息就会处于零散、表层的表面认知上,难以发挥其应有的作用和价值,整个思想政治教育活动就难以进行。如果没有思想政治教育信息分析方法的科学运用,教育者对思想政治教育信息传播中的目标、任务、要求等就可能会似是而非,甚至会陷入盲目状态从而导致整个思想政治教育活动的失败。

众所周知,教育者所获取的思想政治教育信息往往是一种基于感性认知的信息。这些信息可以真实反映思想政治教育活动的全貌,但是这种全貌并不会主动呈现,一般情况下需要教育者借助思想政治教育信息分析方法去粗取精、去伪存真、由此及彼、由表及里,实现对相关信息的理性认知。唯有如此,教育者才有可能从纷繁复杂的信息表象中把握其背后所反映出来的内在机理,科学地预见思想政治教育活动的发展趋势,更好地服务于受教育者思想政治素质的提升。

思想政治教育准确性、可靠性和有效性的提升受到多重因素的影响。比如受教育者思想特征和行为习惯的突出特点,再比如思想政治教育环境对思想政治教育活动的有利程度,等等。然而,这些因素的考量都必须以高信度和高效度的思想政治教育信息为前提。而思想政治教育信息分析方法则是获取高信度和高效度思想政治教育信息的根本途径。教育者通过全面而又深入的分析,可以系统把握思想政治教育活动的全貌从而实现主观与客观的统一,在组织、主导和实施思想政治教育的过程中能够更加准确、可靠和有效。

(三)思想政治教育信息分析方法的主要方式

思想政治教育信息分析方法按照分析方式主要有比较分析法、因果分析法、系统分析法等。

1.比较分析法

比较分析法是以思想政治教育信息的异同点为基础对思想政治教育信息进行分析的方法，在思想政治教育活动中有着广泛应用。

(1)比较分析法的内涵和作用

比较分析法，是指教育者通过对不同类型的思想政治教育信息或同一类型的思想政治教育信息在不同时间段的异同比较，以实现认识思想政治教育本质和规律的方法。比较分析法通过对异同点的比较分析，既可以对思想政治教育信息进行快速有效的整理分类，也可以找到各种思想政治教育信息之间的有效关联，更可以在比较分析中发现思想政治教育信息的不足和优势。比较分析法是教育者对思想政治教育信息进行归类、整理、加工的必要方法，有助于从多个维度对思想政治教育信息所反映出来的思想政治教育特征、本质、规律和趋势等进行系统化把握。

(2)比较分析法的类型和运用

比较分析法按照比较的时空维度可以分为横向比较法和纵向比较法。横向比较法是对并列的不同思想政治教育信息进行比较的方法，有助于在发现共性特征中把握个性。纵向比较法是对不同时期内同类思想政治教育信息的比较，有助于弄清楚思想信息发展变化的历史源流和未来趋势。比较分析法按照比较的项目还可以分为质量比较法、数量比较法、内容比较法、环境比较法、形式比较法等。这些比较方法都是以具体的比较类目为切入口，从某个要素入手对思想政治教育信息进行比较。

思想政治教育信息比较分析法，在运用中要注意以下几点：第一，要有可比性。这主要是指用于比较的思想政治教育信息之间，应该有一定的关联性、相通性、类似性，不能将风马牛不相及的思想政治教育信息强行放在一起进行比较，毫无可比性的信息放在一起比较也得不出有效的结果。第二，要有科学性。这里所说的科学性，主要是指思想政治教育信息的比较要有标准，要遵循一定的程序，比如公民基本道德规范的标准、法律的标准等，整个比较过程应该规范明确，如此才能使人信服。第三，要有交叉性。教育者对思想政治教育信息的比较往往不是单向度的,而是要进行多维度的交叉比较。这种交叉比较既有横向与纵向之间的交叉比较,也有质量和数量之间的交叉比较,更有内容和形式之间的交叉比较,等等。

2.因果分析法

因果分析法,是借助现象与事物之间的因果关联来认知事物本质和规律的方法,是了解思想政治教育活动前因后果的科学方式。

(1)因果分析法的内涵和作用

因果分析法,是指教育者借助因果关系对思想政治教育信息产生的原因或是可能带来的后果进行分析,从而把握思想政治教育本质和规律的方法。这种方法以探究思想政治教育活动的潜在原因或思想政治教育活动的可能结果为目的,所以具有追因和推果的作用。一方面,因果分析法可以追溯某种思想政治教育信息产生的历史根源;另一方面,因果分析法还可以预测思想政治教育信息带来的可能结果;从而帮助教育者准确把握思想政治教育活动的过去和未来,有助于其做出科学、准确的决策。

(2)因果分析法的类型和运用

按照追溯的顺序,因果分析法可以分为追因法和推果法。追因法是从结果寻找原因的方法,即把已经获得的思想政治教育信息看作结果,分析为什么会产生这样的信息,在探寻这种根源的过程中进行思想政治教育。推果法是从原因出发寻找结果的方法,即把获得的思想政治教育信息看成已经存在的原因,分析其可能带来的结果,进行超前干预,达到思想政治教育的效果。

因果分析法在具体的运用中有以下要求:第一,要明确因果分析法的运用类型。教育者在运用因果分析法时,首先需要明确是把已经获得的思想政治教育信息看作是"因"还是"果",以此确定是运用追因法还是推果法来分析相关信息,这是运用因果分析法的首要环节。第二,要找准因果联系。我们常见的因果联系有一因一果、一因多果、多因一果、多因多果、互为因果等,对思想政治教育信息的分析,要明确其属于因果关系中的哪一种,从而沿着既定的分析思路展开逻辑分析,以取得理想的结果。第三,要注意多方面的影响因素。因果联系具有普遍性和多样性。这就是说,思想政治教育信息出现的原因以及可能带来的后果是多元的、复杂的,教育者理应尽可能多地对可能相关的影响因素进行综合考虑,从而得出最准确可靠的分析结果。

3.系统分析法

系统分析法是将研究对象进行系统化分析,从而得出科学结论的方法。思想政治教育信息也可以按照一定的思路进行系统分析。

(1)系统分析法的内涵和作用

系统分析法,是指教育者从系统论出发,把思想政治教育信息看作完整的系统,并对其相互依赖、相互作用的各个构成部分进行分析,从而把握思想政治教育本质和规律的方法。这种分析方法把思想政治教育信息进行结构化的分析,进而明晰各部分和结构的作用、价值和功能,从而实现对思想政治教育整体的把握和理解。因此,系统分析法既有助于教育者从结构入手把握思想政治教育信息的部分作用,也有助于教育者从整体入手把握思想政治教育信息的全息价值,从而实现部分与整体的统一。

(2)系统分析法的构成和运用

系统分析法一般情况下由要素分析、结构分析、环境分析等必要的分析步骤或内容组成。这对思想政治教育信息的系统分析方法提出了运用要求。第一,进行要素分析。要对构成思想政治教育信息的要素进行子系统划分,并对其相关关系进行分析,从而明确各要素的主题,为后续分析奠定基础。第二,进行结构分析。结构不同,价值和功能就不同。可以说,“没有一定的结构,思想信息系统就不能构成一个整体,也形成不了思想信息系统的整体性质及其功能”①。要对这些要素所构成的模型和层级进行分析,从而进一步明确思想政治教育信息所折射出的价值和功能。第三,进行环境分析。思想政治教育信息系统在与外界的互动中会受到多重因素的影响,环境因素也会影响其作用的发挥。因此,教育者还需要对思想政治教育信息系统所处的环境进行分析,分析环境可能对其造成的影响,从而更好地把握思想政治教育活动的全貌。

---

① 郑永廷.思想政治教育方法论[M].2版(修订本).北京:高等教育出版社,2010:98.

三、思想政治教育信息传播方法

思想政治教育信息传播是实现思想政治教育信息传输的关键环节，其有效运用能够使受教育者直接接收蕴含思想政治教育内容的有效信息。

（一）思想政治教育信息传播方法的内涵和特点

所谓思想政治教育信息传播方法，是指教育者把分析之后的蕴含思想政治教育内容的信息，通过自我传播、人际传播、组织传播、大众传播等方式传输给受教育者，并促使其思想政治素质符合社会发展要求的方法。思想政治教育信息传播是思想政治教育各传播要素共同作用的结果。其中，教育者扮演着信源的角色，是信息传播方法的实施者和信息传播的主导者；被分析和加工过的蕴含着思想政治教育内容的信息实质上是信息传播过程中的讯息；自我传播、人际传播等具体方式则是信息传播过程中的媒介；受教育者则扮演着信宿的角色。

为此，思想政治教育信息传播方法具有以下基本特点：第一，引导性。所谓引导性，主要是指思想政治教育信息传播方法旨在通过对相关思想、知识、文化等信息的传播，引导受教育者形成与社会发展要求相一致的思想政治素质。第二，介质性。所谓介质性，主要是指思想政治教育信息传播方法需要依托或借助一定的客观物质载体进行传播，比如文字、语言、网络等。没有特定的介质平台，思想政治教育信息传播方法就没有“安身立命”之所，就无法发挥作用。第三，承载性。所谓承载性，主要是指思想政治教育信息往往以各种形式承载着思想政治教育内容，并向外传递出一定的价值观导向。“思想政治教育内容是思想政治教育信息所要传递的主要内容。思想政治教育内容的利用态、传递态构成了思想政治教育信息主体部分。”①

① 杨志平.思想政治教育信息问题研究[M].北京：人民出版社，2015:35.

(二)思想政治教育信息传播方法的作用

思想政治教育信息传播方法对思想政治教育活动具有积极影响,主要体现在以下三点。

第一,提供了受教育者接收信息知识的直接渠道。从教育信息流动的过程来看,“教师作为信息的发出者,他不能把自己头脑中的知识信息用手取出,然后揭开作为信宿的学生的头盖骨装填进去,而必须通过各种传播通道,如幻灯、投影、录音、录像、计算机课件等教学媒体将知识信息传播出去,经学生的五官接收,并传给大脑处理之后才能真正变为学生的知识”①。思想政治教育信息传播方法恰恰提供了教育者和受教育者沟通的桥梁,其可以帮助教育者将所想要传达的思想政治教育信息,及时有效地传输给受教育者,从而实现教育目标。

第二,创新了思想政治教育内容的表达方式。思想政治教育信息传播方法通过明示表达、暗示表达、直接表达、间接表达、情感信息表达、理性信息表达等方式可以极大程度地创新思想政治教育内容的表达方式。这种创新就是思想政治教育内容的利用态、传递态在信息传播视域下的创新表现。比如,教育者在讲授爱国主义时,声泪俱下地宣讲革命英烈的英雄事迹,使受教育者受到感染,从而取得极好的爱国主义教育效果。这就是通过情感信息传播方法对爱国主义教育内容的利用、传递和表达。

第三,丰富了思想政治教育实施方法的具体形式。基于信息论的思想政治教育信息传播方法,在形式上是一种分散型传播,传播的形式逐步向多样化、小型化、分散化方向发展,也是一种开放式的传播方法。相对于传统意义上的宣传教育法、社会实践法、自我教育法、心理咨询法等实施方法,思想政治教育信息传播方法的具体形式更加灵活多变。比如,教育者可以通过潜隐的方式将思想政治教育信息蕴含在受教育者所处的环境中,让受教育者在无意识中接受主流价值观的引导,达到润物细无声的效果。

---

① 奚晓霞.教育传播学[M].2版.重庆:西南师范大学出版社,2020:115.

(三)思想政治教育信息传播方法的主要方式

思想政治教育信息传播方法按照传播的方式,可以分为自我传播法、人际传播法、大众传播法、组织传播法、网络传播法等。以下主要介绍人际传播法、大众传播法和组织传播法。

1. 人际传播法

(1)人际传播法的内涵和作用

人际传播法,是指教育者在与受教育者进行人际交往的过程中,将蕴含思想政治教育内容的信息传输给受教育者的方法。在思想政治教育过程中,“思想政治教育者和教育对象之间必须进行信息传递、思想沟通和情感交流。换句话说,只要进行思想政治教育,就离不开人际传播”[①]。这就是说,人际传播法在整个思想政治教育信息传播的过程中发挥着基础性作用,从某种意义上看,人际传播法是组织传播和大众传播的基础。这种直接性、互动性、可控性、针对性的人际交往模式,可以为其他信息传播方法提供必要的前提和基础。

(2)人际传播法的类型和运用

按照人与人互动的方式,人际传播法可以分为直接传播和间接传播,集中传播和扩散传播等具体方式。直接传播是教育者和受教育者直接交流和沟通,在这一过程中实现思想政治教育信息的流动。间接传播是教育者和受教育者通过中间人进行信息的交流,通过第三方实现人际传播。集中传播是集中思想政治教育队伍的力量与受教育者交流,提升信息传播的全面性,是一种“多对一”的传播方式。扩散传播是单个教育者同时向多个受教育者传播思想政治教育信息,是一种“一对多”的传播方式。

人际传播法的运用要注意以下几点:第一,建立有效良好的人际关系。教育者和受教育者之间有效良好的人际关系是人际传播法运用的基本前提。如果教育者与受教育者之间交恶,就会缺乏交流和沟通的氛围,信息流通就会受阻,即便有信息流动,受教育者的接收效果也会大幅度降低。第二,寻找

---

① 欧阳林.思想政治教育传播学[M].北京:北京交通大学出版社,2005:41.

恰当的交流契合点。教育者在与受教育者交流、互动、沟通的过程中为了抓住受教育者的注意力，提升信息接收效果，理应以受教育者的兴趣爱好、思想特征等为切入点，以受教育者喜闻乐见的方式实现信息互动。第三，坚持民主平等开放原则。教育者与受教育者在人格上应该是平等的。教育者应采用民主的方式实现信息流动，不能高高在上，决不能采用填鸭式的灌输来传输思想政治教育信息，这样只会适得其反。

2.大众传播法

人们在大众生活中往往需要通过大众媒介来获取信息，大众传播法就产生于这一过程，大众传播法是思想政治教育信息传播方法的常见方式。

(1)大众传播法的内涵和作用

大众传播法，是指教育者通过图书、报纸、广播、电视等大众媒介，将蕴含思想政治教育内容的信息传播给受教育者，从而促使受教育者形成社会发展所要求的思想政治素质的方法。思想政治教育信息大众传播法受众广、速度快、效果好，既可以通过大众媒体大范围地向受教育者传播思想政治教育信息，又可以迅速地实现思想政治教育信息的更替，向受教育者传播最新信息，还可以通过长时间多角度的传播以实现良好的传播效果。

(2)大众传播法的类型和运用

大众传播法基于所依托的媒介，可以分为图书传播、报纸传播、广播传播、电视传播等。图书侧重于传播专业理论知识的信息，报纸侧重于传播新闻热点问题的信息，广播和电视则依赖于声音等方式传播信息。不同类型的传播方式为人们提供了不同类型的思想政治教育信息，从而帮助受教育者进行思想转化，这些信息成为改造自我的力量，使受教育者在丰富精神世界的进程中实现思想政治教育的效果。

大众传播法的运用要求如下：第一，要明确大众传媒的导向性。大众传媒拥有一定的自主性，但不能“肆意而为”。大众传媒所传播的思想政治教育信息应与党和国家所要求的主流意识形态相一致。第二，要时刻关注舆论走向并积极引导。“在现代社会，大众传播成为一种诱导效果明显，影响舆论显著的传播活动。其传播的目的,多半是要造成广泛的社会舆论。"[①]教育者就是要通过大众传播形成有利于社会主义主流价值观传播的舆论。第三,要善于采用最新的大众传媒方式。随着智能手机的普及和网络技术的发展,教育者要善于借助各种手机应用软件、网站、贴吧、论坛等开展大众传播,提升大众传播的传播效力,助力主流意识形态教育和引导。

3.组织传播法

人类社会由各种各样的社会组织所构成,组织内部以及组织与组织之间都存在信息交流,在这一过程中也就产生了思想政治教育信息组织传播法。

(1)组织传播法的内涵和作用

组织传播法,是指教育者通过组织内部或组织与组织之间的互动、交流,将蕴含着思想政治教育内容的信息传播给受教育者,从而促使受教育者形成社会发展所要求的思想政治素质的方法。组织传播法作为社会组织间传播思想政治教育信息的重要方式,既可以实现组织内部以及各组织之间对相关思想政治教育信息的协调、整合、管理,也可以从整体上提升各种组织的思政水平,维护组织的团结统一,推动整个社会组织的有序运行。

(2)组织传播法的类型和运用

组织传播法按照传播的方向可以分为组织外传播和组织内传播两种类型。组织外传播主要是指一个组织把思想政治教育信息传播给另一个组织。组织内传播主要是指同一个组织内作为教育者的成员向作为受教育者的成员传播思想政治教育信息,比如在学校里面教师向学生传播社会主义核心价值观的相关信息。

组织传播法的运用要注意以下几点:第一,建立健全完善的组织体系。组织传播以完善的组织体系为前提和基础。社会成员只有按照一定的联系组织起来,形成具有特定关联的社会组织,并相互尊重、相互信任,成为团结友善的组织体,思想政治教育信息组织传播法才可能在这种社会组织中大放光彩。第二,有效利用组织传播的各种媒介。在组织传播的过程中常用的媒

① 欧阳林.思想政治教育传播学[M].北京:北京交通大学出版社,2005:54.

介有会议、文件、制度等，教育者在进行组织传播时要结合教育对象的范围、教育环境的优劣、教育任务的要求等，选择合适的媒介方式传播思想政治教育信息。第三，注重组织内传播和组织外传播的结合。就大部分组织而言，其既有组织内部成员，同时又有与之平行或上下级的其他组织。所以，要注重组织内传播和组织外传播的结合，从而最大限度地实现对组织成员的全员教育。

四、思想政治教育信息反馈方法

思想政治教育信息反馈是思想政治教育信息方法实施的最后一个环节，是对整个思想政治教育活动整体情况的总结和研判。

（一）思想政治教育信息反馈方法的内涵和特点

思想政治教育信息反馈方法，主要是指在实施思想政治教育信息传播方法之后，教育者采用横向反馈、纵向反馈、对象反馈等方式对相关思想政治教育信息进行收集整理，并在研判思想政治教育实施效果中改进思想政治教育活动策略的方法。一方面，思想政治教育信息反馈法的运用具有严格的时序性要求。思想政治教育信息获取方法和反馈方法都需要以信息收集为前提基础，而两者收集的时间顺序不同，反馈是整个思想政治教育信息收集的终结，理应放在最后一环，而获取则是思想政治教育信息收集的第一环节。另一方面，思想政治教育信息反馈法具有较高的时效性要求。这是因为，一旦错过时机，教育者就很难确定相关思想政治教育信息是不是在本次思想政治教育活动影响下所生成的，其准确性就会打折扣。

思想政治教育信息反馈方法具有以下基本特点：第一，客观真实性。这是指思想政治教育信息反馈方法要完整、准确、客观、真实地对能够反映思想政治教育效果的信息进行收集。教育者应从已经开展的思想政治教育实际出发，不能主观臆断和随意揣摩。第二，系统全面性。这是指思想政治教育信息反馈方法在获得反馈信息时，理应对反映受教育者思想改变状况、教育目标实现情况、教育方法运用情况等各个方面的思想政治教育信息进行系统化的反馈收集，否则所得出的结论就可能片面。第三，评估调节性。这是指思想政治教育信息反馈方法的目标是思想政治教育的评估和调节。教育者通过反馈回来的信息，发现教育过程中的不足，从而有的放矢地改进不足，以提升教育效果。

（二）思想政治教育信息反馈方法的作用

就整个思想政治教育过程而言，思想政治教育信息的流动往往不是稳定的，需要借助思想政治教育信息反馈方法，对思想政治教育的各个环节和要素进行评估，并根据评估结果改进和调整思想政治教育活动的环节、策略、目标、方法等，以达到提升教育效果的目的。

一方面，为思想政治教育评估提供可靠支撑。思想政治教育评估是判断思想政治教育是否实现了既定目标、思想政治教育各要素职能是否充分发挥、思想政治教育各环节是否有序得当的必要环节。思想政治教育信息反馈方法是对思想政治教育信息传播方法实施之后的关于思想政治教育对象、目标、内容、方法等方面信息的汇总和分析，可以使教育者通过这些信息所反馈的思想政治教育现象来判断思想政治教育的各个要素和环节是否与预想的情况一样。如此一来，思想政治教育信息反馈方法就可以给整个思想政治教育评估提供可靠的信息支撑，使教育者在研判不足和提升成绩时更有依据。

另一方面，为思想政治教育活动的改进和调整提供可靠依据。在思想政治教育不断推进的过程中，“当发现教育对象不理解，应当及时加以解释；当发现决策（如下达的计划或规划）不甚合理，应当及时作局部修正；当实践证明决策失误时，则应当坚决撤销，及时做出新的决策”①。教育者通过思想政治教育信息反馈方法对思想政治教育各个环节、要素和效果进行评估之后，既有思想政治教育活动的不足和成绩就会得到凸显。此时，教育者就应该以反馈信息为依据，调整和改正既有不足，使下一次的思想政治教育活动更加贴合实际、更加贴合受教育者的需要、更加贴合社会发展的要求，从而提升思想政治教育效果。

---

① 刘新庚.现代思想政治教育方法论[M].北京：人民出版社，2006：333.

(三)思想政治教育信息反馈方法的主要方式

按照反馈主体的不同,思想政治教育信息反馈方法可以分为纵向职能反馈法、横向大众反馈法、对象直接反馈法等方式。

1.纵向职能反馈法

思想政治教育系统是由多个上下相互联系的部门所组成的复杂系统,因此,居于上位的决策系统往往通过各下级系统获取思想政治教育反馈信息。

(1)纵向职能反馈法的内涵和作用

纵向职能反馈法,是指思想政治教育系统内上级系统通过抽查、下级汇报等方式向下级系统收集反馈信息,从而把握思想政治教育状态的方法。对上级系统而言,纵向职能反馈法有助于决策部门根据反馈信息做科学合理的思想政治教育决策和安排,从而做好思想政治教育的顶层设计工作。对下级系统而言,纵向职能反馈法有助于畅通思想政治教育信息互动渠道,可以及时地将最真实的思想政治教育信息反馈给决策部门,助力思想政治教育活动的顺利进行。

(2)纵向职能反馈法的类型和运用

纵向职能反馈法按照反馈的方式可以分为汇报式反馈、抽查式反馈、定点式反馈等类型。汇报式反馈,主要是指思想政治教育系统内,下级部门向上级部门反映思想政治教育运行情况的反馈方式。抽查式反馈,主要是指"由决策系统选择部分子系统了解思想政治教育的实施情况,并将反馈信息的结论类推到全系统"[①]。定点式反馈,主要是指定期定时地从固定的思想政治教育下级系统获得思想政治教育反馈信息的方法。

纵向职能反馈法的运用有以下要求:第一,要建立起可以互通有无的思想政治教育系统。纵向职能反馈法以信息通畅的思想政治教育系统为前提。如果思想政治教育系统内部各级部门相互缺乏一定的交流,下级部门不向上级部门反馈信息,上级部门不向下级部门传达信息,整个思想政治教育活动就会陷入一片混乱、各自为政的情况。第二,上级系统要及时收集反馈信息

---

① 郑永廷.思想政治教育方法论[M].3版.北京:高等教育出版社,2022:321.

便于全面掌握情况。思想政治教育上级系统要根据思想政治教育进程，有步骤按计划地向下级系统收集信息，从而更好地把握全局，但是也不能过分收集，否则就可能使下级疲于应付，传递不实信息。第三，下级系统要深入思想政治教育实践掌握第一手资料。下级思想政治教育系统作为向上级系统通报反馈信息的直接责任主体，为了更好地将真实、可靠、全面的思想政治教育信息反馈给上级部门，应深入实际开展调查研究，用事实说话，力戒形式主义。

2.横向大众反馈法

思想政治教育活动说到底是一种面向大众的意识形态引导活动，所以还可以从人民群众处获得反馈信息。

(1)横向大众反馈法的内涵和作用

横向大众反馈法，是指教育者通过大众媒介、大众平台等向社会大众获取反馈信息，从而把握思想政治教育状态的方法。横向大众反馈法面对的对象更广，涉及的信息更全，所得到的反馈信息也更加真实。为此，这种方法适用于大范围内的全方位的思想政治教育信息反馈，是党和国家从整体上把握社会主义主流意识在全社会教育现状的可靠方式，具有十分重大的现实作用。

(2)横向大众反馈法的类型和运用

按照大众反馈所依托的载体和平台，横向大众反馈法可以分为大众传媒反馈、民意调查反馈、电话调研反馈等类型。大众传媒反馈，是指通过报纸、杂志、官博、电视、网络等大众媒介来获取反馈信息的方法。民意调查反馈，是指通过收集人民群众对某一问题、现象、事件的看法和意见，从而获取反馈信息的方法。电话调研反馈，是指通过打电话访谈来获取反馈信息的方法。

横向大众反馈法在运用中要注意以下几点：第一，所涉及的议题不能太宽泛。大众反馈法面向的是全体大众，因此其获取的反馈信息的体量会非常大，如果选择的议题过于宽泛，反馈信息就会指数化增加，教育者想要了解的思想政治教育现状信息就会被海量信息所淹没。第二，要合理选择大众平台和载体。横向大众反馈法可以选择的大众平台有很多，但是每种载体的侧重不同,如网络平台具有速度快、互动好的特点,而报纸则更加正式和规范。要根据所要获得的反馈信息的特性来选择合适的大众反馈方法。第三,要做好对反馈信息的整理归纳。横向大众反馈的信息具有海量性,为了能够在海量信息中准确把握想要了解的思想政治教育现状信息,教育者应对其进行主题归类,实现对相关问题的科学把握。

3.对象直接反馈法

对象直接反馈法产生于教育者从受教育者处获得反馈信息的过程。

(1)对象直接反馈法的内涵和作用

对象直接反馈法,是指教育者通过访问、恳谈、问询等方式从受教育者处获取反馈信息,从而把握思想政治教育状态的方法。对象直接反馈法最为突出的特点是教育者和受教育者直接面对面从而获得反馈信息。因此,这种反馈方法可以掌握最直接、最一线的反馈信息,有助于教育者了解受教育者的真实想法、真实感受,所得出的思想政治教育结论也更加具体有效。所以,对象直接反馈法通常被教育者用于某些微观思想政治教育活动的信息反馈,从而实现对受教育者的针对性了解和把握。

(2)对象直接反馈法的类型和运用

对象直接反馈法按照与受教育者的交流方式,可以分为恳谈式反馈、访问式反馈等类型。恳谈式反馈,是指教育者与受教育者在友好和睦的氛围中,就某个思想政治教育问题展开深入讨论,从而获得思想政治教育反馈信息的方法。访问式反馈,是指教育者通过上门访问、信访等方式,深入接触受教育者,在与受教育者交流思想政治教育活动运行情况的过程中获得思想政治教育信息反馈的方法。

对象直接反馈法在实践运用中需要注意以下问题:第一,打造和谐氛围。对象直接反馈法是教育者与受教育者直接面对面交流的方法,所以和谐融洽的交谈氛围至关重要。如果反馈氛围比较轻松活泼,则有利于思想政治教育反馈信息的收集;如果反馈氛围比较紧张有压迫感,就可能影响反馈效果。第二,明确反馈主题。对象直接反馈法的运用应有明确的目的、环节、步骤等反馈内容,在收集反馈信息的过程中教育者不能毫无目的地与受教育者交流,所有的交流都应该是围绕某一主题的交流,并做到循循善诱,从而有效收集思想政治教育反馈信息。第三,注意把握分寸。在这一方法运用中,教育者还要把握分寸,对受教育者比较敏感和不愿意公开的话题,教育者要慎重交流,以免引起受教育者的反感,造成不可避免的损失。对于这种情况,教育者往往需要通过迂回战术,或是从其他方面,或是从其他受教育者处了解相关信息。

第九章

思想政治教育的网络教育方法

思想政治教育的网络教育方法是开展思想政治教育活动的重要手段与方式，是思想政治教育方法论的重要组成部分。在网络思想政治教育实践中，网络教育方法主要由网络主流意识形态教育方法、网络道德教育方法以及网络舆情引导方法等构成。

一、网络主流意识形态教育方法

在新的历史条件下,“互联网已经成为舆论斗争的主战场”①,网络已成为传播主流意识形态的主要阵地。在新的时代背景下,只有不断创新网络主流意识形态教育方法,才能使网络主流意识形态教育发挥其价值引领与凝聚共识的关键作用,提升网络主流意识形态教育的实效。

(一)网络主流意识形态教育方法的内涵

网络主流意识形态教育方法,是指教育者在把握网络现状、意识形态以及教育本质的基础上,有目的、有计划、有组织地向受教育者传递中国特色社会主义主流意识形态内容,使之形成符合虚拟和现实社会所需要的思想理论素养与行为自觉的各种途径、手段与方式的总和。

正确理解与把握这一内涵,需要注意以下几个方面:第一,其关键任务是有效传递中国特色社会主义主流意识形态内容。思想政治教育承担着解答“培养什么人、怎样培养人、为谁培养人”问题的历史使命,其实施关键就是中国特色社会主义主流意识形态教育,是将无产阶级所倡导的思想观念、政治观点、道德规范等中国特色社会主义主流意识形态内容贯彻到全社会的教育活动之中。第二,其主要目的是提升受教育者对中国特色社会主义主流意识形态的理论认知与行为自觉。认识和实践的统一是科学地考察全部哲学以及人类历史的重要方法论原则,离开了实践谈认识只能是“空谈”,而离开了认识谈实践则会陷入盲目。因此,实现认识与实践的统一是进行网络主流意识形态教育的必然要求,在强化受教育者主流意识形态认知与认同的基础之上,使受教育者将主流意识形态要求外化于实践之中,真正成为主流意识形

① 中共中央文献研究室.习近平关于社会主义文化建设论述摘编[M].北京:中央文献出版社,2017:28.

态的认同者、传播者与践行者。第三,这一方法是传统主流意识形态教育方法在网络空间内的拓展与延伸。与传统的主流意识形态教育方法相比,网络主流意识形态教育方法具有目的上的一致性,两者的主要目的都是通过主流意识形态教育,不断提升受教育者的思想观念水平和道德素质。但是,网络思想政治教育在方法上又具有特殊性,互联网信息技术的发展带动了网络虚拟社会的形成。一方面极大地拓展了思想政治教育的活动领域和范围,使思想政治教育方法更加多样化;另一方面使传统的主流意识形态教育方法向网络空间延伸并衍生出具有网络技术特点的方法体系。

(二)网络主流意识形态教育方法的特点

网络主流意识形态教育方法具有虚拟性、交互性与综合性的基本特点。

第一,虚拟性。网络主流意识形态教育方法的虚拟性是针对网络环境的虚拟性而言的,是指其运用的环境以虚拟的方式存在。网络信息技术的发展使人们的交往模式超越了物理时空的限制,转变为虚拟化、符号化的交往模式。在网络的虚拟空间中,教育者、受教育者、教育内容等思想政治教育各要素都是以虚拟化的符号而存在。因此,网络主流意识形态教育方法作为联系诸多要素的中介,也必然具有虚拟性的特点。

第二,交互性。网络主流意识形态教育方法的交互性,是指在网络虚拟空间内,教育的主客体是平等交流、相互促进的关系,是双向互动的。与传统的主流意识形态说服式的单向教育不同,网络虚拟空间的匿名性消解了传统人际交往的藩篱,使得教育者和受教育者双方能够真正处在平等的地位。在网络主流意识形态教育过程中,一方面,教育主体依据主流意识形态的内容与规律对教育客体开展思想政治教育;另一方面,教育客体对主流意识形态教育的反馈使教育主体不断更新与完善教育内容、形式与方法。这一方法使两者在网络空间内相互促进、相得益彰,完善了传统主流意识形态教育单向灌输的不足之处,变单向交流为双向互动。

第三,综合性。综合性是网络主流意识形态教育方法的主要特点,主要体现在：一是网络教育载体的综合性决定了网络主流意识形态教育方法的综合性。网络融合了报纸、广播、电视等传统媒体的优势与特点，是综合化的新兴媒体，这决定了网络主流意识形态教育方法需要适应网络载体综合化的要求。二是网络思想政治教育内容的多样性决定了网络主流意识形态教育方法的综合性。网络空间存在着丰富的思想政治教育的素材，而主流意识形态教育内容是一个丰富与复杂的体系，这要求在网络主流意识形态教育过程中优化与整合网络空间内的教育资源，以满足教育受众的综合化需求。三是影响网络思想政治教育对象的因素的复杂性与多样性，也决定着网络主流意识形态教育方法的综合性。

（三）网络主流意识形态教育方法的主要方式

网络主流意识形态教育方法的具体形式多样，按照教育主体的行为方式划分，可以分为网络理论教育法、网络管理干预法和网络调控疏导法。

1.网络理论教育法

理论是行动的先导，“要炼就‘金刚不坏之身’，必须用科学理论武装头脑”[①]。因此，要有效运用好网络理论教育方法，牢牢占据网络阵地，巩固主流意识形态在网络空间内的主导地位。

（1）网络理论教育法的内涵

网络理论教育法就是教育者与受教育者通过网络阵地有目的、有计划地开展马克思主义理论、中国特色社会主义理论等主流意识形态的理论学习、培训、教育，不断增强受教育者对主流意识形态的认同，帮助受教育者树立正确的世界观、人生观、价值观的教育方法。

（2）网络理论教育法的主要形式

网络理论教育法的形式多样，主要有以下几种。

第一，网络理论学习。网络理论学习就是集体或个人依托信息技术手段，有计划、有组织地进行学习马克思主义理论和党的路线、方针与政策的方

① 中共中央文献研究室.习近平关于社会主义文化建设论述摘编[M].北京：中央文献出版社，2017:61.

法。其优势是理论内容体系化、权威性高。

第二,网络理论宣传。网络理论宣传就是运用网络宣传主流意识形态内容,用先进思想与正确观点引导受教育者的网络与现实行为的方法,既有理论的阐释与辅导,也有理论的运用与典型示范,是普遍的理论教育方式。其优势是速度快、覆盖范围广。

第三,网络理论培训。网络理论培训是指利用网络平台有组织地针对个人或者群体开设线上培训班、学习班以及研讨会等进行主流意识形态理论的专题性与系统性培训的方法。其优势是集中性强、见效快。

(3)网络理论教育法的基本要求

第一,要重视线上教育资源的整合,保证网络理论教育内容的正确性。整合教育资源是指利用网络平台与技术,对有利于思想政治教育活动开展的有关资源进行调度、整理、优化与创造,引导正确的舆论导向,打造风清气正的网络空间。当前,网络空间充斥着大量的碎片化信息,其中既有符合主流意识形态教育要求的素材与内容,又有背离社会进步与发展的不良信息,这就需要思想政治教育工作者们综合利用各种手段剔除不良信息,整合有益内容,增强网络主流意识形态教育实效。

第二,要优化教育形式和手段,保持教育方法的灵活性。在开展网络理论教育时,要将传统的理论教育中的有效做法同网络的基本特性及其规律相结合,依据网络受众的需要和特点不断优化教育形式与手段,加强主流意识形态教育的生动性、趣味性与感染力。

第三,要畅通信息渠道,提升教育过程的互动性。畅通信息渠道是指在网络空间内综合运用各种手段保证网络信息传播渠道的畅通,主要包括畅通信息的传递、收集与反馈渠道。一方面,教育者在遵循网络传播基本规律的基础之上,拓宽信息的传播渠道,面向网络受众传递主流意识形态教育内容;另一方面,受教育者根据教育内容、形式以及学习效果针对教育情况进行反馈,促使教育主体不断优化网络理论教育。

2.网络管理干预法

“网络空间是亿万民众共同的精神家园”，“谁都不愿生活在一个充斥着虚假、诈骗、攻击、谩骂、恐怖、色情、暴力的空间”。[①]“网络空间同现实社会一样，既要提倡自由，也要保持秩序。”[②]因此，需要运用好网络管理干预方法来规范网络虚拟空间秩序，打造和谐有序的主流意识形态教育环境。

(1)网络管理干预法的内涵

网络管理干预法是指教育者以法律和社会道德规范为基准，通过制定网络行为准则、网站或论坛的管理制度，并以此为依据对教育对象的网络行为进行教育和管理，对相悖于主流意识形态要求的不当网络现象与行为进行监督和直接干预的方法，属于规范性教育。

(2)网络管理干预法的主要形式

从网络信息的传播过程来看，网络管理干预法可以从信息源、信息终端以及网络环境三个方面来进行管理干预。

第一，信息源管理干预。信息源管理干预是指通过遏制信息传播源头来净化网络空间的方法，对明显反动的有害信息要迅速删除，对迷惑性较强的不良信息应着力于阐释真相，澄清是非。其优势是时间短，见效快，能及时控制不良言论与信息的蔓延，弱化或消除其对主流意识形态教育的负面影响。

第二，信息终端管理干预。信息终端管理干预是指网络的实际参与个体出现网络行为或言论不当时，教育者及时予以干预惩戒的方法，这种干预既可以通过封禁用户部分网络权限、限流等线上方式进行，也可以通过线上干预与线下教育联动进行。

第三，网络环境的管理干预。网络环境的管理干预是指通过建立必要的管理与规范制度来维护健康的主流意识形态教育网络环境。网络管理制度的制定包含三个方面：一是为网络受众制定网络行为规范，规定网络行为礼仪，设定言行禁区；二是针对各类型的网络参与平台制定专门的管理规定；三是相关的管理与规范制度必须以相关的法律法规为参照。

① 习近平谈治国理政(第二卷)[M].北京:外文出版社,2017:336.

② 习近平谈治国理政(第二卷)[M].北京:外文出版社,2017:533.

(3)网络管理干预法的基本要求

第一,在制定网络管理制度时要遵从国家法律法规和考虑网络空间的特殊性规律。网络管理制度是国家法律法规在网络中的延伸和体现,是根据网络空间的实际情况和特点而制定的特殊的管理制度。网络管理制度是人们在网络中的行为准则,在制定过程中必须依据充分、逻辑清晰、表述精确。一方面体现网络管理制度的严肃性和权威性,另一方面为网络受众遵守网络管理制度提供便利。

第二,要做好网络管理制度的宣传普及,使受教育者清楚网络管理制度的内容与要求。制定和执行网络管理制度应立足于在事前对人们的行为进行规范和调整,而非事后对违规行为进行制裁和惩罚。因此,必须在网络受众进行具体的网络活动之前,使他们了解有关制度规定,以利于规范自身网络行为。

第三,要充分调动和发挥网络受众的自我管理能力。网络参与者自我素养不足是导致网络行为失范的重要因素。这就需要让网络受众亲身参与到网络的日常管理和监督工作中来,帮助其正确认识和了解网络空间,树立在网络世界中的主人翁意识,培养其网络素养与责任感,使其自觉规范自身的网络言行,在坚定主流意识形态自信的同时予以积极传播与宣传。

3.网络调控疏导法

互联网的快速发展使人们的思想更加复杂、多变,用传统的“禁、堵、统”的方法,不但不能奏效,反而适得其反,网络思想政治教育方法的运用亦是如此。网络调控疏导法相对于网络管理干预法而言,更侧重于采取“疏通”的手段进行主流意识形态教育。

(1)网络调控疏导法的内涵

网络调控疏导法,是指网络思想政治教育者针对受教育者的思想动态和网络的言论环境,有计划、有目的地对教育对象进行思想疏通和引导,使其纠正偏差和错误,接受正确的观点、形成正确的态度,提高受教育者对主流意识形态的认同感的方法。网络思想政治教育调控疏导法,就是要晓之以理,动之以情,实现明理动情的教育效果,最终通过正面引导、启发诱导等方式使教育对象形成正确的认识。

(2)网络调控疏导法的主要形式

根据网络载体的特点,网络调控疏导法的主要形式有即时性疏导、渗透式疏导、参与式疏导以及咨询式疏导等形式。

第一,即时性疏导。即时性疏导是针对网络信息交互的即时性特点而言的,是指教育者通过网络平台,以讨论交流的互动方式对受教育者的言论、观点与思想进行引导的方法,具有快速性、直接性的特点。

第二,渗透式疏导。渗透式疏导是指教育者有目的、有意识地通过各种网络平台,将社会主义主流意识形态的内容巧妙地内隐于网络环境和网络活动之中,就网络受众所共同关注的问题、普遍存在的困惑进行引导,使受教育者在潜移默化之中受到熏陶和感染的方法,具有隐蔽性的特点。

第三,参与式疏导。参与式疏导是指教育者主动参与网络相关专题活动,发表自己的言论与观点,通过有针对性地揭露与批判有害信息,积极倡导和弘扬主流意识形态等方式,引导受教育者识别与分辨不良信息,引导正确的舆论导向,实现对受教育者思想认知与行为选择的引导,具有权威性、认同性强的特点。

第四,咨询式疏导。咨询式疏导是基于网络具有连续性互动特点而言的,是指教育者根据受教育者提出的问题组织讨论、解释疑惑的疏导方法,具有针对性、准确性的特点。

(3)网络调控疏导法的基本要求

第一,注意个体差异与需求。根据教育对象的具体特点有针对性地选择教育方法,是运用网络思想政治教育疏导方法的基本前提。网络主流意识形态教育的疏导方法一定不是程序化和固定的,而是根据受教育者不同的性格特质、个人经历、教育背景、家庭环境等因素以及在思想道德水平上的差异和思想道德行为上的不同,因人而异、因人而宜。

第二,注重教育者主导性的发挥。网络思想政治教育的调控疏导离不开教育者主导性作用的发挥。这种主导性可以从三个方面来理解:一是教育者要始终坚持正确的立场、秉持正确的观点，始终做主流意识形态的代言人和倡导者；二是要运用一切网络手段去参与网络教育活动，坚定正确的舆论方向，使主流意识形态真正在网络空间成为主导；三是要积极运用网络手段对网络上的错误观点与有害舆论进行批判和揭露，发挥好教育者明辨是非、答疑解惑的作用。

第三，强调受教育者的主体性作用。发挥受教育者的主体性作用是网络环境下教育者与受教育者所形成的交互性主客体关系在网络思想政治教育中的要求和体现。教育者要积极发挥引导、辅助、服务的主动性，受教育者也要发挥主动学习与自我教育的作用。

二、网络道德教育方法

道德作为人们共同生活及其行为的准则与规范，是以善恶评价的方式调整人与人、个人与社会之间相互关系的标准、原则和规范的总和。人际交往时空的变化以及活动方式的虚拟化使道德在网络空间内的规范功能极大弱化，网络不当行为与道德问题日益涌现。作为思想政治教育的重要方法之一，网络道德教育方法对提升网络参与者的网络素养、规范网络行为、构建风清气正的网络空间具有重要作用。

（一）网络道德教育方法的内涵

网络道德教育方法虽然与传统的道德教育方法相联系，但并不是一般意义上的继承与发展，而是一种全新的创造。所谓网络道德教育方法，是指教育者围绕教育目标，运用网络和现实手段对网络主体有目的地施加影响，使其认可并接受一定的网络道德规范，并主动将其转化为自觉行为的方法，是规范网络行为、维护网络秩序的重要手段。当前，道德认知紊乱、道德情感冷漠、道德行为失范等构成了网络道德的典型问题。道德认知紊乱是由于受教育者存在个体性差异，面对网络多元意识形态的交融碰撞时不知如何分辨与选择而造成的迷惘状态。道德情感冷漠是指在网络社会，交往的虚拟性容易使受教育者产生依恋与沉迷，导致精神麻木与情感冷漠并逐渐失去对现实的道德判断能力。道德行为失范是在网络空间违背道德甚至法律要求的网络行为的总和,包括网络欺诈、黑客行为、窃取他人隐私、发布虚假信息、网络暴力等失范行为。网络道德教育方法就是为了有效解决网络道德问题应运而生的。

(二)网络道德教育方法的特点

由于时空和交往方式的变化,网络道德教育方法呈现出多样性、形象性、互动性的特点。

第一,多样性。网络道德教育方法具有多样性特点,其既包括现实的道德教育方法,又包括通过网络展开的网络道德教育方法。虽然网络使人们的交互空间发生了巨大改变,由传统的现实社会转变为虚拟社会,但是现实中的人仍然是虚拟社会的交往主体。因此,激励教育、感染教育、典型教育等传统的道德教育方法依然适用于网络空间。另外,网络道德教育方法因教育环境的改变,也呈现出更丰富多样的创新形式。

第二,形象性。网络技术可以通过文字、声音和图像为受教育者营造一种生动的身临其境的感性场景,增强教育的趣味性和生动性。在教育过程中,教育者不仅可以在线即时直播远距离事件的过程,而且可以通过虚拟现实(VR)等网络技术再现历史上曾经发生的事件,使受教育者身临其境地感受道德教育的内容,在虚拟情境中体验人生哲理,践行道德准则。基于网络技术塑造生动形象的教育场景是网络道德教育的优势,也是实现网络道德教育有效性的重要方式。

第三,互动性。在网络的虚拟空间内,受教育者具有充分的自主性,他们可以按自己的意志选择自己感兴趣的教育内容,而不是由教育者指定和强迫其要接受什么样的教育。同时,受教育者也可以利用不同的网络平台进行一对一、一对多、多对多的交流来发表观点、传递信息。这样的自由性与互动性,更能调动受教育者接受道德教育的主动性,更能发挥他们的能动作用,也更有利于受教育者进行自我教育,从而增强自身的网络道德意识,提升自身的网络道德境界,塑造健全的网络道德人格。

（三）网络道德教育方法的主要方式

按照网络道德失范的行为划分，网络道德教育方法主要包括：网络成瘾的控制方法、网络"恶搞"的规范方法、网络违法的防控方法等。

1.网络成瘾的控制方法

网络成瘾是常见的网络道德问题之一，它是指个体反复过度使用网络导致的一种冲动失控行为。主要体现在网络参与者对网络产生强烈的依赖，长期沉迷于网游、网购、网聊等网络行为，其实质是人在网络领域中的主体性丧失，不能有效地控制自身的网络行为。长期沉迷网络不仅会严重影响人们的精神状态，还会直接影响其社交、心理等现实与网络行为。网络成瘾的控制方法主要有网络认知调整法、网络注意力转移法等。

（1）网络认知调整法

网络认知调整法，是指"主要借助于心理干预的知识，以干预不良网络认知和行为为手段，以改变网络成瘾者对网络成瘾的认知态度和行为习惯为目的，用时间控制、认知重组和集体帮助的方式，进行认知行为矫正的方法"[①]。在认知调整过程中，网瘾者接受教育者教给他的网络观念和行为模式，形成新的网络认知和行为，并将新的认知内化为网瘾者的自我意识，进而正确认识与合理使用网络。

（2）网络注意力转移法

网络注意力转移法，是指通过"转移网络成瘾者对网瘾事件或活动的注意力，从而达到戒除或减轻成瘾程度的一种矫正方法"[②]。网络成瘾者往往是将全部或多数注意力集中或专注于某一网络活动，例如网络色情成瘾主要是将上网的全部或主要注意力集中于搜索和浏览网络色情图片、色情文字、色情影视等活动；网络交际成瘾则将注意力过度集中于网络交往活动。网络注意力转移法既包括网上不同类型活动的注意力转移，也包括网上注意力向网外空间的转移。

---

① 郑永廷.思想政治教育方法论[M].3版.北京：高等教育出版社，2022：245.

② 郑永廷.思想政治教育方法论[M].3版.北京：高等教育出版社，2022：245.

2. 网络“恶搞”的规范方法

网络“恶搞”是指“利用网络的交互性、快捷性、广泛性，以文本、图片、声音和视频为表现方式，以消解和解构取材对象的传统理解方式和价值观为目的的一种网络特殊行为和现象”[①]。网络“恶搞”虽多冠以娱乐之名，但也存在着大量披着娱乐外衣消解与解构核心价值观的“恶搞”现象，如果放任其在网络空间肆意传播，无疑会极大地冲击社会主流价值观念，严重影响社会风气。因此，需要予以引导与规范（这里的规范并不是规范地进行“恶搞”，而是对一些娱乐形式进行引导，同时杜绝一些负面的东西）。

（1）网络思想教育法

网络思想教育法主要包括网络道德教育与审美教育。网络道德教育又可以分为网络公德教育、个人私德教育。通过加强对网络受众的网络道德和网络审美教育，使网络受众正确认识网络上的善与恶、美与丑、是与非，提高网络道德素养和分辨能力，增强网络受众的自律意识和能力，进而使其养成良好的网络行为习惯。

（2）网络引导法

网络引导法就是通过积极正向的网络舆论以及优秀的网络文化产品，丰富网络主流文化内容，打造充满正能量的网络空间，助益形成风清气正的网络环境，引导网络参与者形成正确的道德认知与良好的网络使用习惯，使网络参与者在养成良好的网络行为的同时，自觉抵制消极负面的网络“恶搞”行为。

（3）网络规制法

网络规制法是指通过强制性手段规范与管理网络失范行为。网络规制主要包括法律规制与制度规制。法律规制是指通过相关网络法律法规，制止破坏与扰乱网络环境的“恶搞”行为，对涉嫌违法的网络主体给予制裁。制度规制是指网络企业与平台依据相关法律要求以及自我需要，制定网络管理制度，并综合运用封号、限流、屏蔽等技术手段加强网络监管，对一些网络“恶搞”行为进行直接监督与管理。

---

① 郑永廷.思想政治教育方法论[M].3版.北京:高等教育出版社,2022:245-246.

3.网络违法的防控方法

网络违法行为是指借助互联网等科技手段获取不当利益的违法行为，网络违法行为不仅仅是网络违法行为，同样也是典型的道德失范行为。如网络黑客、网络盗窃、网络暴力、网络欺诈、网络色情等等。网络违法的防控方法主要包括司法防控、技术防控、监管防控与自我防控等。

(1)司法防控

司法防控是指利用法律强制力来威慑与防范网络违法行为，以法律为指导带动道德行为自律的方法。对于网络的违法行为，相关立法执法机构通过制定与实施相关法律法规，有效地予以防控和打击。

(2)技术防控

技术防控是指通过研究、开发与运用网络技术来保障网络信息有序传播，规范网络主体行为的方法。利用网络信息监控/筛选/处理的加密技术/防火墙技术/数字安全认证技术等技术手段，为网络道德教育与违法防控提供技术支撑。

(3)监管防控

监管防控是指监察执法机构以及相关的责任主体通过对网络行为的监管、控制、管理与惩戒来防控网络违法行为的方法，它应用于网络行为的全过程。对明显反动或违法的信息及时予以删除或屏蔽；对迷惑性较强的信息及时澄清；对违法行为精准监控，依法依规予以惩戒；对违法倾向及时教育引导，降低违法风险。

(4)自我防控

自我防控是指网络参与主体主动提高自己的思想道德水平，认同网络道德规范与法律规范并自觉践行，把被动服从转变为自律行为来实现自我约束的防控办法。网络参与主体通过自我学习、自我改造、自我调控等方式提高道德水平、增强道德情感、锤炼道德意志，进而规范自我的网络行为。

(四)网络道德教育方法运用的基本要求

网络道德教育作为有效调节网络时空中人与人之间以及个人与社会之

间关系的实践活动，对约束网络行为，打造和谐有序的网络空间发挥着十分重要的作用。在运用网络道德教育方法的过程中，要始终注意以下几个方面。

1.坚持疏导教化与规制管理相结合

疏导教化与规制管理是网络道德教育的重要方式与手段。坚持疏导教化与规制管理相结合是指在进行网络道德教育过程中既坚持疏导教化的柔性手段，又辅之以法律法规为基础的刚性规约来共同完成对网络参与主体的道德教育，两者相辅相成，互为补充。网络为以虚拟符号存在的网络参与者提供了更为隐蔽和自由的活动空间，满足了人们言论表达、知识获取、娱乐消遣等多元需求，也极大地增加了道德教育的难度。单纯凭借主体自觉性或者强制约束都难以达到良好的教育效果。因此，只有坚持疏导教化与规制管理相结合，综合运用好柔性疏导与刚性规制的方式方法，才能达到不想道德失范、不能道德失范的教育效果。一方面，要通过疏导教化增进教育主体与客体的互动交流，做到以理服人、以情感人，提升教育客体的网络道德行为自觉；另一方面，要利用好相关法律、法规以及制度等管理规约对网络道德行为主体进行规范管理与强制威慑，做到及时防范，有效管理，打造有序的网络环境，杜绝网络道德失范行为的发生。

2.注重线上引导与线下教育相结合

网络参与者做出什么样的网络行为取决于其自身的综合道德素养，是其现实中道德修养在网络虚拟空间内的反映与延展。网络参与者不是凭空出现的，他们是现实生活中具体存在的“人”。现实中自觉遵守与践行社会公德的个人，其在网络空间内也多半会自觉遵守网络的道德规范与要求。没有现实的道德教育，网络道德教育就会成为无源之水，无本之木。因此，有效运用好网络道德教育方法就必然要注重线上教育与线下教育的有机结合，充分发挥二者的教育合力，形成网络教育与常规教育的互补优势。一方面，要充分利用网络空间与平台，不断丰富教育内容，优化教育资源，打造健康和谐的网络空间；另一方面，要不断强化现实中的传统道德教育，发挥好学校、家庭与社会的教育合力，培养高素质的网络参与者。

3.强化科学灌输与隐性渗透相结合

网络参与主体的道德意识不可能自己产生,必须接受科学的灌输。灌输是思想政治教育工作的重要法宝和本质特征。在互联网时代,面对网络的道德失范问题,利用多元的网络媒介,有计划、有目的地进行科学化的灌输仍然十分必要。通过弘扬社会主旋律,唤醒网络参与主体的道德自律意识,进而外化为行为自觉。但单纯的灌输式教育可能会导致受教育者主体性的缺失,引起受教育者的反感与抵触,需要隐性渗透教育予以辅助和补充。隐性渗透教育可以弥补正面教育"直接"与"生硬"的影响,减少受教育者的逆反心理,增强网络道德教育的亲和力,达到"润物细无声"的效果。因此,网络道德教育方法的运用必须强化科学灌输与隐性渗透的结合,使两者相互配合、相互渗透、相得益彰。

三、网络舆情引导方法

在网络虚拟空间内,每个人都是信息的制造者、传播者和接收者,人人都可以在网络上快速、自由地发布信息与言论,使得网络舆论大面积形成、大范围传播与产生巨大社会影响成为可能。但由于公众的知识水平、认知程度存在差异,看待问题的角度与态度也会存在差异。这就需要我们正确运用网络舆情引导方法来对网络舆情进行精准掌控与正向引导。

(一)网络舆情引导方法的内涵与特点

网络舆情引导方法是思想政治网络教育方法的重要组成部分,是有效应对网络复杂舆论环境的主要方法之一。

1.网络舆情引导方法的内涵

舆情是指社会公众对社会热点问题所表现出的具有一定倾向性和影响力的意见与言论。网络舆情是指网络受众以互联网为载体,对社会中所共同关注的焦点问题、热门事件所形成的有较强影响力、倾向性的情绪、态度和意见的集合,是对日常生活中有关政治、经济、文化等方面的焦点事件在网络空间内所形成的群体性心理反应,是社会舆论的一种表现形式。

在网络的虚拟世界内,任何人都可以凭借虚拟身份表达言论、发表观点,这些观点不断汇聚与整合就会形成网络舆情。作为社会舆论的一种表现形式,网络舆论需要被及时掌握与引导。网络舆情引导方法,是指教育主体通过阐释某种思想、道理、理念等来调控、引导网络空间中所形成的舆情信息,增强教育对象辨别网络多元的言论与观点的能力,并使其形成积极认知与行为自觉的方法。

2.网络舆情引导方法的特点

网络舆情引导方法是社会舆情引导方法在网络空间内的特殊表现形态。其特点主要表现在以下三点。

第一,复杂性。网络舆情引导方法的复杂性是由网络舆情的内容以及产生渠道的广泛性所决定的。一方面,互联网为网络受众在互联网上发表言论、表达意见、参与社会事务,提供了复杂而多元的渠道。网络受众通过新闻点评、微信、微博等多元化网络平台自由和匿名地发表言论、表达观点、反映情绪。另一方面,网络受众分布于不同领域、不同职业范围,其表达的观点涉及政治、经济、文化以及社会生活的方方面面。因此,网络内容与渠道的广泛性直接导致了网络舆情引导方法的复杂性。

第二,动态性。网络舆情引导方法的动态性是由网络舆情发展的过程性决定的。网络舆情不是一成不变的,而是要经历一个形成、发展、爆发与衰落的动态演进过程。在网络舆情的发展演进过程中,网络受众的思想行为和观点表达都呈现出动态性变化,这也就需要在运用网络舆情引导方法的过程中及时调整方法与策略来实现舆情的正向引导,有效地增强教育效果。

第三,反馈性。所谓反馈性是指在网络舆情的引导过程中,主体与客体之间,客体与客体之间就网络舆情会形成持续的交流互动与反馈。在网络受众对议题发表言论、表达意见、进行评论的过程中,教育主体与网络受众之间、网络受众之间往往容易形成即时性在线互动交流,形成观点的相互探讨、争论、交汇、碰撞,甚至出现意见交锋,使各种观点和意见快速地表达与反馈,推进网络舆情不断发展。

（二）网络舆情引导方法的基本原则

网络作为舆情新的集散地，需要思想政治教育工作者的密切关注，并及时掌握与引导，推进网络舆情的正向发展。正确引导网络舆情，应坚持以下原则。

1.及时性原则

网络舆情的形成非常迅速，一个焦点事件的存在加上一种情绪化的意见，就可以成为点燃一种舆情的导火索。在网络舆情引导上，做不到及时就很难达到引导的目的，容易造成舆情的蔓延。而要做到及时，除了技术上的要求之外，更重要的是观念上由被动向主动转变。思想政治教育工作者应把握好网络舆情的规律，对可能出现的各种网络舆情做出及时反馈，防微杜渐，防患于未然，探索积极引导网络舆情的有效办法。

2.正面性原则

网络舆论中有相当一部分是问题的反映与情绪的表达。问题有些确实存在，有些言过其实，而针对这些问题的意见往往带有很强的情绪化倾向，甚至只是少数人的意见。为此，在开展网络思想政治教育时，一定要坚持正面引导的原则。对提问者要坚持言之有据、评之有理的要求，即有问题可以提，但表达要适度、言辞要恳切。对问题不回避，及时、客观与公正地予以正面解释、辟谣与澄清，防止网民被不实言论误导，导致问题更加严重与事态扩大。

3.针对性原则

网络重视个人意见的表达与个性的发展，提供了个人发表意见的虚拟空间。这为网上多种意见的共存提供了条件，从而使网络舆论更为分散。这就要求网络舆论的引导更要注重针对性，这样才能吸引人，才会有影响力和效果。面对复杂的网络舆情，要对公众了解事实的需求，对被歪曲或曲解的事实，对主流意识形态的攻击，对各种偏激的非理性言论有针对性地予以说明或引导，通过加强针对性来达到舆论引导的实效。

（三）网络舆情引导方法的主要方式

网络舆情引导方法是一个复杂的方法体系，有着不同的分类标准。按照网络舆情的形成过程，网络舆情引导方法可以分为网络舆情的调控方法、网络舆情的转化方法以及和网络舆情的干预方法。

1.网络舆情的调控方法

网络舆情的调控方法主要是指对网络舆情形成、发展、爆发和衰落的各个环节,有计划、有目的地实施监测、分析、调整和控制等所采取的方法。按照舆情发生的过程以及调控的时空划分,可以分网下调控法和网上调控法。

(1)网下调控法

网下调控法是指为防止不良舆论议题、言论进入网络的一种事前预防机制。实际上,网络舆情所表达的情绪、态度、观点,根源于现实社会中的现象和问题。这些现实社会中的现象和问题在进入网络之前,其影响或范围是有限的,比较容易控制和规制。因此,要建立网下社会舆情监控和预防体系,加强对现实社会舆情信息的收集和预测,尽量对有可能形成不良舆情的现象和问题,通过现实社会中的各种有效途径加以引导和解决,让有关人员的诉求能够得到反馈、情感能够得到满足、不满能够得到及时释放,防止不良言论、信息进入网络,立足于网下解决问题。

(2)网上调控法

网上调控法是指在网络空间内综合发挥教育主体的功能以及采用网络技术手段来调控网络舆情的方法。主要包括以下几个方面:第一,及时删除有可能形成不良网络舆情的信息,特别是要及时删除针对敏感问题的煽动性、挑拨性的错误信息;第二,密切跟踪有关热点、焦点问题信息的转载、传播、扩散,及时把握网络舆情走向;第三,主动引导、调控信息,加强对偏激信息的矫正,注重对聚集言论的分析,强化对主流信息的引导力度,使之形成积极向上的网络舆情。

2.网络舆情的转化方法

(1)情感感化法

情感感化法是相对于直接施加影响而言的,是指通过情感浸润的方式,润物细无声地对网络受众传递正向信息,使其改变错误思想或行为的方法。网络受众不同的态度、观点、思想的形成都是以一定认知为基础的。因此,要转化一些网络受众的偏激情绪与思想，需要从情感入手，即接近、亲近网络受众，尽量寻求共识点，增强情感认同，打开思想转化的通道，变消极情绪为积极主动的态度，引导其接受正确的观点和信息。

(2)双面说理法

双面说理法是指针对特定的网络舆情，分别从正确与错误的两个方面予以分析、解读，引导网络受众形成正确认知的方法。“双面说理与单面说理相比，具有更大的免疫力，即对双面说理的传播具有较强的抵御能力，因而态度的改变更持久。”①可针对网络舆情进行积极的解读与宣传，通过正反对照比较，引导网络受众对复杂的言论与行为进行分析、比较、思考，从而树立正确的认识，坚持积极与正确的网络舆论取向。

(3)行为规范法

行为规范法又被称为行为控制法，是按照给定的条件和预定的目标，对网络舆情的制造与传播行为施加影响的一种活动。思想的转化不可能一蹴而就，其是一个反复而曲折的复杂过程，因而除了要在情感上感化，在说理上加大力度外，还需要对一些网络受众可能出现的偏差行为进行约束。行为规范法可以有效地制止错误行为的蔓延，增强网络受众的思想转化力度，巩固网络舆情的转化成果。

3.网络舆情的干预方法

网络舆情的干预方法是指在互联网的空间内对网络舆情进行干预的方法。按照网络舆情的性质，网络舆情的干预方法又可以分为正向网络舆情干预法、负向网络舆情干预法以及创设舆情干预法。

(1)正向网络舆情干预法

正向网络舆情干预法是指针对网络中形成的正向舆论，教育者根据网络舆情的发展方向与态势顺势予以干预，通过典型宣传、新闻评论、深度报道等方式增加网络舆论议题的相关信息量，扩大网络议题的影响范围，延长网络舆情的持续时间，从而广泛地聚集有利于舆情发展的观点与意见，进一步加

① 郑永廷.思想政治教育方法论[M].3版.北京:高等教育出版社,2022:254.

深网络受众对网络舆论议题的了解和参与程度，促进网络舆情持续与放大的引导方式。

(2)负向网络舆情干预法

负向网络舆情干预法是指针对网络中所形成的负向舆论，教育者及时干预其发展方向与遏制其发展态势的干预方法。在实际运用过程当中，一方面，教育者通过信息技术、行政干预等手段删除或减少负面信息，缩短舆情持续时间，有效控制负面舆论的持续发酵和蔓延；另一方面，教育者有针对性地增加正向议题，增加舆情相反方向的促发因素，聚集舆情相反方向的意见和观点，使网络负向舆情朝着相反方向发展。

(3)创设舆情干预法

创设舆情干预法是指在网络舆情形成的过程中，教育者有目的、有意识地创设新的舆论议题，对受教育者实施有意识的主动干预的方法。在运用过程中，首先要合理且科学地设置舆论议题，让网络受众能够积极参与其中，对这一舆论议题产生关注和讨论的兴趣；舆论议题设置完成后，引导网络受众加入舆论议题讨论，激发其表达欲，从而增强舆论议题讨论的热度并使之形成网络舆论，继而发展成一种积极向上的网络舆情。

(四)网络舆情引导方法运用的基本要求

科学运用网络舆情引导方法是现代思想政治教育工作的重要任务，也是构建风清气正网络环境的必然要求。在实际运用的过程中，应注意以下几个方面。

1.科学研判网络舆情的动态

科学研判网络舆情的动态是有效引导网络舆情的基本前提。在网络的虚拟空间中，人们的交往日益密切，加之人们的网络言论自由度、自主度增强，网络空间内无时无刻不在传播与制造舆情。这就需要我们及时了解和准确把握网络舆情的动态，从中敏锐捕捉一些具有苗头性、倾向性、群体性问题的信息，并采取措施对网络舆论进行正确引导，努力消除其中的负面影响，扩大正面影响。具体而言，对于那些无事生非、造谣惑众、恶意歪曲的不良言论、信息，一定要果断删除，或组织网民用正确的声音予以回击，遏制有害信息的传播放大；对那些虽然情绪化、片面性，甚至偏激却又不乏善意的言论，应当仔细分析，把握好“度”，有效化解矛盾；对那些不合理、带有个别性、只代表少数人的局部利益和眼前利益，且目前解决问题的条件还不成熟的，则要耐心疏导，说明情况，站在全局的高度，帮助、引导网民树立正确的认识，从而实现对网络舆情的正确引导。

2.充分发挥“意见领袖”的功能

意见领袖是指在人际交往传播过程中，经常为他人提供信息、意见以及评论并且对他人施加一定影响的非常活跃的分子。在网络空间内，“意见领袖”发挥着连接信息与舆论的媒介作用，是网络信息汇聚集合成舆论的中间环节。习近平总书记指出，“包括新媒体从业人员和网络‘意见领袖’在内的网络人士大量涌现。在这两个群体中，有些经营网络、是‘搭台’的，有些网上发声、是‘唱戏’的，往往能左右互联网的议题，能量不可小觑”①。因此，在网络舆情的引导过程中需要发挥“意见领袖”廓清事件真相、拨开信息迷雾的功能。要鼓励和培养一批政治可靠、知识丰富、数量充足并熟悉网络语言特点和规律的网上评论员来充当网络的“意见领袖”，这是引导网络舆论方向的有效途径。面对网络上的不良信息，“意见领袖”能在网络上发布、传播正面信息和陈述客观事实，引导网络舆论方向，帮助教育对象鉴别网络信息、了解事件真相，形成正确认识。

3.合理设置网络议题

议题设置是媒介传播研究中的一个重要概念。在网络这个虚拟的空间里，有着各种各样的网络议题，既有积极正面的，也有消极负面的，甚至不乏披着“正能量”外衣却置于西方意识形态主导下的隐蔽性网络议题，这使网络受众难以有效判断。为形成网络舆论的兴奋点，在进行网络舆论引导时要有意识地设置一些议题，把社会的注意力和兴奋点引导到特定的方向上来，帮

① 习近平谈治国理政(第二卷)[M].北京:外文出版社,2017:325.

助网民提高认知能力和水平,在设置过程中慢慢引导网络舆论改变原有状态,朝着预期的方向发展,从而达到引导舆论的目的。但是,由于网络舆论参与性、互动性很强,议题设置有较大的自由度和可能性。如果议题设置不当,在一定的网络空间就可能招致反感,使议题设置的效果适得其反。因此,网络舆论的引导在使用议题设置方式时既要在充分了解和把握社会热点与网络受众的兴趣点的基础上设置网络议题,又要有时机和度的准确把握,这样才能收到预期的效果。

第十章

思想政治教育的大数据方法

大数据是随着信息技术的发展而逐渐兴起的一个新概念，大数据理论和方法的快速发展，为思想政治教育方法的创新带来了机遇和挑战。为此，我们要将大数据的理论和方法创新性地运用到思想政治教育之中，实现“大数据+思想政治教育”的创新融合，推动思想政治教育方法的数据化、信息化和智能化。

一、思想政治教育大数据搜集方法

数据的搜集和抓取是实现大数据价值的前提。思想政治教育大数据搜集方法是思想政治教育大数据方法的基础，关系着大数据的范围、质量和数量，影响着大数据分析方法和大数据预测教育方法的实施。

（一）思想政治教育大数据搜集方法的内涵和特点

没有大数据搜集方法，思想政治教育的大数据方法就会成为无源之水、无本之木。数据的搜集是做出正确决策的前提，思想政治教育大数据搜集是整个思想政治教育大数据方法的起始环节。

1.思想政治教育大数据搜集方法的内涵

思想政治教育大数据搜集方法是大数据搜集方法在思想政治教育领域的具体体现和运用。想要全面、准确地理解思想政治教育大数据搜集方法的内涵，必须先从大数据搜集方法入手。

（1）大数据搜集方法的内涵

大数据搜集方法是借助大数据技术，对传感器、大数据采集平台和互联网的数据进行抓取和汇集，并将数据导入内部系统和数据库的方法，这是一种“全样本”搜集方法。目前，大数据搜集方法广泛应用于金融、医疗、电商、制造、市政及教育等社会各个领域，大数据搜集所采用的媒介包括手机、电脑和传感器等，大数据搜集的信息包括文字、图像、声音、视频和人类的各种行为数据。

（2）思想政治教育大数据搜集方法的内涵

思想政治教育大数据搜集方法是指以受教育者学习、生活和工作中的思想和行为数据为主要抓取对象，利用大数据信息抓取技术，获取教育对象日常生活中的思想动态和行为习惯等信息的方法。

思想政治教育大数据搜集方法有多种分类方式。按照数据来源的结构化程度，思想政治教育大数据搜集方法分为思想政治教育结构化大数据搜集方法、半结构化大数据搜集方法和非结构化大数据搜集方法。思想政治教育结构化大数据搜集方法主要用于搜集适合二维表存储的数据，比如学生的校园一卡通数据、教务系统数据等。思想政治教育半结构化大数据搜集方法主要用于搜集受教育者的邮件信息、学习资源、档案信息等相关数据。思想政治教育非结构化大数据搜集方法主要用于搜集视频、图片、音频和文档等不适合二维表存储的数据。按照数据产生的业务来源，思想政治教育大数据搜集方法分为教学类大数据搜集方法、管理类大数据搜集方法、科研类大数据搜集方法和服务类大数据搜集方法。按照数据产生的技术场景，思想政治教育大数据搜集方法分为业务数据搜集方法、用户数据搜集方法、互联网数据搜集方法和感知数据搜集方法。

2.思想政治教育大数据搜集方法的特点

思想政治教育大数据搜集方法的核心是数据的搜集，在这一过程中，搜集的数据要素必须体现思想政治教育的功能和价值。

(1)以数据描述思想活动

思想政治教育大数据搜集方法的目的之一，就是用教育对象的活动轨迹和行为数据来反映和描述其思想活动和思想状态。数据何以描述思想活动呢？目前主要通过两种方式实现。第一种是间接转换的方式，借助教育对象的行为数据，从而描述其思想活动。思想政治教育大数据搜集方法能获取教育对象的海量行为数据，这些数据能够从各方面刻画出教育对象的生活和学习情况，从而折射其思想状况。第二种是直接读取的方式，通过读取教育对象的“脑数据”，从而探知其思想活动。这种方式主要通过将教育对象的脑电波转化为计算机可识别和可读取的数据，从而描述教育对象的思想活动。在思想政治教育的方法论实践中，第一种间接转换的方式以教育对象的全样本数据为参考依据，将教育对象的思想活动作为其外显行为的客观折射，目前用得较为普遍。

(2)以数据解释思想状况

可以通过思想政治教育大数据搜集方法获取教育对象的行为数据,并根据思想和行为的相关性关系,用行为数据解释教育对象的思想状况。“思想、观念、意识的生产最初是直接与人们的物质活动,与人们的物质交往,与现实生活的语言交织在一起的。人们的想象、思维、精神交往在这里还是人们物质行动的直接产物。”①马克思主义认为,思想是行为的表现,思想也是行为的先导,思想更是行为的产物;行为是思想的客观反映,行为也是思想的外在表现。大数据搜集方法根据教育对象行为和思想的相关性关系,借助相关统计和分析模型,以生活线索数据作为自变量可以分析并获取其思想状况信息,通过分析教育对象的外在行为数据,可以解释教育对象深层次的思想情况。

(3)以数据代表研究对象

大数据技术通过研究对象样本来反映总体样本的情况,实现思想政治教育整体对象数据的全覆盖化,应规避抽样调查带来的样本偏见、误差和遗漏,让思想政治教育方法逐渐走向科学化和精准化。对于某一具体的思想政治教育对象来说,大数据搜集方法可以获取其在网络平台、现实生活、社交媒体等线上线下的全过程数据,这些数据涉及教育对象的衣、食、住、行等全方位领域,使教育对象逐渐由平面的人变成既立体又全面的数据集合体,为更全面、更客观地搜集思想政治教育对象的数据提供可能。

(二)思想政治教育大数据搜集方法的作用

借助思想政治教育大数据搜集方法,不仅可以拓展思想政治教育的时空边界,还能提升思想政治教育的精准程度,使思想政治教育有数可查、有据可依、有迹可循。

---

① 中共中央马克思恩格斯列宁斯大林著作编译局.马克思恩格斯选集(第一卷)[M].3版.北京:人民出版社,2012:151.

1.提升数据资源的丰富性

采用思想政治教育大数据搜集方法有利于提升数据资源的丰富性,其主要通过大数据的搜集来源和搜集方式来体现。大数据搜集来源的种类繁多,有利于提升数据资源的丰富性。一是随着传感、存储和网络等计算机科学的不断发展,教育者从不同途径和不同领域搜集到的思想政治教育数据资源的体量达到了前所未有的程度。二是通过挖掘视频、文字、图片和符号等不同表现形态的数据之间的相关性,可以形成思想政治教育的大数据资源体系,实现"思想政治教育数据"走向"思想政治教育数聚"。三是大数据不仅存在于特定的政府机构、教育单位和企业组织,而且可以自动产生并存储于商业组织网络。今天,在一定规则加强开放性的前提下,依靠应用程序接口技术和爬虫采集技术,越来越多的商业组织和政府机构可以向教育机构提供自身采集和存储的思想政治教育海量数据源,为思想政治教育大数据搜集方法提供数据源支持。

2.提高数据资源的真实性

思想政治教育大数据搜集方法有利于提高数据资源的真实性,主要通过获取教育对象在线下世界和线上网络的真实数据来体现。第一,获取教育对象在线下世界的真实数据有利于提高数据资源的真实性。人的思想、情感和心理等在一定程度上存在可隐瞒性,传统的谈心谈话法、观察法、问卷调查法等方式获取的数据不一定能够真实反映教育对象在现实世界的实际情况。一旦出现隐瞒事实或者瞒报数据的情况,就容易产生错误的判断以致形成错误的思想政治教育决策,使教育结果不尽如人意。第二,在大数据时代,通过搜集教育对象在现实世界长时期的稳定数据,可以了解教育对象在客观世界的真实表现,以避免传统数据中教育对象刻意隐瞒错误行为和掩盖负面思想的现象。第三,获取教育对象在线上的真实数据有利于提高数据资源的真实性。通过思想政治教育大数据搜集方法追踪教育对象的电子踪迹,可以真实地量化和显现教育对象的思想、情绪和态度,为教育者做出正确教育决策提供参考依据。

3.增强数据资源的精准性

思想政治教育大数据搜集方法有利于增强数据资源的精准性，主要通过数据的客观性和规律性来体现。一方面，数据的客观性增强数据资源的精准性。物质世界是客观存在的，大数据是在不以人类意志为转移的前提下，对物质世界进行的客观折射，这赋予了数据资源的丰富性和客观性。思想政治教育大数据作为教育对象在学习、生活和工作等方面的思想和行为的客观折射和反映，其数据的客观性和真实性为数据资源的精准性提供了前提和保证。另一方面，数据的规律性有利于增强数据资源的精准性。规律性即"客观事物的内部联系"[①]。物质世界的规律需要我们一一探寻，而大数据是通过数据的规律性呈现而建立各种数据的内部联系。思想政治教育大数据搜集方法秉持实事求是的理念，利用获取数据的内在规律性，精准分析、准确判断、合理预测出教育对象的思想和行为，从而根据每个教育对象的具体特征，开展有针对性的教育。

4.增加数据资源的实用性

思想政治教育大数据搜集方法主要通过数据资源的日常情境应用和突发情境应用来增强数据资源的实用性。一方面，增加数据资源在日常情境的实用性。数据搜集方法具有适用度高和应用性强的特点，借助大数据抓取技术可以获取教育对象的实时数据，并及时应用于思想政治教育教学实践，从而及时获知教育对象的实时思想状态。比如，目前高校广泛采用的"网上评教系统"，可以再现高校教育对象对高校思想政治教育的真实感受。另一方面，增加数据资源在突发情境中的实用性。对于一些突发情况和紧急状况，思想政治教育大数据搜集方法不受时空限制的优势，可以保证第一时间借助大数据搜集功能了解突发事件的来龙去脉，并及时借助网络对突发事件进行处理，为有效的思想政治教育赢得主动、争取时间，从而取得最佳的教育成效。

① 毛泽东选集(第三卷)[M].2版.北京:人民出版社,1991:801.

(三)思想政治教育大数据搜集方法的主要方式

大数据环境下,数据来源的渠道非常丰富,数据类型多种多样,数据搜集的体量日趋庞大。在大数据搜集方法的方式上,主要看重数据搜集的高效性和可用性。

1.系统日志搜集法

日志是在计算机领域中所使用的概念,日志文件用于记录系统每天发生的事件,维护网络安全,并进行日志分析。随着大数据技术的飞速发展,很多教育机构都已拥有自己的教育大数据管理平台,这些平台每天都会产生大量的思想政治教育日志数据。思想政治教育系统日志搜集法就是通过这些教育大数据管理平台搜集教育对象的相关日志数据,并从日志数据中提取出教育对象的行为和思想数据,为教育者在线和离线分析教育对象的相关数据、掌握教育对象的思想动态、优化教育主客体之间的关系、提升思想政治教育效果提供大数据支持。目前,高可用性、高可靠性和高扩展性作为思想政治教育系统日志搜集法的主要特点,可以实现思想政治教育数据从孤立向全局汇聚,防止思想政治教育大数据在挖掘和搜集环节出现盲点,并为接下来的思想政治教育大数据分析环节提供尽可能完整而全面的数据资源基础,以确保思想政治教育预测结果的准确性。

2.网络数据搜集法

网络数据搜集法主要用于采集非结构化数据,是指通过网络爬虫或者公开应用程序接口(API)的方式从网站获取思想政治教育对象的相关数据信息,支持视频、音频和图片等形式的文件搜集。目前,网络爬虫是通过互联网搜集思想政治教育数据的有力工具。网络爬虫可根据一定规则,自动抓取并存储网页上有关思想政治教育的数据,为思想政治教育大数据分析方法提供数据资源,这种方式可以替代烦琐的复制、粘贴操作。比如,思想政治教育数据的海量供给与受教育者的个性化数据需求之间的匹配始终是思想政治教育的一大难题,但是网络爬虫可以根据教育者的需要设定相应规则,并利用受教育者在网页的访问情况对其行为特征进行分析,准确判断受教育者的真正需求，实现思想政治教育数据的海量供给与受教育者的个性化数据需求之间的完美匹配，从而进行有针对性的思想政治教育信息和数据推送。

3.感知设备数据搜集法

感知是指“客观事物通过感觉器官在人脑中的反映”①，通过计算机离散化处理方式，人的感知可以被记录、被量化以及被计算。思想政治教育感知设备数据搜集法主要是指通过传感器、摄像头和其他智能终端设备识别周边环境，自动采集与思想政治教育对象相关的数据，实现对海量思想政治教育数据进行智能化识别、定位、跟踪、接入、传输、信号转换、监控、初步处理和管理等。思想政治教育感知设备相当于教育者的眼、耳、鼻等，通过摄像头代替人眼对教育对象进行定位、识别、跟踪和测量。可增加感知设备多维度主动获取信息的能力，实现对思想政治教育场景的理解和描述。借助思想政治教育感知设备数据搜集法，可以对思想政治教育对象实现自动的图像识别，进一步为教育者及时获取教育对象的相关数据提供便捷，帮助教育者理解教育对象的意图和兴趣爱好，推进传统思想政治教育逐步走向智能思政。

二、思想政治教育大数据分析方法

“认识的能动作用，不但表现于从感性的认识到理性的认识之能动的飞跃，更重要的还须表现于从理性的认识到革命的实践这一个飞跃。”②数据分析就是使专业的大数据转换成非数据分析专业人士也能理解的信息，这实现了理性认识到实践的重大飞跃。

（一）思想政治教育大数据分析方法的内涵和特点

思想政治教育大数据分析方法实现了数据从偏向因果性分析朝着偏向相关性分析的方向转变，也使得数据分析从小数据走向大数据，实现了数据分析从量变到质变的飞跃。

---

① 中国社会科学院语言研究所词典编辑室.现代汉语词典[M].7版.北京：商务印书馆，2016：425.

② 毛泽东选集(第一卷)[M].2版.北京：人民出版社，1991：292.

1. 思想政治教育大数据分析方法的内涵

思想政治教育大数据分析方法是大数据分析方法在思想政治教育领域的具体体现和运用。要想全面、准确地理解思想政治教育大数据分析方法的内涵,必须先从大数据分析方法入手。

大数据分析方法是大数据方法流程中的重要方法,大数据只有经过分析,才能体现大数据的价值所在。大数据分析方法是指用户根据自身需求,通过适当的统计方法和分析软件,对搜集来的原始大数据进行处理和分析,从而提取有用信息、得出有意义结论的方法。思想政治教育大数据分析方法,是指在思想政治教育的数据分析阶段,借助现代化技术优势,通过引入数据挖掘、机器学习和智能算法等方式,利用云计算等技术,提取出思想政治教育的有用信息和数据,并对其进行分析,从而掌握教育对象详细的、实时的、动态的思想和行为的一种方法。与传统的因果分析方法相比,思想政治教育大数据分析方法进一步推动思想政治教育方法走向精准化和科学化。目前,我国高校的学信网以及学生信息中心是现代教育领域大数据搜集和应用的典范,通过这些平台,可以分析出学生的多种情况。

2. 思想政治教育大数据分析方法的特点

思想政治教育大数据分析方法主要有整体性、个体性、动态性和关联性等特点,这些特点使人们对大数据价值的挖掘和利用越来越深入,对大数据的分析维度也越来越全面。

(1)整体性

传统思想政治教育方法大多采用抽样调查的方式进行数据分析,这种方式受限于样本量,难以从整体的视角为思想政治教育提供宏观的分析。目前,“思想政治教育的任务将由原来的社会、学校、家庭为主导,转换为全社会多维一体的教育环境与氛围”①。思想政治教育大数据分析方法的整体性是指通过整体、综合的分析思路,立足全社会多维一体的全局角度对思想政治教育数据资源绘制个体画像和群体画像。思想政治教育大数据分析方法着

① 左殿升,等.大学生网络思想政治教育研究[M].北京:人民出版社,2019:413.

眼于全体受教育者，朝着全员化、全覆盖化和全程化的整体趋势发展，能够从宏观的角度如实、全面地分析出整体受教育者的思想动态和行为倾向。

(2)个体性

思想政治教育大数据分析方法的个体性是从微观的角度对受教育者采取有针对性的分析方法，从而使教育回归到以人为本的个体化和定制化的育人本位。思想政治教育对象是有思想、有情感的社会人，通过在思想政治教育领域融入大数据分析方法，能够对每名受教育者进行私人定制式的个性教育，使“一人一方”的教育模式成为可能。通过大数据集中抓取受教育者的特定数据，并对其进行分析，能够形成特定受教育者的专属个体画像，以便对其进行一对一的教育服务和引导，使思想政治教育方法从“群体漫灌”走向“精准滴灌”。

(3)动态性

思想政治教育大数据分析方法的动态性是指针对特定的教育对象，分析来自不同时空领域的数据，从而找出教育对象思想和行为数据的变化规律，预测教育对象的思想发展趋势。思想政治教育大数据分析方法的动态性还表现在随着社会的不断发展以及教育对象所呈现出来的动态性，思想政治教育大数据分析方法所处的环境，所使用的手段、方式、方法等也在不断发生着变化。思想政治教育大数据分析方法的动态性要求根据教育对象的思想和行为的变化及时更新数据信息，并预判教育对象未来的思想动态和行为倾向，为进一步做好思想政治教育工作提供指导。

(4)关联性

“每一事物的运动都和它的周围其他事物互相联系着和互相影响着……一事物和他事物的互相联系和互相影响则是事物发展的第二位的原因。”[①]大数据分析方法的关联性是指通过挖掘隐藏在受教育者思想和行为数据中潜在的联系和规律，对受教育者的思想和行为数据进行相关性分析，从而对其关联性行为进行预测。大数据分析方法促使教育者、教育对象、社区、社会之

---

① 毛泽东选集(第一卷)[M].2版.北京：人民出版社，1991：301.

间的联系越发紧密，构筑了全新的思想政治教育关联生态网络。通过关联性分析可以提前预测教育对象未来可能产生的行为和思想，并及时对偏离预测的思想和行为进行干预，以避免教育对象走向歧途。

（二）思想政治教育大数据分析方法的作用

思想政治教育大数据分析方法可以将复杂的数据转换成思想政治教育者能够读取的结果信息，从而更好地认识思想政治教育过程和思想政治教育对象。

1.提前预警网络舆情

通过综合分析思想政治教育的文字、视频、音频和图片等数据集，识别这些数据集的关键词和关键片段所蕴含的感情色彩及感情色彩的强弱感和敏感程度，按照"底端负面—中端中性—顶端正面"的过渡方式进行分类排序，有利于对数据集顶端的正面网络舆情进行引导和对数据集底端的负面网络舆情实施规避。一是对正面网络舆情的引导。"运用网络传播规律，弘扬主旋律，激发正能量，大力培育和践行社会主义核心价值观，把握好网上舆论引导的时、度、效，使网络空间清朗起来。"[①]利用思想政治教育大数据分析方法，针对积极的网络舆论要及时听取并给予回应，对于一些典型的正面言论，还可作为思想政治教育的教学案例，进行大范围的宣传和推广。二是对负面网络舆情的规避。目前，国际国内形势的复杂变化容易引发网络舆情。如果对一些负面网络舆情熟视无睹，就可能导致网络舆情泛滥；如果对网络舆论一味地采取删除措施，又容易阻碍民意的正常表达。通过思想政治教育大数据分析方法监测负面舆论，可以快速及时地聚焦网络舆情，一旦有发生负面网络舆情的苗头，就能提前预警，并采取相应的防范措施，以营造更加清朗的网络空间。

2.提升思想政治教育的效度和信度

思想政治教育大数据分析方法的优越性还体现在有助于效度和信度的

---

① 习近平谈治国理政（第一卷）[M].2版.北京：外文出版社，2018：198.

提升。提升思想政治教育的效度，即有效性。利用大数据分析方法进行数据分析，可以得出教育对象思想和行为的“因果关系”。有哪些“因”会导致哪些“果”？如何通过“善因”种出“善果”？从而有利于教育主体改进教育教学方法，提升思想政治教育宣传的效果。2022年4月25日，习近平总书记来到中国人民大学考察调研并发表重要讲话，在我国教育系统引发热烈反响，在思想政治教育中，可以组织教育对象学习讨论讲话精神并总结自己的感悟和收获，提升思想政治教育的效度。提升思想政治教育的信度，即可靠性。中华人民共和国教育部公布的《教育部思想政治工作司2022年工作要点》中强调，要通过打造大数据赋能创新矩阵来系统强化高校党建和思想政治工作战略支撑。思想政治教育大数据分析方法的引入，为教育者开展思想政治教育活动提供了新的思路和方法，可以增强思想政治教育效果的可靠性和稳定性。

（三）思想政治教育大数据分析方法的主要方式

大数据涉及的数据量之大前所未有，传统数据分析方式已经难以适应大数据的发展速度。目前，思想政治教育大数据分析方法主要通过以下几种方式为提升思想政治教育效果提供新手段。

1.结构化数据分析法

结构化数据也称定量数据，思想政治教育的结构化数据分析法主要是对有高度组织和整齐格式化的思想政治教育数据进行分析，以此抽象出数据的分布特征和属性。比如，通过对教育对象的校园一卡通数据进行分析，能够根据教育对象一卡通消费的金额对教育对象进行分类，从而针对不同消费类别的教育对象采取不同的思想政治教育方式，提高思想政治教育的针对性和有效性。目前主要利用数据挖掘、统计分析和深度学习等方法实现对结构化数据的分析，近年来深度学习逐渐成为思想政治教育结构化数据的主流分析方法。深度学习是一个复杂的机器学习算法，教育者通过构建强大的深度学习模型来深刻揭示海量教育数据中承载的丰富思想政治教育信息，利用模仿人脑的运行机制对思想政治教育数据进行分析和解释，确保教育者能够根据数据分析结果做出最优的决策。

2.文本数据分析法

文本数据主要是邮件、文档、网页和社交媒体的文本内容,这是信息存储的常见形式。思想政治教育文本数据分析又称为文本数据挖掘,是从无结构文本中提取有价值的思想政治教育信息或数据的过程。思想政治教育文本数据分析方法包含信息提取、主题建模、文本摘要、文本分类、文本聚类、观点挖掘、预测与评估。信息提取是从文本中提取特定类型和存储模式的思想政治教育结构化数据。主题建模是从一个思想政治教育文本对象中自动识别它的主题,并且发现隐藏的模式。文本摘要是从一个或者多个思想政治教育文本中提出一个缩减的摘要。文本分类是通过识别思想政治教育文档主题,将其归类到预先定义的主题集合中。文本聚类是从很多文档中,把一些内容相似的思想政治教育文档聚为一类。观点挖掘是指通过提取、分类、理解和评估教育对象的数据内容,从而深入了解教育对象的偏好和看法。预测与评估是预测思想政治教育效果,并对思想政治教育过程中出现的误差进行预估,避免思想政治教育潜在风险的产生。

3. Web数据分析法

Web数据主要包括Web中的文本、图片、视频、音频、符号和超链接等不同类型的数据。思想政治教育Web数据分析是指从Web文档和服务中检索、提取和评估信息,从而发现有价值的思想政治教育数据和知识,主要包括Web内容分析、Web结构分析和Web用法分析。思想政治教育Web内容分析主要是指教育者通过信息检索和数据库两种方式从网站内容中获取有价值的思想政治教育信息或数据。其中,信息检索方法主要通过网络检索,帮助教育者发现有用的思想政治教育信息或者完成思想政治教育信息的过滤。数据库方法主要通过在Web上对思想政治教育数据进行建模,完成数据集成,实现比关键词检索更复杂的检索和查询。思想政治教育Web结构分析是教育者构建客观反映教育对象关系的模型,此模型根据受教育者访问网站的不同特点对受教育者进行分类,以便针对不同类别的思想政治教育对象采取不同的教育方式。思想政治教育Web用法分析是指教育者对教育对象的Web会话或者行为产生的思想政治教育次要数据进行分析,这在构建思想政治教育的个性化空间、维护教育对象的Web隐私和安全等方面发挥着重要作用。

4.多媒体数据分析法

思想政治教育多媒体数据分析是指从思想政治教育多媒体数据中提取有价值、有趣味的数据，进而对这些多媒体数据包含的思想政治教育语义信息进行检测、分析和解读。思想政治教育多媒体数据分析主要包括多媒体摘要、多媒体标注、多媒体索引和检索、多媒体推荐和多媒体事件检测。多媒体摘要是简单地从思想政治教育多媒体数据集中提取出重要的元素，合并成新的思想政治教育数据表达。多媒体标注是给思想政治教育多媒体信息添加标签，从而在语法或语义上识别和描述其内容。多媒体索引和检索是指通过完成对思想政治教育多媒体信息的描述、存储和组织，帮助教育者快捷地发现思想政治教育多媒体资源。多媒体推荐是根据思想政治教育对象的喜好和习惯，有针对性地推送特定内容，提供高质量和定制化的思想政治教育服务。多媒体事件检测是指通过对思想政治教育多媒体视频片段进行分析，对受教育者即将出现偏差的行为进行检测，如果偏差行为未发生，则进行预防教育，做到防患于未然；如果偏差行为已发生，则及时干预——亡羊补牢，为时未晚。

三、思想政治教育大数据预测教育方法

居安思危，思则有备，有备无患。思想政治教育大数据预测教育方法通过大数据发现事物之间的联系和规律，实现解释过去和预测未来，开创“科学始于数据”的新模式，可达到思想政治教育大数据方法运用的终极目的。

（一）思想政治教育大数据预测教育方法的内涵和特点

如果说思想政治教育大数据分析方法解决“发生了什么？”和“为什么会发生？”的问题，那么思想政治教育大数据预测教育方法解决的就是“可能发生什么？”和“需要做什么？”的问题。

1.思想政治教育大数据预测教育方法的内涵

思想政治教育大数据预测教育方法是大数据预测教育方法在思想政治教育领域的具体体现和运用。要想全面、准确地理解思想政治教育大数据预测教育方法的内涵,必须先从大数据预测教育方法入手。思想政治教育大数据预测教育方法是指通过对思想政治教育大数据的挖掘和融合,建立数据关联,并借助数据建模等方式,精准了解受教育者的兴趣爱好和行为动态,找寻教育对象思想状况发展的内在规律和趋势,从而动态把握和预测受教育者的思想脉搏和发展趋势,实现因材施教的一种方法。思想政治教育大数据预测教育方法的目的是通过预测受教育者的思想和行为,消除更多的不确定性,并对偏离思想政治教育价值的行为和思想及时实施干预,从而使受教育者遵循个性教育和全面成长相结合的教育方式,沿着规范化和精准化相契合的教育轨道发展。

2.思想政治教育大数据预测教育方法的特点

“不打无准备之仗,不打无把握之仗,每战都应力求有准备,力求在敌我条件对比下有胜利的把握。”①思想政治教育大数据预测教育方法主要借助随机应变、顺藤摸瓜和人机结合三种方式,为做好思想政治教育领域的工作提供条件准备。

(1)随机应变

随机应变,指“跟着情况的变化,掌握时机,灵活应付”②。思想政治教育大数据预测教育方法要根据大数据分析指向的与思想政治教育相关的重要时间节点、重点区域和重要事件,建立舆情预判机制,提前精准高效地预测舆情的监测方向和发展动向,以便灵活应对和预判网络舆情的走势。以海量数据为基础,相关性原则为依据,精准预测未来的舆论走向,通过大数据实现预测的科学性和准确性,以最佳的时机、最优的方式做好突发状况的应对处理。在大数据预测教育方法的推动下,可以提前预判可能发生的大概率事件并根

① 毛泽东选集(第四卷)[M].2版.北京:人民出版社,1991:1247.

② 中国社会科学院语言研究所词典编辑室.现代汉语词典[M].7版.北京:商务印书馆,2016:1252.

据预案进行灵活处理,从而使舆论朝着客观、公正的方向发展。

(2)顺藤摸瓜

顺藤摸瓜,“比喻沿着发现的线索追究根底”①。大数据时代,世界每天都在发生着新的变化,思想政治教育的信息和内容每天也会随着时事的变化而不断更新。有的不法信息发布者深谙网络数据的传播规律,为了规避信息检测,他们经常会使用某些字母或者符号代替敏感词汇,比如用“XXX”指代特定词汇。顺藤摸瓜就是把已经出现的数据或者信息作为“因”,将未来可能出现的数据或者信息作为“果”,从而根据过去的数据线索预测未来的思想走势。针对思想政治教育领域的部分信息和数据“变异”,利用大数据预测教育方法分析数据的演变规律,通过顺藤摸瓜的方式建立变异字符数据库,从而预知网络信息演变的规律,并提前对偏离轨道的事件做出预案。

(3)人机结合

思想政治教育大数据预测教育方法充分利用大数据广而全、采集速度快、样本覆盖面广等优势,采用镜像复制的方式,及时有效地采集社交平台、搜索引擎、电商平台等网页信息,通过掌握教育对象的社交、消费、学习和生活等方面的数据,分析教育对象的思想状况。借助人机结合的方式,第一时间发现和预测教育对象喜闻乐见的受教育方法,充分将人脑的特长和计算机的优势相结合,以便教育者采取积极有效、具有针对性的教育方式。比如很多受教育者在社会调查中出于各种原因不愿透露真实想法,但是大数据技术通过抓取教育对象在网络上留下的无意识痕迹,直接从教育对象的行动轨迹中找出影响其思想状况的因素,通过对相关关系的研究实现对其思想领域的预测,做到思想政治教育预测的有的放矢。

(二)思想政治教育大数据预测教育方法的作用

大数据预测教育方法用现代相关性完善了传统因果性,用现代严密的数据规律完善了传统单一的因果规律,实现了唯理论和经验论的数据化统一。

---

① 中国社会科学院语言研究所词典编辑室.现代汉语词典[M].7版.北京:商务印书馆,2016:1231.

1.有利于预估教育效果

思想政治教育大数据预测教育方法有利于教育效果的预估，是立足于教育者和受教育者两个主体维度来说的。第一，具有信息传播者身份的教育者，其教授效果可以借助思想政治教育大数据预测教育方法进行预估。“批判的武器当然不能代替武器的批判，物质力量只能用物质力量来摧毁；但是理论一经掌握群众，也会变成物质力量。”[①]利用思想政治教育大数据预测教育方法，对当代受教育者的思想走向进行预测，从而根据受教育者的学习情况和学习偏好预测下一步思想政治教育工作的重点，并及时更新教学内容，从而提高教学效果，推动理论向物质力量的转换。第二，具有信息接收者身份的受教育者，其学习效果也可以借助思想政治教育大数据预测教育方法进行预估。在大数据时代，获取信息的方式日趋便捷，信息的内容日渐丰富，教育对象的学习渠道日益广泛，受教育者接收信息和知识的来源不再仅仅局限于学校和老师。比如通过大数据分析，了解到受教育者对电视剧《觉醒年代》的点播率高，利用大数据预测教育方法，可以预估观看电视剧《觉醒年代》有利于潜移默化地增强教育对象对中国共产党的认同，通过宣传《觉醒年代》，可以增强教育对象的爱国主义情怀。

2.有利于防范和干预危机

可以利用思想政治教育大数据预测教育方法的测评系统、危机监控和危机预判预警分析对受教育者出现的危机行为提前进行防范和干预。一是用好测评系统。测评系统最开始使用于我国国内各高校，目前已在我国各教育机构和事业单位中广泛应用，受教育者通过参与测评系统的心理测评、职业倾向测评和人格能力测评等，可以得到对应的结果参考，便于教育者采取相应的思想政治教育措施。二是通过互联网或者感知设备做好危机监控。首先，通过互联网获取受教育者的危机迹象信息，从而做好预防。以心理危机患者为例，大多数心理危机患者在产生心理危机之后，或者在选择自残、自杀

① 中共中央马克思恩格斯列宁斯大林著作编译局.马克思恩格斯选集(第一卷)[M].3版.北京:人民出版社,2012:9.

行为之前，会出现异常的行为和言论，这些都能利用网络大数据提前获取。其次，通过感知设备获取受教育者的危险行为数据，从而做好防范。借助视频监控抓取数据的方式也可对教育对象出现的危机事件进行预测，通过提前干预危机事件的方式可以做到防患于未然。三是结合受教育者具体特征开展危机的预判预警分析。利用思想政治教育大数据预测教育方法，开展学业预警、家庭经济状况预警、心理危机预警、就业困难预警、身体健康预警、特殊受教育者预警等预判预警分析，从而做到未雨绸缪，缓和出现在教育领域中的社会主要矛盾，实现为党育人，为国育才。

3.有利于开展超前教育

思想政治教育大数据预测教育方法可用于开展超前教育，提供超前服务。思想政治教育领域的超前教育是指通过预测教育对象的进一步需求，将思想政治教育的内容和方式安排在教育对象的需求提出之前，从而对教育对象采取及时的、有针对性的思想政治教育。如北京2022年冬奥会和冬残奥会吉祥物——冰墩墩和雪容融，自亮相之日起就受到了万众瞩目，它们可爱、喜庆、生动的形象感染了很多当代的受教育者。通过大数据搜集方法，可以获取受教育者通过社交平台、购物平台和搜索引擎等途径对冰墩墩和雪容融的输入和搜索次数信息；利用大数据分析方法，可以精准预测受教育者对冰墩墩和雪容融表现出来的追捧和偏爱程度；借助大数据预测教育方法，在对教育对象的思想政治教育内容中融入冰墩墩和雪容融等元素，使枯燥的教学过程增添娱乐趣味和人性之美，发扬奥林匹克精神，彰显大国担当。

（三）思想政治教育大数据预测教育方法的主要方式

大数据预测主要通过分析已有的数据信息，加之合理假设，来对未来发展进行预测。目前思想政治教育大数据预测教育方法的主要方式是基于决策树算法的预测教育、基于线性回归算法的预测教育和基于时间序列算法的预测教育。

1.基于决策树算法的预测教育

决策树作为一种树的结构，与流程图比较相似：树的最顶层为根节点，每个叶节点可以存放一个类标号，每个分支表示一个测试的输出，每个非树叶的节点表示一个属性值的测试。决策树算法是通过分类算法实现预测功能的一种大数据预测教育方法。比如，以学生进出图书馆的数据为例，分类字段为每名学生，通过大数据获取每名学生每学期进出图书馆的次数信息，发现不同的在校学生在不同的学期进出图书馆的次数多少不一。因此，根据学生的不同属性（年级、专业、性别、民族、年龄、生源地等六个因素）来构建规则，预测学生未来进出图书馆的次数。通过决策树算法，综合考察六种因素对学生进出图书馆的影响，预测哪些因素对学生进出图书馆的影响占比较大。根据预测结果，思想政治教育工作者可以针对不同年级、不同专业、不同性别、不同民族、不同年龄以及不同生源地等的学生特点，设计个性化的宣传教育策略，实施“私人定制”式的精准思想政治教育方式，使教育效果事半功倍。

2.基于线性回归算法的预测教育

相关分析和回归分析是统计学中经常使用到的概念。相关分析需要依靠回归分析来表现变量之间数量相关的具体形式，而回归分析则需要依靠相关分析来表现变量之间数量变化的相关程度。线性回归算法是指通过函数来表达被预测变量（因变量或者响应变量）与一系列预测变量（自变量或解释变量）之间的关系。如可以通过采集学生信息的方式，分析学生学习成绩的影响因子，建立线性回归模型，从而预测影响学生学习成绩的因素，以及这些因素与学生成绩之间的相关性，进而根据预测结果有针对性地改善教学方式，提升教学效果。在思想政治教育领域中，有些变量之间的关系虽然不能用数学函数来确切表达，却可以借助线性回归算法的预测功能，刻画具有一定“趋势性”的关系。比如，教育者可以通过搜集教育对象在思想活动、日常行为、生活作息和人际交往等方面的数据，从而了解教育对象的思想发展动态和规律，知晓教育对象的思想需求，并预测教育对象在思想方面可能出现的问题和趋势，以便掌握教育先机，进行预防教育，使教育对象可能出现的思想问题在萌芽阶段就能得到很好的解决。

3.基于时间序列算法的预测教育

时间序列，也称时序，是指同一统计指标的数值或事件按其发生的时间先后顺序排列而成的数列。比如对某一个或者一组变量$F(t)$进行观察测量，在一系列时刻$t_1,t_2,\cdots,t_n$所得到的离散数字组成的序列集合，就可称为时间序列。基于时间序列算法的预测教育法认为，教育对象的每一种非常规的变化发生前一定会有征兆，如果能够找到教育对象征兆与变化之间的规律，就可以进行预测，也能够为思想政治教育留出提前进行教育干预的时间和空间。利用时间序列算法进行预测教育的总方针是：认识教育对象思想或行为的发展变化规律，利用规律的必然性对教育对象未来的思想或行为进行科学预测，把握最佳教育时机，促进教育对象健康、全面发展。比如通过对教育对象大学期间前两年的学习成绩进行测量，从而预测该名教育对象在大学后两年的学习情况，学习成绩的变化Y就可以看作该学生时间t的函数，即$Y=F(t)$。利用时间序列算法对该学生的学习成绩预测要经过两个步骤，第一步是对时间序列建模，即观察产生时间序列的因素，通过该教育对象大学前两年的学习成绩，得出影响学习成绩的因素。第二步是进行时间序列预测，即预测时间序列变量的未来值，根据影响该教育对象学习成绩的因素，从而预测该学生未来两年的学习成绩。如果某个教育对象的学习成绩出现明显下滑或者持续下滑，教育者就要立足于该教育对象的思想政治状况进行分析，找到影响其学习成绩变化的主要原因，并根据教育对象的具体特点及时开展思想政治教育，以提升思想政治教育的时效性。

第十一章

思想政治教育的隐性方法

思想政治教育隐性方法的运用在现实生活中随处可见，以文育人、以情感人、文艺育德等均是其典型形式。对思想政治教育隐性方法的内涵、特点、确立依据、主要方式进行系统研究，是当前思想政治教育理论研究与学科建设的需要，对增强思想政治教育的实效性与时效性具有重要意义。

一、思想政治教育隐性方法的内涵和特点

正确把握思想政治教育隐性方法的内涵和特点，是系统认识思想政治教育隐性方法的前提。

(一)思想政治教育隐性方法的内涵

隐性方法是相较于显性方法而存在的思想政治教育的实施方法。事实上，思想政治教育隐性方法的正式提出得益于美国教育学家菲利普·W.杰克逊提出的“隐性课程”概念。1968年，该学者在其著作《课堂生活》中首次提出“隐性课程”(又称隐形课程、隐蔽课程或潜在课程)，认为学生从学校生活中不仅学到了读、写、算等文化知识，而且经由学校的非学术教育传递，在潜移默化中获得了态度、动机、价值、规范等其他方面的成长。杰克逊将这种“非正式的文化传递”称为“隐性课程”，用来指除学校的学科课程之外对学生产生的非正规影响的“课程”。20世纪80年代中期，我国开始有意识地研究“隐性课程”，以帮助学生在隐性课堂中通过自主的教育活动受到教化，进而为思想政治教育方法的发展和创新提供了新的空间。推而言之，所谓思想政治教育隐性方法，是指利用隐性思想政治教育资源，通过较为含蓄、隐蔽的方式将思想政治教育的内容和要求渗透进人们的日常生活和社会实践当中，以潜移默化、润物无声的方式对受教育者的思想、价值、道德、情感、态度等产生影响，使受教育者不知不觉中受到触动、感动，进而促进受教育者思想道德素质提高的施教方法。

(二)思想政治教育隐性方法的特点

全面把握思想政治教育隐性方法的内涵，需要研究思想政治教育隐性方

法与显性方法相比较的独特之处。相较而言,思想政治教育隐性方法具有以下特点。

1.潜隐性

潜隐性是思想政治教育隐性方法的显著特点之一。所谓潜隐性,即以隐蔽的方式将相关思想方面、政治方面、道德方面的内容和要求渗透到具体的校园活动、社会实践及日常生活中,影响受教育者。思想政治教育隐性方法旨在将思想政治教育的目的潜隐于其他社会实践活动中,使教育对象无压力、无反感地接受教育。思想政治教育隐性方法的潜隐性,主要体现在三个方面:其一,教育目的潜隐性。将思想政治教育的目的通过隐性方法隐藏在组织活动、文化娱乐和人际交往活动中,使教育目的不再显性化、直观化,使受教育者在潜移默化、润物无声中受到教育。其二,施教过程的潜隐性。思想政治教育隐性方法旨在将思想政治教育的内容和要求隐藏于其他社会实践活动和日常生活当中,受教育者在参与其他社会实践活动时关注的多为社会实践活动本身,而较少将焦点放在思想政治教育活动上,甚至没有明确感知到思想政治教育的存在,在这个过程中潜移默化地接受思想政治教育的教化。其三,受教结果的潜隐性。思想政治教育隐性方法重在将先进的思想、崇高的德行借由含蓄、隐蔽的方式潜藏于其他社会实践活动中,使受教育者在"看不到教育发生"的情况下,主动摒弃逆反心态,真实、全面地向教育者展现自己的整个思想,潜移默化地接受思想政治教育内容。

2.渗透性

思想政治教育隐性方法是真理、事理、情理相结合的方法,广泛渗透于受教育者可能接触到的一切事物和活动中。所谓渗透性,是指思想政治教育活动脱离单纯的显性学习,渐趋融入人们生活的各个领域、各种活动之中,寓于其他社会实践活动开展的全过程,以发挥隐性思想政治教育无处不在的作用。具体来说,思想政治教育隐性方法主要借助于文化载体、活动载体、网络载体等,潜移默化地对受教育者产生影响。其一,通过文化载体渗透。思想政治教育可借助文化载体实现寓情于景、寓教于情的隐性教育。借助文化载体,形成文化氛围,将思想政治教育的内容和要求渗透进健康向上的校园文化中，潜移默化地熏陶人、感染人是思想政治教育隐性方法渗透性的一大体现。如将党史学习教育内蕴于校园文化建设中，通过开展诸如“讲起来”“唱起来”“画起来”等校园活动寓教于乐开展党史学习教育，帮助党史学习教育“热”起来。其二，通过活动载体渗透。活动载体是思想政治教育借以寓教于行的隐性方法载体。思想政治教育借助活动载体，将受教育者带入活动中，使其在亲身体会、亲身感受的过程中产生思想变化，提高思想道德素质。寓思想政治教育的内容和要求于活动载体中这一隐性教育方法，强调受教育者的直接体验。如通过组织受教育者参观革命圣地、红色纪念馆等，使其身临其境地接受教化，培养自身的思想道德情感和提高素质。其三，通过网络载体渗透。网络载体是大众传播载体的一种具体形式，是体现思想政治教育隐性方法渗透性的现代载体，在思想政治教育过程中起着重要作用。思想政治教育借助网络载体，以包罗万象的网络技术将思想政治教育的内容和要求渗透进人类生活的各个方面，以提高思想政治教育的渗透力和感染力。如建立集文字、声音、图片为一体的教育网站，将内蕴思想政治教育要求的内容设置其中，在增强受教育者观赏能力的同时，润物无声地提高其思想道德水平。

3.生活性

思想政治教育隐性方法是立足生活、植根生活、融入生活并服务生活的，鲜明地体现了生活性的特点。思想政治教育隐性方法根植生活，呈现出理论与实践相统一，“大道理”与“小事情”相结合，情、景、行相融合的特点。其一，理论与实践相统一。思想政治教育重在以理论的阐释对受教育者开展教育，在理论知识学习中提高受教育者的思想道德素质。思想政治教育隐性方法将思想政治教育融入日常生活，在理论高度开展教育，更从理论与实践相结合的角度，以现实生活实践阐释理论，凸显了理论与实践相结合的特点。其二，“大道理”与“小事情”相结合。思想政治教育隐性方法重在强调从人们的日常生活出发，通过透析小事情，折射大道理，在大道理与小事情的有机结合中凸显生活性。其三，情、景、行相融合。思想政治教育的开展，不仅要以理服人，更要强调以情感人、以行引人。思想政治教育隐性方法立足生活，融入生活，有助于教育者与受教育者建立平等、友好、和谐、互相尊重的关系，更有利于教育者以真情实感、实际行动感染、引领受教育者，促进思想政治教育内容和要求的传播，凸显情、景、行的统一融合。

4.开放性

开放性是思想政治教育隐性方法的一大优势，是区别于思想政治教育显性方法的显著特点。传统思想政治教育活动的开展，多受限于某个特定的时空范围，有一定的局限性。以思想政治教育显性方法运用最广泛的思想政治理论课为例，不同于一般的知识型教学，思想政治理论课不仅要帮助学生理解知识、掌握知识，还要引导学生学会如何将所学知识有效内化、外化，将思想道德知识转化为思想道德素质，在实际行动中得以体现。要实现这一点，仅在教师"教"与学生"学"的封闭环境下是无法有效达到的，思想政治教育的这一目标要求其形式必须是开放、延展的，具有开放性和延展性。其一是思想政治教育开展时间和空间的开放性。思想政治教育隐性方法不受时间和空间的限制，它既可以在平常学习中展开，也可以在日常生活中展开；既可以在学校中进行，也可以在家庭、社会等环境中进行；既可以在人们求学时进行，也可以在走上工作岗位的过程中进行。其二是思想政治教育实践形式的开放性。社会实践活动具有丰富多彩的形式，思想政治教育隐性方法将思想政治教育融入日常生活和社会实践活动中，自然具备多种多样的形式。也就是说，思想政治教育隐性方法在实践形式上不是固定的，其形式是多样的。

5.自主性

所谓自主性，是受教育者在思想政治教育过程中对教育信息和教育内容进行自主反应、自主择取、自主整合、自主内化和外化，是思想政治教育隐性方法的一大特点，也是隐性方法与显性方法的区别所在。思想政治教育隐性方法重在将思想政治教育内容和要求潜隐于人们的日常生活和其他社会实践活动中，受教育者的主体性得以凸显，自主性得以发挥（主要表现在受教育者自主学习的需求增强）。思想政治教育隐性方法使教育目的以一种潜隐、渗透式的形式呈现出来，帮助受教育者避免了耳提面命式的强力灌输，改变了其潜意识中处于被动地位的弱势状态。思想政治教育真正变成了受教育者的主体性活动，思想政治教育内容和要求也变成了受教育者真正需要的知识和信息，受教育者的自主和自尊需要得以满足，自主学习的需求得以增强。同时，还表现为受教育者自主学习的能力提高。思想政治教育隐性方法运用中受教育者的主体性得以提高，这使得受教育者在感知到被尊重和重视的过程中，会主动将社会发展所要求的思想品德素质内化为对自身的要求，变成自己的观念和思想，并外化为实际行动，在实践中践行所知所学，从而实现教育的真谛，完成思想政治教育立德树人的根本任务。

二、思想政治教育隐性方法的确立依据

方法的确立依据是方法何以存在的根源，唯有具备充足合理性的方法，才是体现客观规律、符合客观实际要求的科学方法。

（一）马克思主义的相关理论

马克思主义是思想政治教育的理论基础，分析思想政治教育隐性方法，必然要到马克思主义基本原理中寻找依据。

1.社会存在与社会意识关系的原理

在《德意志意识形态》中，马克思明确指出："不是意识决定生活，而是生活决定意识。"[①]而后在《〈政治经济学批判〉序言》中，马克思对社会存在和社会意识的关系问题进行了进一步的抽象和深化，即"人们在自己生活的社会生产中发生一定的、必然的、不以他们的意志为转移的关系，即同他们的物质生产力的一定发展阶段相适合的生产关系。这些生产关系的总和构成社会的经济结构，即有法律的和政治的上层建筑竖立其上并有一定的社会意识形态与之相适应的现实基础。物质生活的生产方式制约着整个社会生活、政治生活和精神生活的过程。不是人们的意识决定人们的存在，相反，是人们的

① 中共中央马克思恩格斯列宁斯大林著作编译局.马克思恩格斯选集（第一卷）[M].3版.北京：人民出版社，2012：152.

社会存在决定人们的意识”[①]。在马克思主义看来，任何一个时代的社会意识，都是该时代社会存在的产物，有什么样的社会存在，必然有与之相对应的社会意识，社会存在决定社会意识。根据马克思主义关于社会存在和社会意识关系的原理，思想政治教育的发展受社会物质条件的限制，思想政治教育方法的择取必须与社会环境、生活条件、生产劳动相适应，不能单纯就思想问题谈思想问题，否则将会陷入“空话、套话”的陷阱。也就是说，思想政治教育活动的开展、思想政治教育方法的选取要深入日常生活和其他社会实践活动，以潜隐的方式方法帮助人们接受教育、深化认识，进而形成社会发展所需要的思想道德观念和思想道德素质。思想政治教育隐性方法完全符合马克思主义社会存在和社会意识关系原理对思想政治教育方法择取的客观要求，教育者运用隐性方法，在其他社会实践中潜隐思想政治教育内容，渗透思想政治教育要求，引导受教育者在社会实践中潜移默化地接受思想政治教育的内容，帮助受教育者在社会意识—社会实践—社会意识的反复体验中提高思想道德素质，完美地展现了社会存在和社会意识的辩证关系原理。

2.马克思主义人的本质理论

马克思反对抽象地理解人的本质，强调从现实的具体的人出发去理解人。马克思关于人的本质的思想主要有三个命题：一是“人的类特性恰恰就是自由的自觉的活动”。这里“自由的自觉的活动”即劳动或实践，实践活动是人和动物最本质的区别，也是产生和决定人的其他所有特性的根据。二是“人的本质不是单个人所固有的抽象物，在其现实性上，它是一切社会关系的总和”。人类社会存在两种关系，即自然关系和社会关系，人的本质离不开同自然的关系，但更重要的是由社会关系决定的。三是“人的需要即人的本质”。人类发展史，是一部人的本性不断改变和发展的历史，离开了人的需要，人的一切实践活动和一切社会关系都将不复存在。对这三个命题的统筹把握是理解马克思主义关于人的本质理论的基本要义。马克思主义关于人

---

① 中共中央马克思恩格斯列宁斯大林著作编译局.马克思恩格斯文集(第二卷)[M].北京：人民出版社，2009：591.

的本质理论，明确了人的生存与发展是处于各种社会关系中，受到各种社会因素影响的。一方面，一旦离开了社会实践活动，就不可能产生人的社会关系，也不可能满足人的需要；另一方面，各种社会关系作为人的活动的组织形式，又是人得以存在和人的活动得以进行的必要条件。因此，必须将人置于各种社会关系中，使人在社会中得以发展。开展思想政治教育活动，必须联系人们的社会关系。离开人们的社会关系谈人们的思想是抽象的，离开人们的社会实践开展思想政治教育是空洞的。思想政治教育隐性方法以马克思主义关于人的本质理论为指导，指向思想政治教育立德树人的根本任务，将思想政治教育潜隐于其他社会实践活动和日常生活中，把教育者和受教育者放置于各种社会关系中，赋予各类社会实践活动以思想政治教育内涵，在开展社会实践活动的同时以潜隐的方式实现思想政治教育的价值追求。

3.马克思主义关于人的全面发展理论

马克思将人的发展的全部历史划分为人的依赖关系、物的依赖关系、人的自由全面发展三个阶段。其中，以人的自由而全面的发展为基本特征的社会才是人类终极追求的社会。马克思、恩格斯指出："代替那存在着阶级和阶级对立的资产阶级旧社会的，将是这样一个联合体，在那里，每个人的自由发展是一切人的自由发展的条件。"[①]一方面，每个人的发展可以促进社会的发展。另一方面，社会得到发展，也会为每个人的发展提供广阔的平台和契机。思想政治教育的本质就是为人的全面自由发展服务的，它在培养人的思想道德品质方面起着主导作用。恩格斯指出，在未来社会中，"教育将使年轻人能够很快熟悉整个生产系统，将使他们能够根据社会需要或者他们自己的爱好，轮流从一个生产部门转到另一个生产部门。因此，教育将使他们摆脱现在这种分工给每个人造成的片面性。这样一来，根据共产主义原则组织起来的社会，将使自己的成员能够全面发挥他们的得到全面发展的才能"[②]。长期

① 中共中央马克思恩格斯列宁斯大林著作编译局.马克思恩格斯选集(第一卷)[M].3版.北京:人民出版社,2012:422.

② 中共中央马克思恩格斯列宁斯大林著作编译局.马克思恩格斯选集(第一卷)[M].3版.北京:人民出版社,2012:308.

以来，思想政治教育工作过多注重主阵地教育，侧重于理论知识的灌输，忽视了受教育者的主体性和全面发展的需要。思想政治教育隐性方法在马克思主义关于人的全面发展理论的指导下，寓思想政治教育于其他社会实践活动中，将教育与生产实践相结合，最大限度地发挥人的潜力，为每个人自由而全面的发展提供广阔的舞台，最终促使人们思想政治素质的全面提高和发展。

（二）中国共产党思想政治教育隐性方法的理论升华

中国共产党历届领导人对思想政治教育做出过一系列重要论述，党中央出台的一系列关于思想政治工作的政策文件，不断凝练和从理论上升华思想政治教育隐性方法的理论，是思想政治教育隐性方法确立和发展的重要依据。

1.党的历届领导人对思想政治教育的重要论述

毛泽东作为党的第一代中央领导集体核心，从革命实践中论述思想政治教育，他强调指出，改造群众思想文化工作务必遵循两条原则，“一条是群众的实际上的需要，而不是我们脑子里头幻想出来的需要；一条是群众的自愿，由群众自己下决心，而不是由我们代替群众下决心”[①]。以群众的需要为切入口开展思想政治教育，就是强调理论要贴合客观实际，给予群众自主选择的权利，而非以强制性的灌输进行教育。这也启示思想政治教育隐性方法要充分发挥自主性的特点，尊重受教育者的自主性。邓小平强调要重视思想政治教育的实效性，指出“要教育党员和干部善于从当地群众日常生活中去发现问题，寻求机会解决问题”[②]。这就要求思想政治教育隐性方法要将思想政治教育融入实际问题的解决过程中，与受教育者的生活实际相结合，于潜移默化中取得教育实效。江泽民在1998年庆祝北京大学建校一百周年大会上的讲话中提出，“希望你们坚持学习书本知识与投身社会实践的统一。要健康成长，不仅要学习书本知识，而且要向社会实践学习，自觉投身于火热的改革

① 毛泽东选集（第三卷）[M].2版.北京：人民出版社，1991：1013.

② 邓小平文选（第一卷）[M].2版.北京：人民出版社，1994：57.

开放和现代化建设实践"①。这就要求我们要将思想政治教育与其他社会实践活动相结合,将思想政治教育内容和要求寓于其他社会实践活动中。胡锦涛强调,社会实践始终是青年一代锻炼成长的大课堂,投身实践是青年成长的必由之路。进一步为思想政治教育与社会实践相结合,为思想政治教育隐性方法的发展提供理论依据。习近平总书记指出:"要利用各种时机和场合,形成有利于培育和弘扬社会主义核心价值观的生活情景和社会氛围,使社会主义核心价值观的影响像空气一样无所不在、无时不有。"②由此看来,党的历届领导人始终根据所处的历史条件和肩负的历史重任加强思想政治工作,为隐性思想政治教育的发展提供了理论指导。

2.党和国家出台的相关政策文件

中国共产党十分重视思想政治工作。1949年《关于建立中国新民主主义青年团的决议》中指出,"新民主主义青年团的基本任务,在于有系统地学习马克思列宁主义,从革命实践中不断地教育自己的团员和青年群众,同时应当以马克思列宁主义的精神组织广大青年群众积极地参加我党和人民民主政府所号召的各种运动"③,为青年思想政治工作指明了方向。1994年中共中央印发《爱国主义教育实施纲要》指出,"大、中、小学校都要积极开辟爱国主义教育的校外课堂"④,强调将爱国主义教育与校外教育相结合,既对爱国主义教育进行了有效部署,也对思想政治教育隐性方法的运用做了进一步的指导。《中共中央、国务院关于深化教育改革全面推进素质教育的决定》指出,"进一步改进德育工作的方式方法,寓德育于各学科教学之中,加强学校德育与学生生活和社会实践的联系……形成学校、家庭和社会共同参与德育工作的新格局"⑤,为思想政治教育隐性方法的运用指明了方向。2001年《公民道

① 江泽民文选(第二卷)[M].北京:人民出版社,2006:124.

② 中共中央文献研究室.习近平关于社会主义文化建设论述摘编[M].北京:中央文献出版社,2017:111.

③ 中共中央文献研究室,中央档案馆.建党以来重要文献选编(1921—1949):第二十六册[M].北京:中央文献出版社,2011:3.

④ 中共中央文献研究室.十四大以来重要文献选编:上[M].北京:人民出版社,1996:925.

⑤ 中共中央文献研究室.改革开放三十年重要文献选编:下[M].北京:中央文献出版社,2008:1012.

德建设实施纲要》中指出："各级各类学校必须认真贯彻党的教育方针，全面推进素质教育，把教书与育人紧密结合起来……要发挥教师为人师表的作用，把道德教育渗透到学校教育的各个环节。"[①]这就强调将道德教育渗透进学校教育中是思想政治教育隐性方法运作的重要形式。2004年《中共中央、国务院关于进一步加强和改进大学生思想政治教育的意见》出台，这是历史上第一个针对大学生思想政治教育的纲领性文件，强调要"深入开展社会实践。社会实践是大学生思想政治教育的重要环节"，要"大力建设校园文化。校园文化具有重要的育人功能"，要"主动占领网络思想政治教育新阵地"[②]，可见，党和国家十分重视思想政治教育工作，并通过一系列政策文件的出台为新时代思想政治教育的发展提供政策依据，为思想政治教育隐性方法的确立和发展提供科学依据。

（三）相关学科知识的理论借鉴

思想政治教育学科是一门综合性的学科，其学科理论建构与研究需要从相关学科中汲取营养。思想政治教育隐性方法的研究也是如此，需要从心理学、教育学、社会学等学科中借鉴理论智慧。

1.内隐学习理论

内隐学习理论是认知心理学中的一个重要概念。1965年，美国心理学家雷伯（A.S.Reber）在人工语法实验中，发现被试者能在无意识作用下获得字母所蕴含的语法规则，他将这种现象称为内隐学习，并首次提出"内隐学习"的概念。他认为，内隐学习就是无意识获得刺激环境中的复杂知识的过程。在这一过程中，个体并没有意识到或者陈述出控制他们行为的规则是什么，却学会了这种规则。雷伯将学习划分为内隐学习和外显学习两种类型，强调二者是相互联系、相辅相成、缺一不可的。综合我国学者的研究成果，内隐学习区别于外显学习的典型特征，可以简单归纳为无意识性、自动性、抽象性、抗

① 中共中央文献研究室.十五大以来重要文献选编：下[M].北京：人民出版社，2003：1987.

② 中共中央文献研究室.十六大以来重要文献选编：中[M].北京：中央文献出版社，2006：183-184.

干扰性四点。无意识性即在内隐学习过程中,内隐学习获得的知识很难用语言表达出来;自动性即内隐知识是在无意识的学习过程中自动产生的;抽象性即内隐学习能够抽象出事物的本质属性;抗干扰性即内隐学习不容易受机能障碍和机能失调及年龄、智商等的影响。

2.社会交换论

社会交换论主要是指人们在社会交换过程中出现的基本心理过程及其与交换行为之间关系的理论,是对社会互动本质的一种认识理论,主要代表人物有乔治·霍曼斯和彼得·布劳。乔治·霍曼斯将社会交换理论划分为以下六个命题:一是成功命题,即在一个人所做过的所有行动中,若其中某一个特定行动经常得到酬赏,那么这个人就越愿意重复该行动。二是刺激命题,即如果一个人在过去对某一种或一组刺激做出的某一行动中获得了报酬,那么,当类似于过去的那种刺激再发生时,这个人就有可能做出与过去相同或类似的行动。三是价值命题,即如果某种行动带来的结果对一个人越有价值,则这个人就越有可能做出该种行动。四是剥夺—满足命题,即某人在近期越是经常得到某一特定酬赏,则随后而来的同样酬赏对他的价值也就越低。五是侵犯—赞赏命题,若以个人之行动没有得到预期酬赏或甚至受到没有预期的惩罚时,此人会被激怒并可能采取侵犯行为;若一个人的行动获得了预期的酬赏或得到的酬赏比预期的还多,或此人的行动没得到预期的惩罚,则这个人会产生喜悦的心情,并可能做出别人赞同的行动。六是理性命题,即在面对各种行动方案时,行动者总是选择价值最大和获得成功的概率最高的行动。彼得·布劳对霍曼斯的交换理论进行了修正和发展,指出使行为变为交换必须具备两个条件:一是某行为的最终目标只有通过与他人互动才能达到;二是该行为必须采取有助于实现这些目标的手段。并将行动者期望的赏酬划分为外在酬赏(如金钱、服务和商品等)和内在酬赏(如尊敬、荣誉等)。

社会交换论对思想政治教育隐性方法的确立和发展的指导意义在于,在思想政治教育过程中要以更为潜隐的方法加强对受教育者自身的关注,而非强制地向受教育者进行理论知识的灌输。一方面,要采用不断地激励、肯定和奖励受教育者的方式方法,引导其主动选择、自觉消化思想政治教育传达的价值观念,促使其主动改造自己的主观世界;另一方面,教育者也应择取不同类型的肯定、奖励方法,避免出现同类型的刺激连续应用而导致教育效果不佳的情况。

三、思想政治教育隐性方法的主要方式

思想政治教育隐性方法的主要方式包括:感染式隐性教育方式、体验式隐性教育方式、激励式隐性教育方式、示范式隐性教育方式等。

(一)感染式隐性教育方式

感染式隐性教育方式是指人们受到一定环境或氛围的影响、熏陶及感化,不自觉或无意识地接受思想政治教育内容的方法。根据受教育者接受感染的环境和氛围的不同进行划分,可以将感染式隐性教育方式划分为三种类型,即分别通过物质环境、精神环境和人际交往的互动进行感染教育。其一,通过物质环境进行感染教育。这一类型主要是在思想政治教育活动的场地、设备、设施等物质条件满足其使用功能的前提下,有意识地将一定的文化内涵、情感思想暗含其中,在进行物质环境建设的同时融入符合社会主流意识形态的文化品位,对身处其中的人们进行熏陶,以此达到较好的教育效果。其二,通过精神环境进行感染教育。这一类型重在强调通过创设轻松诙谐且积极向上的精神文化氛围,春风化雨、润物无声般地感染受教育者,激发受教育者自信向上的思想意识,促进受教育者正确世界观、人生观和价值观的生成。其三,通过人际交往的互动进行感染教育。这一类型主要指创设和谐宽松的人际交往氛围,以积极向上的人际环境给予受教育者强烈的心理暗示,促使受教育者与群体保持一致。

根据活动方式和感染内容的不同,可以将感染式隐性教育方式划分为形象感染、艺术感染两种类型。一是形象感染。即借助生动、形象、直观的事物和事例对人们进行教育,以感化人们,启发人们思考和明白道理的一种隐性

教育方式。如在进行爱国主义教育时，可以带领受教育者参观革命圣地、慰问革命老兵，在与其交谈中，从其直接的言谈举止中接受教育，受到教化。需要注意的是，形象感染重在以形象的内在感染力启发教育，而非单凭说教实现教育目的。二是艺术感染。艺术感染可以称为艺术教育，即帮助受教育者在对音乐、舞蹈、文学等文艺作品的欣赏活动中受到教化。借助艺术等形式运用感染式隐性教育方式，重在强调锻炼受教育者对艺术美的欣赏能力，激发受教育者的想象力和创造力，培养其审美视野与鉴赏能力，帮助其树立正确的世界观、人生观和价值观。如进行爱国主义教育，可以带领受教育者观看红色电影，使其在与电影情节同频共振中，明确是非、美丑与善恶，引导受教育者形成正确的审美情感和道德情感。

在运用感染式隐性教育方式时，一是要注意探寻感染式的教育资源，如网络教育资源、实践活动中的教育资源、时代发展中的教育资源等。二是要提升教育者的综合素质，正确发挥教师的榜样示范作用。三是要构建正向感染的集体，引导受教育者在良好的氛围中接受潜移默化的正向教育，涵育积极向上的人格品质。

（二）体验式隐性教育方式

体验式隐性教育方式，即教育者根据一定的要求，选择或创造一种环境或场景，引导受教育者参与具体体验过程，帮助其身临其境式地感悟，以实现知行统一，是思想政治教育隐性方法的主要方式之一。体验式隐性教育方式运用的前提，在于充分了解受教育者身心发展的特点。唯有对受教育者身心发展的特点有一定了解，才能针对不同受教育者的发展阶段和不同特点，选择与其紧密相连的环境或场景并开展有针对性的教育活动。

体验式隐性教育方式涵盖的类型丰富多样。其一，团体训练与素质拓展，教育者可创设浓郁的集体氛围，帮助受教育者在集体中感知力量，在服从集体中自觉地将个人利益汇于集体利益之中，将个人发展同集体发展紧密结合。其二，社会实践活动，教育者可引领受教育者参与到社会实践中，投身于社会这个广阔的舞台，在社会调查、志愿服务、“三下乡”等具体实践中感知风土人情，体悟中国之巨变，坚定对中国特色社会主义道路的信心。其三，参观红色革命圣地，教育者可为受教育者提供红色之旅，引导受教育者在参观中感知中国共产党百年征程之艰辛，国家独立、民族解放之不易，积累情感体验，在体验中不断提高思想政治素质。

教育者对体验式隐性教育方式的运用，要遵循以下原则：其一，教育者的主导性与受教育者的主体性相结合。体验式隐性教育方式注重受教育者主体性的发挥，但前提是教育者要选择或创设一个场景，引导受教育者自觉进入体验状态，因此，教育者的主导作用并没有消失，要遵循教育者主导性与受教育者主体性相结合的原则。其二，认知体验与情感体验相结合。体验式隐性教育方式不只重视受教育者对理论知识的认知体验，同时也应关注受教育者态度、价值观水平的需要，对受教育者的情感、信念等需要予以满足与尊重，在情感唤醒和生命感动中促进理论知识内化与外化。其三，虚拟情境体验与真实情境体验相结合。教育者既要充分利用客观存在的真实情境对受教育者进行教育，亦要最大限度地挖掘和创设促进受教育者认知发展、情感丰富的虚拟情境。

（三）激励式隐性教育方式

激励式隐性教育方式，是指通过物质或精神的手段、途径激发人们的主观动机和思想感情，鼓励人们朝着正确目标努力的一种隐性教育主要方式。激励式隐性教育方式遵循“刺激—需要—动机—行为”这一模式，也就是说，人们之所以做出某种行为，都是由一定的动机引起的，而动机的产生来源于某种需要。这种对某事物的需要则来源于一定的刺激。

激励式隐性教育方式可以划分为物质激励和精神激励两种方式。物质激励是指在按劳分配的基础上，给予受教育者一定的实物奖励，如颁发奖金、奖品等。正如列宁所言：“所以我们应该记住，除了我们决心要进行的生产宣传以外，还要采取另一种诱导方式，即实物奖励。”[①]物质激励是物质利益原则

---

① 中共中央马克思恩格斯列宁斯大林著作编译局.列宁选集（第四卷）[M].3版（修订版）.北京：人民出版社，2012:357.

在思想政治教育中的具体运用，既可以使当事人获得有纪念意义的物品、奖品，也可以促使受到物质奖励的人受到精神上的激励，从而产生向更高处努力的动机。精神激励是对表现突出、做出突出贡献的先进分子授予各种荣誉，如发放奖杯、奖牌或授予荣誉称号等，以此激励人们努力进取，使人们在精神鼓励的熏陶中提高思想境界，为社会、集体多做贡献。物质激励和精神激励相辅相成，相依相存。运用激励式隐性教育方式，既要关心受教育者的物质利益，同时也要满足受教育者的精神需求，并坚持精神激励为主、物质激励为辅的原则，运用影响持久、强大的精神动力充分调动受教育者的积极性和前进性。

作为思想政治教育隐性方法的主要方式之一，激励式隐性教育方式的运用重在把握目标激励和过程激励的有机统一。目标激励是一种引导性激励，即教育者在把握好理想与现实关系的前提下，通过设定科学、适当的目标，激发人们为了实现理想、目标不懈奋斗的动力。过程激励着眼于激励的过程，重在关注受教育者的行为改变与激励措施的交互作用。坚持目标激励与过程激励相统一的原则，是在正确理想、目标的指引下，通过多种激励方式对受教育者施以持续的影响和调控，促使受教育者朝着正确的方向不断前进。

（四）示范式隐性教育方式

示范式隐性教育方式是思想政治教育隐性方法的主要方式之一，即利用典型的、具有代表性的人物或事物进行示范，引导受教育者提高自身政治觉悟和思想素质的一种教育方式。

示范式隐性教育方式类型多样。其一，语言示范，即以语言表达的形式向受教育者讲述映射社会主义核心价值观的人物事迹，以激发受教育者向上、向善的情感动力。如通过开展座谈会、故事会等活动，宣传榜样的光荣事迹，借助诗歌朗诵、演讲等方式，歌颂榜样人物等。其二，形象示范，即以具体或抽象的形象传达代表社会主流思想的观点，以提高受教育者思想政治素质的方式方法。如通过讲述钟南山等抗疫英雄的事迹，阐释伟大抗疫精神等，引领受教育者在形象示范中，感知人民英雄之伟大。其三，艺术示范，即通过艺术、文化作品的展示，引导受教育者在文化熏陶中接受生动、形象的教育。

在运用示范式隐性教育方式时，要注意以下几点：其一，要注意对示范对象的选择。在选择过程中，要坚持以人为本的原则；要坚持实事求是的原则，确保示范榜样人物的价值导向与舆论导向正确；要坚持与时俱进的原则，保证历史价值与现实价值的有机结合，突出示范对象的现实性。其二，要利用多渠道相结合的方式，加强对示范对象的教育宣传，如利用课堂、技术、文艺作品等途径对示范榜样的事迹加以呈现，引导受教育者直观感受、体验示范榜样力量的强大。其三，营造示范式隐性教育方式的教育氛围，改善榜样示范教育的环境，如优化示范式隐性教育的社会环境、文化环境、校园环境等，帮助受教育者在环境熏陶和感染中潜移默化地接受榜样的感化与影响。

第十二章

思想政治教育的综合方法

中国特色社会主义进入新时代，我国的经济、政治、科技等多个领域有了深刻的变化，思想政治教育也面临着新的环境，呈现出多样化与综合化的发展态势。社会环境的复杂多变，决定了依靠传统单一的方法不能有效地解决思想政治教育实践活动中存在的诸多问题。因此，各种手段、方式和方法的综合运用成为当代思想政治教育方法发展的主要趋势，发挥着越来越重要的作用。

一、思想政治教育综合方法的内涵和特点

随着思想政治教育呈现出综合化与多样化的趋势,思想政治教育方法也随之呈现出多样化与综合化的趋势。思想政治教育综合方法随着思想政治教育的发展而不断发展,有其特定的内涵与特点。

(一)思想政治教育综合方法的内涵

思想政治教育的综合教育是为了形成最大教育合力与实现最佳效果。所谓思想政治教育综合方法,是指教育主体在把握各种教育方法各自特点及共同取向的基础上,以联系、发展的观点为理论指导,根据思想政治教育实践发展的需要,通过协调整合形成的为共同目标服务的,同时或先后运用的各种手段、方式和方法的总和。具体而言,可以从以下几个方面理解和把握。

第一,教育主体把握好各种教育方法的各自特点及共同取向是使用思想政治教育综合方法的前提要素。教育主体不仅需要了解各种教育方法的"个性",还需要在把握每个方法的实质与特点的基础上寻找出各个方法的共同之处。全面掌握和分析单个教育方法为运用综合教育方法奠定了基础。只有对单个教育方法的性质和特点熟稔于心,才能更加自如地综合运用。

第二,以联系的观点和发展的观点为指导是思想政治教育综合方法的理论支撑。联系的观点认为联系具有普遍性,是普遍存在的,整个世界就是一个相互联系的统一体,世界上的一切事物及事物各要素之间都是相互联系、相互影响、相互制约的。思想政治教育采用的方法和手段之间也是相互联系的。因此要以联系的观点看待思想政治教育综合方法的运用。发展的观点认为世界又是运动、变化、发展的。思想政治教育也不例外,随着时代的发展、社会环境的变迁,思想政治教育也随之发生变化。思想政治教育为了顺

应时代发展潮流,紧跟思想政治教育发展步伐,应对各种机遇与挑战,就需要用发展的观点看问题,充分借鉴和吸收其他领域、其他学科的有益方法,不断向着综合化方向发展。

第三,通过协调整合、为共同目标服务是思想政治教育综合方法的目标要素。思想政治教育综合方法并不是单一方法的运用,而是多个方法的整合优化运用,思想政治教育综合方法是思想政治教育的重要组成部分,是为思想政治教育目标服务的,可通过对各单一方法的协调整合,使其发挥更大的功能效用。思想政治教育方法的运用会因时、因事、因人而发生变化。因此,针对不同场合、不同人群所采用的思想政治教育方法是不同的。总之,思想政治教育综合方法是一种创新性的融合方法,它并不是思想政治教育的某一方法,而是多个方法的有机融合,可实现思想政治教育效果的最大化或最优化。

(二)思想政治教育综合方法的特点

思想政治教育综合方法是从宏观上对多个具体的单一的思想政治教育方法进行整合及创新,使具体的思想政治教育方法作用最大化,有其独特的特点。

第一,全面系统性。思想政治教育综合方法是全面的、系统的方法,体现了不同类型、不同作用、不同层次的思想政治教育方法之间的协作、协调和整合。思想政治教育综合方法考虑的因素较多,突破了用单一方法解决问题的传统方法,能够根据在思想政治教育过程中所遇到的问题,提供更为全面系统的思想政治教育方法。在思想政治教育综合方法的系统中,各个单一方法按照不同功能和实际需要组成一个新的整体结构,并有序地运动,在运用实施过程中,不管是使用某一教育方法还是几种教育方法并用,都能分层次、分阶段地有序进行。

第二,协调一致性。所谓的协调一致性,是指思想政治教育综合方法中的各个方法围绕着同一目标,协同配合、整体推进。思想政治教育综合方法是多个方法的综合,它既能发挥思想政治教育方法的整体效用,又能让各个单一方法各司其职，分阶段、有步骤、有效率地完成思想政治教育任务。协调一致性还包含了一定的互补性，思想政治教育综合方法不是单一方法的简单相加，而是通过多个方法共同作用形成教育合力，实现“1+1 > 2”的效果。

第三，动态平衡性。思想政治教育综合方法会根据思想政治教育目标、任务和环境的变化而变化。解决思想政治教育问题是一个动态过程，因此思想政治教育综合方法的运用要根据实际情况的变化而做出即时调整，遵循事物的发展规律，对思想政治教育综合方法的各个方法进行重组、优化，使思想政治教育综合方法整体更加平衡，实现整体功能的充分发挥。

二、思想政治教育综合方法的作用

思想政治教育综合方法发挥多种思想政治教育方法相协同的作用，其效果是任何单一思想政治教育方法所无法比拟的。具体体现在以下几个方面。

（一）助力思想政治教育目标任务的完成

思想政治教育综合方法的有效运用直接影响思想政治教育目标和任务的完成情况。思想政治教育目标与任务是通过一定的方式或手段将思想政治教育内容传递给教育对象，促使教育对象将教育内容内化于心、外化于行。思想政治教育综合方法运用的最终指向是塑造教育对象，解决教育对象的思想、行为、心理等各个方面的问题，推动其知、情、意、行的协调发展。思想政治教育综合方法有多种形式，所涵盖的教育范围较为广泛、教育内容较为丰富。因此，通过运用思想政治教育综合方法，能够对教育对象施加影响，作用于教育对象的思想、心理和行为，不断提高教育对象的思想道德素质，从而实现思想政治教育目标和任务的完成。

（二）加强多边主体的互动

在思想政治教育过程中，教育者与受教育者都是思想政治教育活动的主体，共存于教育过程的始终，以多边互动的活动方式共同推动思想政治教育活动的进程，其实质强调了思想政治教育活动方式的多边性。思想政治教育发展至今，已经摆脱了传统思想政治教育中教育者发挥单方面作用、处于掌控主宰地位的束缚，也改变了受教育者处于客体地位、被动接受教育的现实，突破了“我说你听”的一言堂模式，逐步向多边主体的互动方向发展。思想政治教育综合方法的运用，也体现了思想政治教育越来越重视多边互动的趋势，即提倡教育者与教育者之间、教育者与受教育者之间、受教育者与受教育者之间的互动。这些不同互动活动中所运用的方式方法，构成了纵横交错、内容丰富的主体互动方法系统。思想政治教育综合方法不仅重视教育者对受教育者的教育指导方法，也重视教育者和受教育者之间的双边与多边互动的方法。因此，思想政治教育综合方法作为连接教育者与受教育者的桥梁，加强了多边主体的互动。

（三）形成思想政治教育合力

“所谓教育合力，就是在一定的时间内和一定的条件下，实施综合教育所产生的综合作用。这种综合作用，并不是综合教育中各个单项教育作用的加和，而是比单项教育作用大得多的新的教育力量。”[①]从物理学解释，合力指的是作用于同一物体上多个力加在一起的矢量和，其计算方式满足平行四边形法则，并不是单一的几个力相加。系统论认为，任何系统并不是各个部分的机械组合或简单相加，而是大于各个要素之和的。思想政治教育综合方法，不是在思想政治教育活动中简单地运用某一个单一的具体方法，而是综合运用多种教育方法。在思想政治教育综合方法的体系中，每一种思想政治教育方法不仅发挥各自的作用，还与其他方法相互影响、相互制约，共同发挥大于部分的功效，共同作用于教育对象。在运用思想政治教育综合方法过程中形成思想政治教育合力，解决复杂问题。

（四）提升思想政治教育的实效性

思想政治教育效果实现的判断依据是教育对象的思想、行为是否变化。教育对象的思想、行为发生符合教育目标的、正向改变的情况，其教育效果就

---

① 郑永廷.思想政治教育方法论[M].3版.北京:高等教育出版社,2022:289.

是有效的,反之则无效。思想政治教育效果受教育内容和环境等诸多因素的影响和制约,方法作为工具性因素,其选择和运用十分重要。当前,社会环境纷繁复杂,教育对象的自主性与独立意识愈发突出,思想政治教育所遇到的问题也更加多元和棘手。因此,运用思想政治教育综合方法,提高思想政治教育有效性显得尤为重要。思想政治教育综合方法能够尊重教育对象的主观能动性,有计划、分层次、有目的地运用一系列思想政治教育方法,使教育对象在教育过程中既能充分彰显其自主意识,又能接受科学的教育与引导,不断促进教育对象思想与行为的转化,努力实现思想政治教育目标,从而达到良好的思想政治教育效果。

三、思想政治教育综合方法的主要方式

按照不同的综合原则,可以将思想政治教育综合方法分为以下主要方式。

(一)主从式综合方式与并列式综合方式

主从式综合方式与并列式综合方式是思想政治教育过程中十分重要且经常使用的综合方法。这两种综合方式,是按照综合后单个方法在综合体系中所处的地位来划分的,这两种综合方式维持了单个方法的独立性,并确立了综合体中单个方法之间的某种关系,即主从关系和并列关系。

1.主从式综合方式

所谓主从式综合方式,是指在这一综合体中每个方法所处的地位是不同的,所发挥的作用也是不同的。有的方法处于主导地位,起主导作用,制约着其他方法的存在和发展;有的方法处于次要、从属的地位,发挥着辅助作用,促进主导性方法的完善和发展。从其地位上构成了主从式关系,这两种方法虽有地位之分,但是各自保持相对的独立性,不能相互代替,只能按照主从式关系相互制约、相互作用。

主从式综合方式的内容涵盖丰富,包括了教育与自我教育相结合、表扬

与批评相结合、现实方法与虚拟方法相结合、精神鼓励与物质鼓励相结合、思想政治教育与解决实际问题相结合等综合方式。在这些综合方法中,它们所处的地位和所发挥的作用是不一样的,以前者方法为主要方法,处于主导地位,统率着后者方法,前者方法发挥的作用影响着后者方法的发挥,但是前者方法并不能代替后者方法。后者方法虽然处于从属地位,但其作用也影响着前者方法的发挥。这里主要讲三种主从式综合方法。

(1)教育与自我教育相结合

教育与自我教育相结合是思想政治教育中最普遍,也是最重要的综合方式。思想政治教育的过程既是教育者传授教育内容的过程,也是受教育者接受教育内容并使之发生内化的过程。这一过程就包含了两个方面:一方面,是教育者的"教育"过程,思想政治教育内容通过教育者的讲解传递给受教育者,使受教育者的思想、行为等发生正向改变。另一方面,也包括了受教育者"自我教育"的过程,仅凭教育者传授教育内容是远远不够的,被动的规范达不到教育目的,只有积极主动地进行自我教育才更有利于受教育者的自我发展。所谓自我教育,是指受教育者主动提高自身的思想认识和道德水平以及自觉改正自己的错误思想和行为。简言之,就是人们自己教育自己,通过人们自身思想的矛盾运动进行的,让人们自觉主动接受先进的思想和正确的行为,克服错误的思想和不良的行为,促使自己的思想和行为向良好的方向转化、发展。教育与自我教育是相互联系、相互促进的矛盾统一体,它们所处的地位和所发挥的作用也是不一样的。教育者的教育过程是矛盾的主要方面,起着主导作用,教育者是思想政治教育目标任务的制定者和执行者;而受教育者的自我教育则是矛盾的次要方面,处于受指导的地位,但是这并不代表受教育者的自我教育就处于被动消极的地位,因为教育者的教育并不是万能的,并不能包办一切,不能代替受教育者的自我教育。简单来说,教育者的教育是外因,受教育者的自我教育是内因。受教育者对教育能否接受及接受的程度如何,都取决于受教育者能否将教育转化为自我教育。

运用此种综合方式应注意以下几点:一是要正确认识教育与自我教育的关系。既要注重思想政治教育教育者教育的过程,又要兼顾受教育者自我教育的过程,实现教育与自我教育相长发展。二是要提高受教育者自我教育的能力。要不断激发受教育者自我教育的意识,提高受教育者自我反省的能力,从而达到自我教育的目的。三是注重教育向自我教育的转化。教育的最终目的是要实现受教育者的自我教育,要努力提高教育效果,不断促进教育者的主导作用与受教育者的主动性相结合,实现教育向自我教育的最大化转化。

(2)表扬与批评相结合

表扬与批评相结合是思想政治教育中最基本的综合方法之一。表扬是对正确的思想和行为的一种肯定、支持和宣扬,其目的是立标杆、树榜样;批评则是对错误的思想和行为的否定、抑制,其目的是改正错误、抵制错误。从其本质上看,表扬和批评都是为了引导人或事物正向发展。表扬的方式主要有通报表扬、授予荣誉称号等,而批评主要指口头批评、通报批评、纪律处分等。在思想政治教育过程中,以表扬为主,以批评为辅,将二者有机结合起来。之所以要以表扬为主,以批评为辅,一方面,单一使用表扬的方法,有可能让人过于骄傲,不再实事求是,而单一使用批评的方法,也容易让人产生逆反情绪,因此要将二者相结合,以表扬为主,突出正激励功能,以批评为辅,起到警示作用;另一方面,两者结合,能够促使思想政治教育发挥最大效能,以表扬为主并不是不要批评,而是适当地、及时地批评,做到对事不对人,在批评的同时指出改正的方向与途径。

运用这一综合方式,需要注意以下几点:一是要坚持实事求是的原则,在运用表扬与批评的时候,要以事实为准绳,不掺假、不拔高。二是要掌握时机,做到及时适当,及时表扬,以起到振奋人心、激发主动性的作用;及时批评,更有利于受教育者认识错误,改正错误。三是要把握分寸,在进行表扬时要把握方向,注重思想性,形成健康向上的氛围。在进行批评时也要根据问题性质、影响范围和被批评者的特点,选择适当的场合和时机。

(3)现实方法与虚拟方法相结合

近年来,互联网越来越成为人们日常生活、学习中不可缺少的部分,对人们的生产方式、生活方式、思维方式产生了深远影响,人们的社会实践活动也拓展到虚拟领域。所谓的虚拟,是指数字化虚拟,是对现实事物的反映与超越。在思想政治教育中,可以将这种虚拟方法理解为网络思想政治教育方法,就是指"以网络为其工具形态的方法,是计算机技术、通信技术、网络技术和虚拟现实技术等在虚拟空间所展开的人与人思想交流中的具体运用"①。所谓的现实,是指客观存在的现实,包括了社会环境、社会关系、社会条件的客观存在。在思想政治教育中,可以将这种现实方法理解为在现实社会中所运用的思想政治教育方法。现实方法与虚拟方法的综合,是思想政治教育方法发展的必然趋势。虚拟方法是以现实的思想政治教育为客观基础的,源自思想政治教育实践活动的经验与总结,是对思想政治教育现实方法的技术转换与改造。但是虚拟方法并不是对现实方法的照搬,而是根据网络的特性、人在网络中的特性,所转化而来的新形式。因此,现实方法与虚拟方法的综合推动了现代思想政治教育方法体系的构建。

运用这一综合方式,需要注意以下两个方面:一方面,要正确认识现实方法与虚拟方法的关系。现实方法与虚拟方法是思想政治教育方法中的两种形态,现实方法是虚拟方法的来源,因此不能过度看重网络技术而忽略思想政治教育的一般特点与基本规律,失去了方法理论的基础与本质;虚拟方法又是现实方法的拓展与延伸,因此不能忽视网络特性,教条式地将现实方法应用于虚拟的网络空间。另一方面,要不断推动现实方法与虚拟方法的综合。现实方法与虚拟方法在其目的上是一致的,因此要根据现实空间和网络领域的特点,合理分布思想政治教育内容,逐步形成"网上"与"网下"相结合的思想政治教育方法,推动二者的综合发展。

2. 并列式综合方式

并列式综合方式,是指单个方法仍然保持相对独立性,均处于平等地位,难以分出主次。与主从式综合方式有所不同,不存在一方法支配或制约另一方法。在并列式综合方式中,一方法发挥了作用,另一方法也将随之发挥作用,各个方法是在交互作用中协调、兼顾的。并列式综合方式包括了教育与

---

① 万美容.论思想政治教育方法的融合发展[J].思想教育研究,2008(2):12.

管理相结合,家庭教育、社会教育和学校(或工厂、部队、机关等)教育相结合,说服教育与纪律约束相结合等。这里主要讲以下两种并列式综合方式。

(1)教育与管理相结合

教育与管理相结合是运用频率最高的一种综合方法。教育方法与管理方法是密切联系、不分彼此的,且不能互相替代。人们三观的形成、思想政治素质的养成与提高、行为习惯的塑造都离不开思想政治教育。同时,受教育者在受教育的过程中也离不开监管有力、行之有效的管理。将思想政治教育与管理相结合,使教育中包含管理,管理中又渗透思想政治教育。虽然从性质上看,思想政治教育属于教育的范畴,是使人解惑明理的过程,管理属于行政组织的范畴,是使人认同执行的过程,二者有诸多的不同,但二者的目标都是为实践服务的。教育与管理相结合,教育促管理能形成更为有力有序的规章制度,管理促教育能形成更为规范有效的思想政治教育。只有二者相得益彰,才能收获良好的思想政治教育效果。

运用这一方式,应注意以下几点:一是要做到管理张弛有度。管得要适度,放得要得体。“管”与“放”本身具有对立性,要把握分寸,适当得体。如果管理过多过紧,受教育者必然会感到不适,但管理太松太散,又无法保证教学管理工作的有序进行。二是要加强思想政治教育的师资队伍建设。教育者既是教育的主体,也是管理的骨干力量,因此要加强思想政治教育师资队伍建设,提高教育者自身的政治素养和教育教学水平,使其以强烈的使命感和责任感做好思想政治教育与管理工作。三是要利用新媒体技术加强教育与管理。随着移动互联网等新兴科技发展的日新月异,网络应用几乎遍及生活的方方面面,比如微信、微博作为一种信息传递与交流的平台越来越被广泛应用。因而,利用新媒体技术加强思想政治教育与管理是教育发展的必然趋势,将不断推动思想政治教育与管理实现数字化、图像化。

(2)家庭教育、社会教育和学校教育相结合

家庭教育、社会教育和学校教育相结合也是思想政治教育重要的综合方法之一。每个人的成长都受到这三方面教育的影响,三者相互联系、相互影

响,又不互为替代。家庭教育主要是通过家庭成员的思想品德、言谈举止、作风习惯对子女产生渐进式的影响,最主要的内容是道德品质和行为习惯的培养。家庭是人们学习的第一场所,家庭教育是伴随人一生的教育。社会教育是人们通过社会舆论、社会交往、社会活动等途径接受的教育,是一种广泛而有影响力的教育。学校教育是学校按照党和国家的教育计划,对学生进行有目的、有系统的正规教育,学校教育的主要作用方式是教书育人、管理育人、服务育人,具有自觉性和互染性的特点,对学生的全面成长具有主导与指引作用。总之,家庭教育、社会教育、学校教育虽然各自有其地位、作用和特点,但是它们又是相互联系的,三者有机结合才能更好地推动思想政治教育的发展,形成一张完整的"教育网"。此综合方式的运用,需注意协调三者关系,形成良性教育。社会是由若干个家庭所组成的,家庭教育实质上是社会教育的一部分,只是在家庭中其教育者的角色由家庭成员扮演。家庭教育与学校教育的内容来源是社会,两者是按照社会的需要而培养人才的。因此,应协调三者关系,统一教育目标,只有三者都朝着同一目标发展,才能发挥正向作用。

(二)协调式综合方式与交替式综合方式

协调式综合方式与交替式综合方式也是思想政治教育中十分重要的综合方式,这两种综合方式是按照单个教育方法在综合方法中的关系来划分的。唯物辩证法指出,任何事物都处于联系之中。因此单个教育方法综合在一起,自然就会产生横向或纵向关系。其主要有两种方式。

1.协调式综合方式

所谓协调式综合方式,就是各单个方法搭配得当,为思想政治教育的正常运转创造良好的条件,促进思想政治教育目标的实现。也就是说,各单个方法并不是孤立存在的。各单个方法相互配合、相互协调。采取这种综合方式时,要进行必要的制约、调整,使之协调有序。

学校、部队、工厂等单位的职能部门各司其职,齐抓共管,相互配合开展思想政治教育的方式,就是协调式综合方式。例如学校的思想政治教育,学校拥有复杂的工作运转系统,设置了多个职能部门,这就要求每个职能部门发挥自身作用,履行各自职责,相互配合,促进学校思想政治教育的有效运行。学校的思想政治教育并不是单个人或单个部门所要承担和完成的任务,而是学校各个部门、学校内每个人都应该主动承担、协调配合完成的任务。只有各个部门有序完成各自的任务,协调配合其他部门,才能取得良好的思想政治教育效果。协调式综合方式,就是要充分发挥单位各职能部门的作用,动用群众的力量,发挥部门与人民群众的特长和优势,相互协调配合。

每个单位的部门都是复杂多样的,大体上可以分为党组织、行政管理系统以及群众组织。各类型的部门职责是不一样的,所承担的思想政治教育任务,采用的思想政治教育方法也是不尽相同的。单位的党组织是核心领导部门,发挥着示范引领作用,承担着组织、指导、协调行政管理部门和群众组织开展思想政治教育活动的任务。党组织开展思想政治教育活动的方式多种多样,比如通过多种渠道宣传党的路线和方针,教育群众;通过发挥党员的先锋模范作用,感染群众、带动群众;通过群众路线,密切联系群众、团结群众。单位的行政管理部门,则是涉及面最广、涉及人数最多、协调关系最为复杂的部门,其承担着通过规章制度和具体要求组织、协调人们的行为,调节人们之间的各种关系的任务。行政管理部门开展思想政治教育活动,就是要将思想政治教育与业务工作、管理工作有机结合起来,将思想政治教育内容融入各项管理工作之中、融入日常业务工作中。行政管理部门也是与群众联系较为紧密的部门,能够及时了解群众的思想动态,及时发现和解决群众的思想问题。单位的如共青团、工会、妇联等群众组织,是党联系群众的桥梁和纽带,也应承担一定的教育职责。这些群众组织是由群众发起、群众参与的维护群众利益的组织,因此是与群众联系最为密切的组织,能够根据群众的特性开展群众性思想政治教育,形成群众性的自我教育的局面。因此,要将单位的党组织、行政管理部门和群众组织的作用充分发挥出来,协调运作,组织协调各方面的力量,统筹推进,形成目标一致、步调一致的教育体系,凝聚教育合力,实现思想政治教育效果。

运用这一综合方法,应注意统筹兼顾各方力量,充分发挥各单个思想政治教育方法的优势与长处。这就需要根据思想政治教育的内容划分各个部门所要承担的思想政治教育任务，各个部门根据思想政治教育任务选择合适的思想政治教育方法，遵循系统论中关于整体性和相关性的原则，有劲往一处使，各个部门不脱节、不掉队，推动思想政治教育协调全面系统发展。

2.交替式综合方式

所谓交替式综合方式，就是在思想政治教育过程中轮流、替换运用各种不同的教育方法。交替运用多种教育方法，能增强思想政治教育的解释力，增加思想政治教育过程的趣味性，提升思想政治教育效果。

交替式综合方式是多角度、多侧面教育方式的结合，这一综合方式往往运用于大型和复杂的思想政治教育活动之中。多角度、多侧面教育的方式并不是无序地交替，也不是随意排列单个方法运用的顺序，而是根据受教育者的实际情况，认真分析受教育者所遇到的思想政治教育问题，按其重要程度、轻重缓急来运用单个的方法。例如要将某一正确的观点灌输到受教育者脑中，围绕这一目标，教育者可以根据受教育者的实际情况，选择理论教育法、典型示范法等多种思想政治教育方法综合运用，从而达到目标。除教育方法之外还包括了经济、行政、法律等手段的综合实施，这一情况往往出现在单一使用教育手段无法完成教育目标时，必须加之其他手段辅助完成。

交替式综合方式可以更为全面、有序地解决思想政治教育问题。思想政治教育是针对人所展开的教育活动，人具有主观能动性，有自己的独立意识与判断。因此，不同的人因所处的环境不同、所接受的教育程度不同，就会形成不同的思想，对思想政治教育内容的接受程度与反应效果也不尽相同。如有些受教育者难以接受教育者所采用的单一的理论教育法，认为较为枯燥乏味，无法有效地接受思想政治教育内容，却受用于实践教育法，能够在实践中体验和感悟思想政治教育内容，从而有效地解决思想政治教育问题。运用交替式综合方法就像为了到达某一目的地，却有多种交通方式供以选择，有些方法能够较快地到达目的地，有些方法却要慢一点儿，但是最后都是通往同一个目的地。

在运用这一综合方式时，一方面，要认真了解和分析思想政治教育对象。教育者要全面了解和掌握思想政治教育对象，根据思想政治教育对象的特点，选择适合思想政治教育对象的思想政治教育方法，如有的人更乐意接受较为传统的思想政治教育方法，有的人更适合接受情感感化。针对不同的思想政治教育对象，采取不同的思想政治教育方法，不仅能更好地传导思想政治教育内容，也能更快地帮助其改正错误的思想。另一方面，在面对复杂的思想政治教育问题时，要具体问题具体分析，分清主次，善于抓重点、难点，只有对问题进行主次分析，才能有针对性地调整思想政治教育方法的顺序，让交替式综合方法更有层次、有重点地运用，切勿颠倒主次，眉毛胡子一把抓。

（三）渗透式综合方式与融合式综合方式

渗透式综合方式与融合式综合方式，是按照各个单项方法在综合体中的状态来划分的。这两种综合方式都比前面所提到的综合方式应用程度更高、作用更强。

1.渗透式综合方式

所谓渗透式综合方式，是指各单项方法的本质并未发生明显变化，而方法之间已相互渗透、相互包含，发生了局部的融合。其形式大多是思想政治教育与业务工作、管理工作、文娱活动等的渗透。这种综合方式既保留了业务工作、管理工作、文化教育和娱乐活动的相对独立性，又将思想政治教育内容渗透到这些活动中，使这些活动在保留原有功能的基础上，又能发挥思想政治教育的作用。这里主要讲思想政治教育与业务工作的结合与渗透方式。

思想政治教育同业务工作的结合与渗透，是思想政治教育最主要的渗透式综合方式之一。思想政治教育是提高人们思想素质，塑造人们行为习惯的社会实践活动，而业务工作是人们所从事的专门性实践活动。人们的思想状况往往产生并体现在业务工作的实践过程中，因此要把握人们的思想动态，就必然要关注人们的业务工作。将二者结合起来，一方面能更好地进行思想政治教育；另一方面，能促使人们业务水平的提高。思想政治教育与业务工作实际上体现了人们思想上和行为上的本质规定性。思想政治教育是为了确保人们思想上不发生偏差,以正确的思想指导实践。而人们的思想行为本质又往往是在业务工作中体现出来,在实践中思想政治教育的效果可以得到反映。所以,思想政治教育必须与业务工作相结合并相互渗透,在这过程中就形成了渗透式综合方式。

在运用这一综合方式时,要注意以下几点:一是要认识到思想政治教育与业务工作相互渗透是长期性和持久性的工程。思想政治教育与业务工作相互结合与渗透,并不是一朝一夕就能完成的,要做到持之以恒、常抓不懈。因此要做到思想政治教育生动有趣,业务工作思想有力,这样才能保证二者结合的可持续性发展。二是要将思想政治教育落实到业务工作之中。人们所从事的业务工作是多种多样的,所需要的思想政治教育也不尽相同,因此要找准思想政治教育在各项业务工作中的切入点,要在了解各项业务工作的基础上,实施思想政治教育的渗透,这样才能更有针对性地对业务工作进行思想引导,让人们形成正确的价值取向和思想倾向,保证各项任务的顺利开展。三是要动员业务工作者结合实际开展思想政治教育。在思想政治教育与业务工作相互渗透的过程中,业务工作者不单单是业务工作的主体,也能转换为思想政治教育的主体。业务工作者了解业务工作的内容与特点,也了解在业务工作过程中将要面对的思想问题。因此动员业务工作者开展思想政治教育,能够更好地对症下药,使思想政治教育达到事半功倍的效果。

2.融合式综合方式

融合式综合方式,是指各个单项教育方法通过相互吸引、相互渗透、相互结合之后,融为一体,发生了性质的变化,产生了一种新的教育方式,是由多种教育方法和手段的综合所创造的一种新的教育方式。这种综合方式具有高度的综合性和创造性。

(1)思想政治教育与校园文化建设相融合

校园文化,是指一所学校经过长期发展积淀而形成共识的一种价值体系,即价值观念、办学思想、群体意识、行为规范等,也是一所学校办学精神与环境氛围的集中体现。校园文化建设包含了三个方面的内容,即物质文化建设、精神文化建设和制度文化建设，这三方面的协调发展形成了学校的文化形象。

思想政治教育与校园文化建设的融合，是思想政治教育融合式综合方式的重要方式之一。学校思想政治教育的根本任务是立德树人，教学目标是为党育人、为国育才。良好的校园文化建设能潜移默化地影响大学生，能够在引导师生的发展目标和行为习惯以及价值取向等方面发挥重要作用。校园文化不仅可以体现学校优秀的教学理念，而且能够体现师生的综合素质，为学校未来发展提供不竭动力。思想政治教育与校园文化建设相融合，不仅能在校园文化建设中体现思想政治教育的成果，还能有效地发挥文化育人的作用，增强广大师生的文化自信，提高校园文化与思想政治教育协同育人的水平。

在运用这一综合方式时，一方面，要看到校园文化建设既要与时俱进，又要继承传播。校园文化作为一种文化形态，它所包含的内容是十分广泛的，它通过丰富多彩的内容和各种各样的形式对学生的价值观念、道德情操、思想内涵和行为模式的形成和发展有着较深的影响。校园文化建设不仅涉及对校园文化的继承与传播，还与文化的创新有着直接的关系。因此，校园文化建设不仅要紧跟时代步伐，引入文化创新元素，还要体现中华民族传统文化的元素，体现时代精神，这样才能丰富校园文化建设的内涵。要不断挖掘校园文化与思想政治教育内容的内在契合点，促进思想政治教育与校园文化的有机融合，在校园文化建设中唱响主旋律。另一方面，要推动思想政治教育与校园文化协同育人，形成融会贯通效应。学校对学生的培养离不开文化环境的熏陶，也离不开科学理论的灌输。因此，思想政治教育与校园文化建设融合发展是必然趋势，有利于优势互补，为学生成长成才创造良好的学习与文化氛围。

(2)思想政治教育与社区文化建设相融合

社区文化是指在一定的社会历史条件下，一定的区域范围内的社区成员在社区社会实践中共同创造的具有本社区特色的精神财富及物质形态。社区文化建设是一项艰辛的、细致的、持久的系统工程，是包括思想建设在内的一项综合性建设,是社区精神文明建设的重要内容,也是社区环境建设的重要组成部分。发挥社区文化的综合作用,是思想政治教育面临的新问题。社区文化建设的内容是多种多样的,可以简单地概括为环境文化、行为文化、制度文化和精神文化四个方面的内容。社区文化建设的目标是营造安定团结的生活环境、互助友爱的人际环境以及丰富多彩的文化环境。要达到这样的理想环境状态,需要长时间的探索与建设。

社区文化建设,可以从以下几个方面着手:一是进行社区文化场所建设。硬件设施是社区文化建设开展社区文化活动的基本保障。文化场所是社区群众聚集活动的主要公共场所,包括社区活动中心、社区广场等。因此在社区文化建设中不仅要多开辟文化场所,并且要将这些文化场所建设成为设施先进、功能多样、吸引力大的阵地,这样才有利于思想教育和文化熏陶。二是进行文化活动建设。社区的文化活动,是以社区群众为主体,以文化场所为主要阵地的群众文化活动。这些活动,以正确的思想为指导,通过群众的自己组织、自己参与、自己评价,达到学习知识、锻炼能力、提高思想、陶冶情操的目的。三是进行社区文化机构的建设。社区文化机构是社区文化活动得以正常开展的组织保证,是负责社区文化建设的专门部门,负责落实社区文化活动的组织与执行。发展社区文化机构,有利于社区文化活动的开展,促进社区文化建设。

第十三章

思想政治教育方法的运用艺术

思想政治教育方法的运用是一项具有艺术性的创造活动,其目的是实现思想政治教育目标。思想政治教育方法的运用艺术是思想政治教育者在统筹把握教育活动过程中诸多要素的协同并加以创造性转化所体现出来的各种技巧的总和,是实现思想政治教育方法创新发展的重要体现。把握思想政治教育方法的运用艺术是思想政治教育发展的客观要求,是思想政治教育活动顺利开展的有效保证,有利于思想政治教育提质增效。

一、把握时机的艺术

时机，通常情况下是指以时间为主导因素的契机，也就是事物发展过程中在时间上提供的机会。在诸多具体实践活动中都存在着时机的选择，如农业生产活动中的时机主要指开展农业生产活动最佳的农时，教育活动中的时机是开展教育活动的最佳良机，选择最佳时机往往会达到事半功倍的效果，错失了时机则有可能会事倍功半。对思想政治教育这一特殊的教育活动而言，需要把握好教育时机，选择合适的思想政治教育方法，择机开展思想政治教育。

（一）把握时机的内涵

在思想政治教育活动中，时机处在一种动态的而非静止的教育情景之中，是具有时间性的有利的教育条件，在教育情景中，教育者需要充分运用教学机智，准确把握时势，择机而动，主动将教育对象引向积极的方向。

思想政治教育时机是指“教育对象自身内部已有的条件和准备，在与特定外部环境和条件的碰撞下，出现有利于促成教育对象的思想、观念、行为受到相应影响、发生相应改变的可能情形和关键时刻”[①]。思想政治教育时机是开展思想政治教育活动的特殊时段、关键时间点，其中往往蕴含着教育的最佳条件，蕴含了转变教育对象思想或者行为的最佳条件。“思想政治教育者善于选择对特定教育对象进行特定内容教育的最佳时间，具体地说，就是对教育对象的思想政治教育要及时和适时。”[②]思想政治教育时机是思想政治教育活动取得实效的重要影响因素，贯穿于思想政治教育过程的各环节，具有短

① 沈壮海.新编思想政治教育学原理[M].北京:中国人民大学出版社,2022:260.

② 陈万柏,张耀灿.思想政治教育学原理[M].3版.北京:高等教育出版社,2015:234.

暂性、易逝性、偶然性的特点，需要教育者准确甄别，避免错失良机。教育者如果能够审时度势，充分认识和掌握教育对象的已有知识储备、内在心理变化和精神需求，及时、适时地捕捉、利用或创设思想政治教育方法运用的时机，对提升思想政治教育方法运用的有效性大有裨益，这也充分体现了教育者的教学机智。因此，教育者把握教育时机的过程也契合了教育活动的艺术性。

思想政治教育本质上是做人的工作，面对需求不同而又独立鲜活的教育对象，思想政治教育者要灵活运用思想政治教育方法、做好思想政治教育，就必须把握好教育时机。教育者在进行思想政治教育时必须主动作为，把握教育节奏，细致地选择有利于取得最佳教育效果的机会，充分发挥思想政治教育时机的最大价值。教育者在思想政治教育方法运用的过程中要把握时机，要求教育者要统筹把控思想政治教育各要素，充分考虑思想政治教育方法运行条件，审时度势地选择恰当的思想政治教育方法，进而增强思想政治教育方法运用的艺术。同时尽管随时存在着时机，但是并不是所有的时机都能被及时掌握和利用，也不是所有的时机都匹配思想政治教育方法的运用条件。思想政治教育时机既具有偶然性也兼具必然性，必然性强调思想政治教育的时机广泛、普遍存在于思想政治教育活动中；偶然性则是突出时机出现的形式、产生的原因不尽相同。教育者对时机的把握要准确，不能过早也不能过晚，选择恰当的时机、合适的思想政治教育方法，做到“天时地利人和”，思想政治教育的实效性自然会提高。

（二）把握时机的基本原则

尽管时机时时存在、处处存在，但并不是所有的时机都可以作为思想政治教育方法运用的时机，只有恰如其分地运用思想政治教育方法才能取得事半功倍的效果，推动思想政治教育目标的实现。教育者要善于把握关键的时间点，选好选准时机，真正做到因势而谋、应势而动、顺势而为，提高思想政治教育的时间效益，因此在运用思想政治教育方法过程中对时机的把握需要坚持及时和适时的原则。

所谓及时,就是“当受教育者萌发精神世界发展需要时,思想政治教育者就应及时地给予教育和引导,创造条件尽可能满足其需要”①。及时强调的是思想政治教育者在时间把握上的速度,可以“第一时间”把握教育对象发展的需求,察觉教育对象的思想变化,进而当机立断、选择合适的方法,见机行事、化解矛盾,做到及时施教,掌握思想政治教育方法使用的主动权。如果教育者能够“第一时间”选择恰当的思想政治教育方法,精准地把教育内容传递给教育对象,甚至在教育对象的思想出现偏差的萌芽阶段就开展思想政治教育,可以提高教育对象的认识,顺利地实现教育目标。及时性原则还要求教育者在思想政治教育开展的过程中要有前瞻性的思维,能够预测教育对象的思想行为倾向,进而做出相应的调整,因势利导。

所谓适时,是指适合的时宜,强调思想政治教育者要针对不同教育对象的特点和教育内容的不同在恰当的时间选择合适的思想政治教育方法,突出的是适当的时限,着重于最佳的时间点,过早或者过晚都不能达到预期的效果。一方面,教育者要综合考虑多方因素,根据外部环境的变化、教育内容、各种教育方法的适用范围来选择合理的教育时机。另一方面,教育者要在选择教育时机的同时适时地决定教育时间的长短,要根据教育内容、教育方法、教育对象的心理发展规律选择适度的教育时间。思想政治教育者合理地捕捉、创设和利用正确的时机来开展思想政治教育,增强思想政治教育方法运用的针对性,对症下药,这也有助于提高思想政治教育的时间效益,充分彰显思想政治教育的人文关怀,取得理想的教育效果。

思想政治教育者在把握时机时既要坚持及时原则也要关注适时原则,坚持及时与适时的辩证统一。若只关注及时而忽视适时,则有可能出现“火候未到”的情况;若只关注适时而忽视及时,则有可能出现“事后诸葛”的情况。这两种情况显然都不利于思想政治教育方法作用的发挥。只有将及时与适时统一起来,遵循思想政治教育规律,才能最大限度地发挥时机的价值,在有的放矢之中实现事半功倍之效,提升思想政治教育方法运用的实效性。

---

① 陈万柏,张耀灿.思想政治教育学原理[M].3版.北京:高等教育出版社,2015:234.

(三)把握时机的主要技巧

思想政治教育者只有正确把握和有效利用对开展思想政治教育有利的时机才能提升思想政治教育方法的有效性,这是实现思想政治教育目标的必然选择,有利于充分调动教育对象的积极性和主动性,最大限度地提升思想政治教育效果。“机不可失,时不再来”,尽管思想政治教育时机具有偶然性,但是思想政治教育者对时机的把握并不是盲目的、无章可循的、偶然随机的,而是可以及时、适时地捕捉、创设和运用的。把握教育时机,这要求思想政治教育者要能根据不同的教育情境、教育对象、教育内容找到适配性较高的思想政治教育方法,实现要素之间的良好配合,提升教育成效。

第一,通过深入了解教育对象来把握思想政治教育方法运用的时机。思想政治教育活动是教育者与教育对象双向互动的过程,教育者只有具备敏锐的观察力,尽可能地了解和掌握不同教育对象的需求,了解教育对象的个性特征、思想状况、心理状况和知识水平等,才能“择机而行”、顺势而为。如思想政治教育者在运用理论教育法时,需要预先了解教育对象,做出正确的学情分析,当教育对象已有的知识体系和原有的认知结构与教育者所要传授的知识体系发生矛盾冲突时,在“知”与“不知”的疑惑甚至质疑过程中思想政治教育的时机就到来了,教育者需要及时答疑解惑、传授新的理论知识。这一过程也是对教育者专业知识、教学经验、时机意识等教育素养的考验。

第二,通过识别环境转化来把握思想政治教育方法运用的时机。外部环境的变化必然引起人的思想矛盾运动,容易让人产生思想困惑、情感波动、认知冲突等,这些也往往是开展思想政治教育的有利时机。明者因时而变,知者随事而制。思想政治教育者要及时敏锐地识别到教育对象的思想波动和心理诉求,特别是在教育对象遭遇一些偶发的重大事件之后,教育者要及时介入,因势利导,因材施教,尽快地调整教育目标和内容。同时环境的变化所引起的教育对象思想的波动也有可能导致教育对象的思想出现错误倾向,教育者要综合运用多种教育方法,引导其思想向正面方向发展。

第三,通过捕捉社会热点来把握思想政治教育方法运用的时机。一般而言,社会热点主要是指在一段时间内能够引发社会广泛讨论和强烈反响的事件或问题,带有明显的时间性、敏感性、广泛性。社会热点中自然也就内蕴了很多思想政治教育时机,特别是针对一些突发性的社会热点,由于出现的时间短、信息量大、爆发性强,易引发教育对象的好奇心和兴趣。教育者要善于挖掘这些社会热点中的积极因素,找准教育对象对社会热点的兴趣点和疑惑点,及时调整教育内容,选择理论教育法、价值澄清法、矛盾分析法等教育方法,有针对性地开展教育。

第四,通过主动创设条件来把握思想政治教育方法运用的时机。思想政治教育活动是教育者和教育对象情感共融、价值共享的有机过程。教育者还可根据教育目标来创设对应的思想政治教育时机,旨在引起教育对象的共鸣,实现思想政治教育效果最大化。教育者在创设教育时机时需要遵循思想政治教育规律,依据教育目标,抓住能够与教育对象产生情感共鸣的关键节点。对思想政治教育时机的创设没有固定的程序或方法可以套用,需要教育者高度的自觉性和敏锐的观察力。如教育者可以通过创设问题情境、创设情感体验情境等来把握教育时机,教育者要注意把握分寸,充分预设教育对象可能出现的各种情况,把准时机、巧用时机,找到教育方法之间的结合点,做到融会贯通,提高方法运用的实效性。

二、运用语言的艺术

马克思指出:“语言是一种实践的、既为别人存在因而也为我自身而存在的、现实的意识。”[①]语言是思维的外壳,没有思维就不可能有语言,语言是人的思想、意志、观念和情感的承载者,是人与人沟通与交往的纽带与桥梁。语言不仅具有交流、传递信息的作用,同时也是意义的承载系统。思想政治教育中的语言不仅是传递教育内容的重要载体,也是连接思想政治教育者和教育对象的重要中介,更是思想政治教育方法得以发挥作用、思想政治教育活

① 中共中央马克思恩格斯列宁斯大林著作编译局.马克思恩格斯选集(第一卷)[M].3版.北京:人民出版社,2012:161.

动得以开展的重要中介。思想政治教育者在运用思想政治教育方法的过程中要根据不同的方法采用不同的语言技巧,在语言运用上进行反复雕琢,有效传递教育内容,提高教育效果。

(一)运用语言艺术的基本内涵

作为高度社会化的活动,任何一项教育活动都不可能离开语言(作为承载物),语言在教育活动中是教育者和教育对象交互关系中不可或缺的工具,是教育者传播教育内容、达到教育目标的重要中介,贯穿于教育的全过程。语言是进行思想政治教育必不可少的凭借,承载了主流政治主张、思想理论与道德观念等重要内容,具有鲜明的政治导向性。思想政治教育语言艺术通常是指教育者"在采用讲课、报告、谈心、表扬、动员、访问等多种方式进行思想政治教育的过程中,使用准确、流畅、生动美妙的语言文字,阐明道理,打动人的心弦,激起感情的波澜,使人产生强大力量的艺术"①。教育者在运用语言的过程中要根据教育环境的变化、教育对象的个性特征和教育内容的差异灵活地选择合适的语言表达,注重表达的技巧,这一过程中不仅需要关注运用语言的准确性,也需要注重运用语言的艺术。因此,教育者运用语言艺术主要是指教育者在教育活动中为了达到教育目标、遵循思想政治教育规律,关注包括语句逻辑、语句修辞等在内的语言运用技巧,通过灵活运用语言的各类手段创设一种审美的形象,以此来打动人心、引发情感共鸣,提升教育效果。显然,教育者把握运用语言的艺术能够提高语言的悦纳度,进而更为高效地把握教育节奏,提升教育内容的吸引力,吸引教育对象的注意力,争取更多的话语权,可以说教育者运用语言的过程也是教学机智的重要体现。

教育者驾驭和运用语言技巧的高低是衡量思想政治教育方法是否得当的重要前提,体现了教育者的基本功。一方面,在思想政治教育实施过程中,教育者只有运用语言才能将教育内容精准地表述出来,才能根据教育对象的特点选择合适的教育方法将教育内容有效传递给教育对象。思想政治教育的语言不仅是一种交流、传递信息的工具,也具有价值引导功能。另一方面,

① 张耀灿,陈万柏.思想政治教育学原理[M].北京:高等教育出版社,2001:189.

思想政治教育取得的成效离不开语言功能的发挥，每一教育目标的实现、教育方法的有效运用都需要语言的支撑和延展。教育者在传递教育内容的过程中要能灵活采用恰当的语言表达方式和技巧，这就要求教育者要使用流畅、准确、优美的语言，语法要规范、修辞要准确、遣词造句合乎逻辑，从而增强教育内容的说服力、吸引力和感召力。

以语言为基础的思想政治教育方法在思想政治教育活动中普遍存在，如理论教育方法、批评与自我批评方法、疏导教育方法等，教育者要善于运用语言的技巧，寓情于理、寓“理”于“语”，在遵循语言运用规范的前提下，对语言进行“加工”，从而打动教育对象的心弦，调动其积极性，既要以理服人，更要以情感人。所以，如果教育者的语言运用得当，能够引起教育对象的兴趣和积极性，产生情感的共融，教育对象就能够快速进入学习状态，准确理解教育者传递的语言信息，吸纳所传递的教育内容。如果不讲究语言运用艺术，教育对象听后就可能无动于衷，或口服心不服，甚至产生反感，再有效、再灵活的思想政治教育方法也将被削弱。可见，思想政治教育者掌握基本的语言运用技巧是教育者的基本功，是增强思想政治教育效果的必然选择。

（二）运用语言艺术的基本原则

教育者需要借助语言来实现培育教育对象的目的，教育者的语言运用能力不同程度地决定了育人的质量，语言运用艺术的高低在某种程度上决定了思想政治教育的效果好坏。思想政治教育方法中语言艺术的运用除了要遵循语言表达的基本原则以外，还要遵循思想政治教育作为一项特殊活动所需要遵守的基本原则。

第一，语言运用要体现政治性原则。政治性作为思想政治教育的本质属性，凸显了其与其他教育活动的本质区别。教育者在运用语言的过程中不能随心所欲，需要充分体现思想政治教育的意识形态性，坚持以马克思主义理论为指导。思想政治教育者运用语言是为实现思想政治教育目标服务的，语言要精准明确，能够准确地传递给教育对象，在运用语言的过程中更需要以政治性为准绳，否则就会出现错误导向。

第二,语言运用要体现教育性原则。思想政治教育的教育目标贯穿于整个教育过程,教育者需要通过语言来传递教育信息和观点,它在使用过程中当然也始终贯穿着教育性。思想政治教育方法的运用是为传递教育内容、实现教育目标服务的,思想政治教育内容中包含着对教育对象进行思想观念、政治观点、道德规范的教育,这一过程需要采用合乎逻辑的语句、规范的语法、妥当的修辞方式,通过语言来实现。这就使思想政治教育的语言必然带有教育性的意图。

第三,语言运用要体现针对性原则。俗话说,"什么山唱什么歌"。思想政治教育方法运用中的语言需要遵循思想政治教育规律,关注教育对象的特点,教育者需要在深入了解教育对象的语言、思想、心理的基础上,采用易于教育对象接受的语言,在语速、声音、语气、语调上针对具体的情况把握好"度",把教育内容传递给教育对象,只有这样,思想政治教育才能更有成效。教育者对语言的运用不仅需要考虑到教育对象的特征,还需要做到因人制宜、因地制宜、因时制宜,探索语言文字表述的多种方法,准确使用能表达其思想内涵的语言文字,体现针对性,更好地提高思想政治教育的效果。

第四,语言运用要体现灵活性的原则。思想政治教育语言的运用应该与一定的语境相结合,与语言的使用场合和各种教育情景相适应,这样才能达到思想政治教育效果。思想政治教育实践活动处于不断的变化发展中,教育者在选择语言的过程中要将思想政治教育目标与内容同思想政治教育过程与方法有机统一起来,避免在语言中出现"一刀切"的情况,将个性和创造性语言结合起来,做到语言深浅有度,体现灵活性,提升教学工作的有效性。否则,语言运用的艺术就会失去原本的价值。

(三)运用语言艺术的主要路径

马克思指出:"我所追求的不是优美的叙述,而只是写出我平素的风格。"[①]使用通俗易懂的语言表达自己的观点是马克思主义经典作家一贯的传

---

① 中共中央马克思恩格斯列宁斯大林著作编译局.马克思恩格斯文集(第十卷)[M].北京:人民出版社,2009:168.

统。只有采用恰当、有针对性的语言，提升语言的感染力，有效传递思想信息，才能提升思想政治教育方法的有效性，才有可能达到思想政治教育的目标。

第一，语言运用要通俗易懂，富有针对性。思想政治教育语言的运用归根结底就是要促使教育对象能够认同教育内容，进而内化教育内容。冗长烦琐的语言必然不能引起教育对象的兴趣关注，教育效果也会大打折扣。一是教育者要学会掌握“放盐”的艺术。要善于运用通俗易懂的语言、面向日常生活的语言，构建易于教育对象接受的话语体系，让语言的运用更贴近实际，做到“理”与“事”的有机融合，避免出现语不对题的情况。如在日常与教育对象交谈的过程中要尽量采用生活化的语言，语调要保持柔和，这会使教育对象更容易袒露心声，进而有利于教育者及时调整教育内容、选择合适的教育方法。二是教育者要善于将教育内容中生硬晦涩的话语转化成为通俗易懂的语言。将教材语言转化为教学语言，要做到重点突出、条理清晰、层次分明，做到吸引人、打动人、启发人、涵养人，让教育对象一听就懂、一看就明，提升思想理论的穿透力。三是教育者语言运用中要体现层次性。要及时了解不同教育对象的性别、年龄、文化程度、职业、思想状况等，用教育对象听得懂、轻松活泼的语言开展教育。可以通过引经据典、旁征博引等多种方法，采用通俗易懂的语言来阐释教育内容，说服教育对象。比如在纪念五四运动100周年大会上，习近平总书记以孟子的名言“天将降大任于斯人”来勉励广大青年要勇于担当民族复兴大任，以王阳明的名言“立志而圣则圣矣，立志而贤则贤矣”激励青年要认清发展大势、树立远大理想。

第二，语言运用要深入浅出，富有亲切感。思想政治教育方法的运用与创新最终的目的是将教育内容有效地传递给教育对象，实现预定的教育目的。思想政治教育是理论性较强的教育性活动，教育者要善于将抽象、枯燥的理论自觉转化为具体化、形象化、生动化的语言传递给教育对象，深入浅出的语言有利于缩短教育者与教育对象之间的距离，让教育内容更接地气，引起教育对象的关注。如在说理教育中，教育者可以巧用例证来论证观点、验证理论，把理论结合实践，根据教学内容来选取事例或案例，以增强其说服力深入浅出地分析讨论问题，让教育内容不再是悬在空中的。深入浅出的语言会富有亲切感，更能为教育对象所接受、引发情感共鸣。如教育者可以巧妙使用比喻、对比、反衬、双关等方式来表达思想、观点及看法，用精练的语言表达深刻的道理，让教育活动成为具有审美意义的活动。

第三，语言的运用要实事求是，富有哲理性。实事求是就是要求语言不能夸大、不能为了追求易懂、易学而忽视语言本身表达的准确含义。坚持实事求是，就是语言要注意以理论事、以理启思、以理服人。教育者要善于运用富有哲理的语言来揭示真理、传递真理，富有哲理性的语言往往具有利落、干脆、准确、精练的特点，这样的语言容易拉近教育者与教育对象的心理距离，消除教育对象对理论说教的逆反心理。教育者要将“接地气”与“连天线”结合，充分利用语言的优势，既给教育对象以哲理上的美感，又使其感受到教育内容带来的精神境界的提升。

第四，语言的运用要关注时代发展，富有时效性。千言万语不如三言两语，长篇大论不如言简意赅。教育者要善于识别和挖掘时代发展中的有利因素，灵活运用策略和方法，提升语言的魅力和感染力，提升话语的多样化程度，进而直抵人心、提振人心。如互联网技术快速普及的时代背景下，教育者要善于吸纳互联网出现的新鲜词汇、流行语言，体现语言的时代新意，这样的语言才是有“生命”的语言。同时，思想政治教育者要直面教育对象所关心的热点、难点问题，关注社会现实，关照时代发展引发的教育对象的思想困惑，双方在彼此尊重、相互平等的基础上，进行话语交流、思想沟通，建立和谐的教育关系，达到“润物细无声”的效果。

三、提升修养的艺术

“修”本义是指装饰、修饰，后引申出学习、培养、锻炼等含义，“养”则有涵养和陶冶品格的含义。修养不仅体现出了一个人的思想、理论、知识、艺术等经过学习和实践后所达到的水平，而且体现了一个人的综合素质。思想政治教育者作为思想政治教育活动的计划者、组织者和实施者，其修养的高低直接影响到思想政治教育活动能否得以顺利开展。提升思想政治教育方法运用的有效性，增强思想政治教育的吸引力与感染力，都需要思想政治教育者不断提升自身修养。

（一）教育者提升修养的重要性

思想政治教育者运用方法的过程，从一定程度上反映了教育者的知识体系、教育技巧、教育阅历等专业技能水平，是教育者个人修养的外化表现。“一个人要求得进步，就必须下苦功夫，郑重其事地去进行自我修养。”[①]教育者作为承担、组织和实施思想政治教育活动的人，掌握了思想政治教育方法选取的主动权，教育者若是自身修养不高、专业技能不熟练，那么实际操作过程中就无法掌握主动权，甚至会削弱教育效果。

教育者必先受教育。思想政治教育者提升修养，有助于增进思想政治教育方法运用的艺术性。思想政治教育方法是教育者与教育对象、教育内容与教育效果联系的纽带和桥梁，而思想政治教育过程的复杂多变性决定了教育者必须要有较高的修养才能灵活选取和巧妙运用思想政治教育方法，充分发挥思想政治教育方法的优势，真正做到以德育人、以情感人、以理服人。思想政治教育方法的选择是否符合规律、能否实现教育目标、是否能被教育对象所接受，都充分考验教育者的个人修养。由于环境不同、教育对象不同、具体教育内容不同，教育者运用思想政治教育的方法也会各有不同，这就需要教育者充分考量各种教育资源，增强对教育要素的整体把握，充分协调各类教育要素。常言道“教学有法、但无定法、贵在得法”，对于性格各异、情感鲜活的教育对象，教育者需要采用多样化的思想政治教育方法，这就需要教育者具有较高的自我修养，准确识别思想政治教育方法的适用范围，灵活运用各类思想政治教育方法，有效传递教育内容，满足教育对象多样化的需要。同时，随着思想政治教育的发展，思想政治教育方法的运用已经不再是单个方法的单一使用，而需要综合运用多种教育方法，思想政治教育者综合选择方法的过程就体现着教育者的个人修养水平。

教育者修养的提升有助于提高思想政治教育的质量，实现思想政治教育

---

① 刘少奇选集（上卷）[M].北京：人民出版社，1981：109.

的科学化发展。思想政治教育的目标在不同历史阶段会有所不同,作为实现教育目标的中介,思想政治教育内容和方法也不可能完全相同。这就需要教育者对具体教育情境迅速做出反应、给出相应回应,只有具有较高的修养才能精准识别这些变化,促使思想政治教育更加符合时代发展要求、符合教育规律,提高思想政治教育质量。一般而言,教育者修养越高,角色定位就越为明确,自身的教育责任感、使命感就越强,其主观能动性的发挥就愈加明显,就能自主进行学习,主动进行教育改革,灵活运用多样的教育方法,优化方法运用的技巧。自身修养较高的思想政治教育者,能更为敏锐地捕捉教育对象的思想矛盾信息,能在事、时、势的不断转换中机智应对。同时,在具体教育活动中,教育者的道德观念、思想品质、文化素养等都会在与教育对象的双向互动中不自觉地外露出来。

(二)教育者修养的主要构成

思想政治教育者作为思想政治教育活动的实施者,扮演着与思想政治教育各种要素连接的关键性角色。当前面对新时代新征程,只有成为“政治素质过硬、业务能力精湛、育人水平高超、道德情操高尚”[①]的教育者才能符合时代发展的要求。因此,教育者要具有较高的修养,主要包括以下几个方面。

第一,教育者要具有较高的思想政治素质。思想政治教育是一项具有强烈意识形态属性的教育活动。对教育者而言,思想政治素质是其核心素质,其中包括政治素质、思想素质和道德素质等。首先,思想政治教育者要具备坚定的政治素质,要具有正确的政治方向、坚定的政治立场和政治信仰。思想政治教育者的政治素质是衡量教育者是否称职的关键指标,对教育效果产生直接影响。思想政治教育者坚持人民立场,坚持中国特色社会主义的方向,始终保持头脑清醒,保持政治定力和政治鉴别力,在大是大非面前与党和国家保持高度一致。其次,教育者要具备较高的思想素质,这是教育者的安身立命之本。思想政治教育者坚持解放思想、实事求是,掌握科学的思想教育方法,自觉运用马克思主义的立场、观点和方法思考、分析问题,具有良好

---

① 郑永廷.思想政治教育方法论[M].3版.北京:高等教育出版社,2022:388.

的学术品格和优良的学风，把立德树人贯穿于教育的全过程。最后，思想政治教育者要具有高尚的道德素质。思想政治教育者要具有高尚的社会公德和职业道德，强烈的事业心和责任感，爱岗敬业，忠诚于教育事业，面对困难能够坚定意志、坚持不懈。同时也要做党的优良作风的忠实传人，把实事求是的作风、讲民主的作风、批评与自我批评等优良作风发扬光大。

第二，教育者要具有较高的文化知识素质。思想政治教育是一门知识性和理论性较强的学科，扎实的理论知识是思想政治教育者顺利开展教育活动的前提和基础。思想政治教育者应当具备的文化知识，包括扎实的马克思主义理论知识、深厚的思想政治教育专业知识和丰富的交叉学科知识。思想政治教育者首先要修好马克思主义理论这门“必修课”，要具有扎实的马克思主义理论功底，认真研读马克思主义经典著作，掌握马克思主义中国化的最新理论成果，能够熟练运用马克思主义方法论解决现实问题。思想政治教育专业知识包括思想政治教育原理、思想政治教育方法论、思想政治教育史等内容。这些专业知识是思想政治教育者的立身之本，教育者要将这些专业知识融入自身的知识结构体系。此外，思想政治教育不是一门封闭的学问，需要思想政治教育者具有丰富的交叉学科知识，了解哲学、教育学、心理学、管理学、社会学、法律等多学科基础知识，具备广博的社会科学和自然科学知识背景，不断拓宽学术视野。只有这样，思想政治教育者才能克服可能面临的“本领恐慌”问题，进而在自我学习、自我反思和实践中将知识体系融会贯通，搭建自身的知识结构体系，树立终身学习理念。

第三，教育者要具有良好的心理素质。“心理素质是指人的各种心理品质的综合状况，它是其他各种素质的基础，各种素质的形成和发展在某种程度上讲都依赖于其心理素质的水平。”[①]心理素质体现了教育者的品质特征以及其心理变化和发展的趋势，包括认知品质、个性品质和适应能力等方面。良好的心理素质是有效开展教育活动的前提条件，思想政治教育者具备良好的心理素质为胜任思想政治工作提供了可能。思想政治教育者既要具有统一

① 陈万柏，张耀灿.思想政治教育学原理[M].2版.北京：高等教育出版社，2007：158.

且稳定的世界观、人生观和价值观，广泛的兴趣、优良的性格、积极的需要和动机品质，积极的情绪和情感，也要具有敏锐的观察力、丰富的想象力、优良的思维品格，能够在解决矛盾、处理问题的过程中沉着、自制，具有充沛的精力和顽强的意志。教育者要具有积极情感，发自内心地热爱思想政治教育工作，具有较高的自我效能感，真诚地对待教育对象，热情大方、尊重友善，只有这样才能让教育对象感受到教育者的亲和力，推进教育过程的顺利开展。

第四，教育者要具有较高的教育能力。教育能力是教育者个人修养的集中体现，是教育者开展工作的基础，是教育者将思想政治教育理论应用于思想政治教育实践的能力的总和。教育者的教育能力素质直接影响思想政治教育过程的顺利开展，包括教育者的组织能力、表达能力、调研能力、创新能力等。教育者的组织能力集中表现为组织教育对象开展各种思想政治教育活动的能力，包括预测能力、实施能力、指导能力、协调能力等。表达能力则是教育者表达思想和感情的能力，包括文字表达能力、口头表达能力和形象表达能力等。良好的表达能力是教育者开展思想政治教育工作的基本，教育者需要通过良好的沟通表达将教育内容传递给教育对象，增加教育对象的认同，提升思想政治教育效果。调研能力是指教育者能够深入实际，开展调研活动，掌握教育对象的思想状况和思想趋向，确保思想政治教育活动能够符合教育对象的特征、符合教育规律。创新能力则可具体分为发现问题、研究问题、解决问题三个方面的能力，其中，发现问题是前提，研究问题是重点，解决问题是目的。在具体的思想政治教育过程中，教育者的创新能力则表现为对思想政治教育具体内容、方法的创新。教育者的教育能力素质是在长期的教育实践过程中形成的，是教育者在不断总结、反思教育过程的基础上不断积累而成的。

（三）教育者提升修养的主要途径

要实现思想政治教育的目标，灵活自如地运用思想政治教育方法，要求教育者自觉提高自身修养，具备过硬素质，推动教育活动的顺利开展。

第一，思想政治教育者提升修养需要加强理论学习。“工欲善其事，必先利其器。”思想政治教育活动处在不断发展的过程中，为了适应新形势、应对新考验、满足新要求，思想政治教育者需要不断地提升自身素质。首先，教育者主动学习理论知识，练好“看家本领”。习近平总书记指出：“传道者自己首先要明道、信道。”[①]思想政治教育者只有对马克思主义理论做到真学、真信、真懂，具有较强的马克思主义理论素养，才能在理论宣讲中展现较强的说服力。思想政治教育者要树立终身学习的理念，不断通过学习理论知识，打牢马克思主义理论基础，运用马克思主义立场、观点和方法来组织思想政治教育活动。教育者具备了较高的理论知识素质，不断提高自身思想境界、思维能力和专业素养，才更容易“捕捉”理论前沿问题，在教育过程中做到游刃有余。其次，教育者必须具备完善的知识储备和深厚的学问功底，既要有知识的深度又要有知识的广度。教育者需要在学习专业知识的过程中提升自身的理论素养，拓宽理论视野，丰富理论积淀，要深入学习思想政治教育原理、思想政治教育方法论、思想政治教育心理学等专业知识和多学科知识，不断完善自身的知识结构体系。

第二，思想政治教育者提升修养需要将学习与研究、工作结合起来。理论学习还需要在实践中加以检验，将理论学习与科研和工作结合起来，是提升思想政治教育者修养的有效途径。教育者在学习理论知识、搭建自身知识结构的同时也要将所学外化于教育活动之中，要善于研究实际问题、总结教育经验，将理论学习与总结经验统一起来，提升对教育过程的把控程度。思想政治教育者要善于观察、发现问题，用马克思主义的立场、观点和方法来观察世界、洞察社会、把握时代，将理论研究同教学经验总结结合起来。深入实际进行调查研究是思想政治教育与时俱进的必然要求，教育者要学会调研方法和技巧。教育者要在研究中充分掌握事实材料，直面矛盾问题，透析发展趋势，找准事物发展的内在规律及联系，依据教育目标及时调整教育内容、灵活运用教育方法，自觉做到“因事而化、因时而进、因势而新”，提高思想政治教育工作艺术水平。

---

① 习近平谈治国理政（第二卷）[M].北京：外文出版社，2017：379.

第三,思想政治教育者提升修养需要树立良好的教育形象。习近平总书记指出:“教师要时刻铭记教书育人的使命,甘当人梯,甘当铺路石,以人格魅力引导学生心灵,以学术造诣开启学生的智慧之门。”[①]亲其师,则信其道;信其道,则循其步。教育形象是教育者自我形象和人格魅力的展现,是一种无声的教育资源。一般而言,自身形象是教育者自身修养的外在体现。教育者具有良好的教育形象、高尚的人格、独特的人格魅力,有利于教育对象以一种更加平和、亲近和悦纳的心态来接受、参与思想政治教育过程,这将会成为一种隐性的思想政治教育资源。思想政治教育者要树立内外兼修、表里如一的形象,为人师表,要有坚定的职业信念、时刻保持端庄的内在气韵和外在形象,增强自身言行与所宣讲内容之间的契合性与匹配度;还要有强烈的责任感和使命感,敬重知识、关爱教育对象、严于律己、言出必行,并有沉着冷静处理教育中可能出现的问题,把握好分寸的能力。

① 习近平.青年要自觉践行社会主义核心价值观——在北京大学师生座谈会上的讲话[M].北京:人民出版社,2014:13.

参考文献

1. 中共中央马克思恩格斯列宁斯大林著作编译局. 马克思恩格斯选集(第一卷)[M].3版.北京:人民出版社,2012.

2. 中共中央马克思恩格斯列宁斯大林著作编译局. 马克思恩格斯选集(第二卷)[M].3版.北京:人民出版社,2012.

3. 中共中央马克思恩格斯列宁斯大林著作编译局. 马克思恩格斯选集(第三卷)[M].3版.北京:人民出版社,2012.

4. 中共中央马克思恩格斯列宁斯大林著作编译局. 马克思恩格斯选集(第四卷)[M].北京:人民出版社,2012.

5. 中共中央马克思恩格斯列宁斯大林著作编译局. 马克思恩格斯文集(第一卷)[M].北京:人民出版社,2009.

6. 中共中央马克思恩格斯列宁斯大林著作编译局. 马克思恩格斯文集(第二卷)[M].北京:人民出版社,2009.

7. 中共中央马克思恩格斯列宁斯大林著作编译局. 马克思恩格斯文集(第九卷)[M].北京:人民出版社,2009.

8. 中共中央马克思恩格斯列宁斯大林著作编译局. 马克思恩格斯文集(第十卷)[M].北京:人民出版社,2009.

9. 马克思恩格斯全集(第三卷)[M].北京:人民出版社,2002.

10. 马克思恩格斯全集(第四十六卷)[M].北京:人民出版社,2003.

11. 中共中央马克思恩格斯列宁斯大林著作编译局. 列宁选集(第四卷)[M].3版(修订版).北京:人民出版社,2012.

12. 毛泽东选集(第一卷)[M].2版.北京:人民出版社,1991.

13. 毛泽东选集(第二卷)[M].北京:人民出版社,1991.

14. 毛泽东选集(第三卷)[M].2版.北京:人民出版社,1991.

15. 毛泽东选集(第四卷)[M].2版.北京:人民出版社,1991.

16. 中共中央文献研究室.毛泽东文集(第七卷)[M].北京:人民出版社,1999.

17. 邓小平文选(第一卷)[M].2版.北京:人民出版社,1994.

18. 邓小平文选(第二卷)[M].2版.北京:人民出版社,1994.

19. 习近平谈治国理政(第一卷)[M].2版.北京:外文出版社,2018.

20. 习近平谈治国理政(第二卷)[M].北京:外文出版社.2017.

21. 习近平谈治国理政(第三卷)[M].北京:外文出版社,2020.

22. 习近平谈治国理政(第四卷)[M].北京:外文出版社,2022.

23. 中共中央文献研究室.习近平关于全面深化改革论述摘编[M].北京:中央文献出版社,2014.

24. 中共中央党史和文献研究院,中央"不忘初心、牢记使命"主题教育领导小组办公室.习近平关于"不忘初心、牢记使命"论述摘编[M].北京:中央文献出版社,2019.

25. 中共中央文献研究室.十五大以来重要文献选编:下[M].北京:人民出版社,2003.

26. 中共中央文献研究室.社会主义精神文明建设文献选编[M].北京:中央文献出版社,1996.

27. 中共中央文献研究室.改革开放三十年重要文献选编:下[M].北京:中央文献出版社,2008.

28. 中共中央文献研究室,中央档案馆.建党以来重要文献选编(1921—1949):第二十六册[M].北京:中央文献出版社,2011.

29. 教育部思想政治工作司组编.加强和改进大学生思想政治教育重要文献选编(1978—2014)[M].北京:知识产权出版社,2015.

30. 大数据治国战略研究课题组.大数据领导干部读本[M].2版.北京:人民出版社,2017.

31. 刘蔚华,陈远.方法大辞典[M].济南:山东人民出版社,1991.

32. 李秀林,王于,李淮春.辩证唯物主义和历史唯物主义原理[M].5版.北京:中国人民大学出版社.2004.

33.罗洪铁，董娅.思想政治教育原理与方法[M].北京:人民出版社，2005.

34.罗洪铁.思想政治教育学原理[M].重庆:西南师范大学出版社，2009.

35.陈万柏，张耀灿.思想政治教育学原理[M].3版.北京:高等教育出版社，2015.

36.《思想政治教育学原理》编写组.思想政治教育学原理[M].2版.北京:高等教育出版社，2018.

37.毕红梅，陈万柏.思想政治教育学原理[M].2版.北京:中国人民大学出版社，2021.

38.骆郁廷.思想政治教育原理与方法[M].北京:北京师范大学出版社，2020.

39.王玄武.思想政治教育方法论[M].武汉:武汉大学出版社，1985.

40.黄蓉生.当代思想政治教育方法论研究[M].重庆:西南师范大学出版社，2000.

41.祖嘉合.思想政治教育方法教程[M].北京:北京大学出版社，2004.

42.刘新庚.现代思想政治教育方法论[M].北京:人民出版社，2006.

43.万美容.思想政治教育方法发展研究[M].北京:中国社会科学出版社，2007.

44.郑永廷.思想政治教育方法论[M].3版.北京:高等教育出版社，2022.

45.董娅.当代思想政治教育方法发展新论[M].北京:中国社会科学出版社，2012.

46.黄志斌.当代思想政治教育方法论[M].合肥:合肥工业大学出版社，2012.

47.邹绍清.当代思想政治教育方法论发展研究[M].北京:人民出版社，2013.

48.项久雨.思想政治教育方法导论[M].武汉:武汉大学出版社，2021.

49.张毅翔.思想政治教育方法创新研究[M].北京:人民出版社，2018.

50.白显良.思想政治教育的马克思主义理论基础研究[M].北京:人民出版社，2014.

51.孙其昂.思想政治教育学前沿研究[M].北京:人民出版社，2013.

52.黄蓉生.大学生思想政治教育若干论题研究[M].北京:人民出版社，2016.

53.沈壮海.思想政治教育有效性研究[M].武汉:武汉大学出版社，2016.

54.冯刚，郑永廷.思想政治教育学科30年发展研究报告[M].北京:光明日报出版社，2014.

55.邹绍清.思想政治教育专论[M].重庆:西南大学出版社，2022.

56.杨鑫铨.人文关怀与心理疏导一体化研究[M].北京:光明日报出版社，2017.

57. 黄希庭，郑涌. 大学生心理健康教育[M].3版. 上海：华东师范大学出版社，2020.

58. 马建青. 高校心理健康教育与思想政治教育结合30年的研究[M]. 杭州：浙江大学出版社，2017.

59. 施剑飞，骆宏. 心理危机干预实用指导手册[M]. 宁波：宁波出版社，2016.

60. 杨志平. 思想政治教育信息问题研究[M]. 北京：人民出版社，2015.

61. 邬焜，王健，邬天启. 信息哲学概论[M]. 西安：西安交通大学出版社，2021.

62. 邵培仁. 传播学[M].3版. 北京：高等教育出版社，2015.

63. 曾令辉，等. 网络思想政治教育概论[M]. 南宁：广西民族出版社，2002.

64. 胡树祥. 网络思想政治教育研究[M]. 成都：电子科技大学出版社，2005.

65. 张再兴，等. 网络思想政治教育研究[M]. 北京：经济科学出版社，2009.

66. 张明仓. 虚拟实践论[M]. 昆明：云南人民出版社，2005.

67. 吴满意，等. 网络思想政治教育生态系统研究[M]. 北京：人民出版社，2019.

后记

思想政治教育是一门专门研究人的思想和行为的科学。思想政治教育是解决"培养什么人""为谁培养人""如何培养人"的问题。思想政治教育方法论作为思想政治教育学科的一个重要组成部分，其理论始终随着时代的发展和党的中心任务的变化发展而发展。新时代新征程，为了培养大批可担当民族复兴大任的时代新人，迫切需要大力推动思想政治教育方法理论和实践的创新。

本书是西南大学2021年校级规划教材建设项目的成果，也是2022年重庆市一流本科课程建设的阶段性成果。本书既可以作为本科思想政治教育专业的必修课教材，也可以作为思想政治教育硕士、博士研究生的专业学习用书。本书以复杂系统观念为逻辑基点，尝试建构当代思想政治教育的方法理论体系，以满足信息化时代的复杂思想政治教育实践活动的需要，并以此为契机，推动当代思想政治教育方法理论和实践的创新。

本书由邹绍清确立研究思路，设计写作框架，拟定写作提纲，具体各章写作分工是：第一章，陈沉、邹绍清；第二章，彭均、白显良；第三章，杨敏；第四章，张权、秦则海；第五章，吴霞、王增文；第六章，金更兴；第七章，胡益侨；第八章，崔建西；第九章，马泽放；第十章，陈宗霞；第十一章，穆佳滢；第十二章，张葵漫；第十三章，卢毛毛。崔建西、陈沉、吴霞、金更兴等参与统稿、资料整理工作，邹绍清负责定稿工作。

本书在研究和写作过程中，参阅了相关著作和论文，在此谨向各位同人和朋友表示谢意；同时，因思想政治教育方法论既是一个涉及众多内容的理论命题，又是一个包含诸多方面具体工作的实践难题，由于作者的能力和水平有限，书中难免有一些疏漏之处，敬请各位学界同人批评指正！

邹绍清

2023年7月6日写于缙云拙朴书斋